Vários escritos

Antonio Candido

Vários escritos

todavia

A Emílio Moura, grande poeta e grande amigo,
O.D.C.

Nota prévia 9

Primeira parte

Esquema de Machado de Assis 15
Digressão sentimental sobre Oswald de Andrade 36
    CARTA DE RUDÁ DE ANDRADE 69
Inquietudes na poesia de Drummond 73
Jagunços mineiros de Cláudio a Guimarães Rosa 107
A dois séculos d'*O Uraguai* 137
    O URAGUAI, CANTO IV, VERSOS 22-109 160
    APOIO BIBLIOGRÁFICO 163
Os ultramarinos 165

Segunda parte

O direito à literatura 183
Radicalismos 209
Uma palavra instável 234
A Faculdade no centenário da Abolição 246
Sérgio em Berlim e depois 261
Paulo Emílio: a face política 273

Nota prévia

A organização deste livro andou variando, pois a terceira edição perdeu um ensaio e ganhou seis, enquanto a quarta perdeu dois, devolvidos, como foi o outro, aos livros de onde haviam sido retirados e eu pensava que nunca mais teriam nova edição. Isso posto, anoto o seguinte sobre a origem dos escritos aqui presentes começando pelos que constavam da primeira edição:

"Esquema de Machado de Assis" é o texto que li nas Universidades da Flórida (Gainesville) e Wisconsin (Madison), respectivamente em abril e maio de 1968, traduzido com zelo e competência por Almir de Campos Brunetti, que era na ocasião leitor de português na Universidade de Yale e foi mais tarde professor na de Tulane (New Orleans).

"Digressão sentimental sobre Oswald de Andrade" foi escrito para este livro.

"Inquietudes na poesia de Drummond" apareceu com título um pouco diferente ("Inquietudes na obra de Carlos Drummond de Andrade") em *Cahiers des Amériques Latines*, Paris, n. 1, 1967.

"Jagunços mineiros de Cláudio a Guimarães Rosa" é a redação das quatro aulas que dei em 1966 no curso sobre o cangaço na realidade brasileira, organizado por José Aderaldo Castello na Faculdade de Filosofia da Universidade de São Paulo.

"A dois séculos d'*O Uraguai*" foi escrito para servir de introdução a uma edição crítica do poema dirigida por Rolando Morel Pinto, que afinal não se concretizou. Daí certo cunho informativo.

Quanto aos escritos acrescentados na terceira edição, as informações são as seguintes:

"Os ultramarinos": palestra no seminário "Tiradentes: mito, cultura, história", Ouro Preto, 1992, publicada no *IX Anuário do Museu da Inconfidência*, Ouro Preto, 1993.

"O direito à literatura": palestra no curso organizado em 1988 pela Comissão de Justiça e Paz da Arquidiocese de São Paulo, publicada no livro *Direitos humanos e...*, org. de Antonio Carlos Ribeiro Fester, São Paulo, Brasiliense, 1989.

"Radicalismos": palestra no Instituto de Estudos Avançados da Universidade de São Paulo em 1988, publicada na revista *Estudos Avançados*, São Paulo, v. 4, n. 8, 1990.

"Uma palavra instável", escrito para um livro coletivo que gorou, apareceu em tradução para o espanhol na revista *Escritura*, Caracas, n. 27, 1989.

"A Faculdade no centenário da Abolição": aula inaugural dos cursos de graduação da Faculdade de Filosofia da Universidade de São Paulo, ano letivo de 1988, publicada em opúsculo da mesma.

"Sérgio em Berlim e depois" apareceu na revista *Novos Estudos Cebrap*, São Paulo, v. 1, n. 3, 1982.

"Paulo Emílio: a face política" foi publicado com o título "Informe político" em Carlos Augusto Calil e Maria Teresa Machado (orgs.), *Paulo Emílio: Um intelectual na linha de frente*, São Paulo, Brasiliense, 1986.

Terminando, quero reiterar o que ficou dito nas edições anteriores: quem me estimulou a montar este livro foi o bom amigo José de Souza Pinto Júnior, que pretendia editá-lo.

Antonio Candido de Mello e Souza
São Paulo, maio de 2004

*"[…] what is the use of a book", thought Alice,
"without pictures or conversations?"*

Primeira parte

Esquema de Machado de Assis

I

Como o nosso modo de ser ainda é bastante romântico, temos uma tendência quase invencível para atribuir aos grandes escritores uma quota pesada e ostensiva de sofrimento e de drama, pois a vida normal parece incompatível com o gênio. Dickens desgovernado por uma paixão de maturidade, após ter sofrido em menino as humilhações com a prisão do pai; Dostoiévski quase fuzilado, atirado na sordidez do presídio siberiano, sacudido pela moléstia nervosa, jogando na roleta o dinheiro das despesas de casa; Proust enjaulado no seu quarto e no seu remorso, sufocado de asma, atolado nas paixões proibidas — são assim as imagens que prendem a nossa imaginação.

Por isso, os críticos que estudaram Machado de Assis nunca deixaram de inventariar e realçar as causas eventuais de tormento, social e individual: cor escura, origem humilde, carreira difícil, humilhações, doença nervosa. Mas depois dos estudos renovadores de Jean-Michel Massa é difícil manter este ponto de vista.

Com efeito, os seus sofrimentos não parecem ter excedido aos de toda gente, nem a sua vida foi particularmente árdua. Mestiços de origem humilde foram alguns homens representativos no nosso Império liberal. Homens que, sendo da sua cor e tendo começado pobres, acabaram recebendo títulos de nobreza e carregando pastas ministeriais. Não exageremos, portanto, o tema do gênio versus destino. Antes, pelo contrário, conviria assinalar a normalidade exterior e a relativa facilidade da sua vida pública. Tipógrafo, repórter, funcionário modesto, finalmente alto funcionário, a sua carreira foi plácida. A cor parece não ter sido motivo de desprestígio, e talvez só tenha servido de contratempo num momento brevemente superado, quando casou com uma senhora portuguesa. E a sua condição social nunca impediu que fosse íntimo desde moço dos filhos do conselheiro Nabuco, Sizenando e Joaquim, rapazes *finos* e cheios de talento.

Se analisarmos a sua carreira intelectual, verificaremos que foi admirado e apoiado desde cedo, e que aos cinquenta anos era considerado o maior escritor do país, objeto de uma reverência e admiração gerais, que nenhum outro romancista ou poeta brasileiro conheceu em vida, antes e depois dele. Apenas Sílvio Romero emitiu uma nota dissonante, não compreendendo nem querendo compreender a sua obra, que escapava à orientação esquemática e maciçamente naturalista do seu espírito. Quando se cogitou de fundar a Academia Brasileira de Letras, Machado de Assis foi escolhido para seu mentor e presidente, posto que ocupou até morrer. Já então era uma espécie de patriarca das letras, antes dos sessenta anos.

Patriarca (sejamos francos) no bom e no mau sentido. Muito convencional, muito apegado aos formalismos, era capaz, sob este aspecto, de ser tão ridículo e mesmo tão mesquinho quanto qualquer presidente de Academia. Talvez devido a certa timidez, foi desde moço inclinado ao espírito de grupo e, sem descuidar as boas relações com o grande número, parece que se encontrava melhor no círculo fechado dos happy few. A Academia surgiu, na última parte da sua vida, como um desses grupos fechados onde a sua personalidade encontrava apoio; e como dependia dele em grande parte o beneplácito para os membros novos, ele atuou com uma singular mistura de conformismo social e sentimento de *claque*, admitindo entre os fundadores um moço ainda sem expressão, como Carlos Magalhães de Azeredo, só porque lhe era dedicado e ele o estimava, motivos que o levaram a dar ingresso alguns anos depois a Mário de Alencar, ainda mais medíocre. No entanto, barrava outros de nível igual ou superior, como Emílio de Meneses, não por motivos de ordem intelectual, mas porque não se comportavam segundo os padrões convencionais, que ele respeitava na vida de relação.

Sendo assim, parece não haver dúvida que a sua vida foi não apenas sem aventuras, mas relativamente plácida, embora marcada pelo raro privilégio de ser reconhecido e glorificado como escritor, com um carinho e um preito que foram crescendo até fazer dele um símbolo do que se considera mais alto na inteligência criadora.

Doutro lado, se encararmos a sua obra, não dentro do panorama estreito da literatura brasileira do tempo, mas na corrente geral da literatura dos povos ocidentais, veremos a contrapartida irônica e por vezes melancólica do seu êxito sem quebra. Pois sendo um escritor de estatura internacional, permaneceu quase totalmente desconhecido fora do Brasil; e como a glória literária depende bastante da irradiação política do país, só agora começa a ter um *succès d'estime* nos Estados Unidos, na Inglaterra, nalgum país latino-americano. À glória nacional quase hipertrofiada, correspondeu uma desalentadora obscuridade internacional.

Esta circunstância parece chocante porque, nos seus contos e romances, sobretudo entre 1880 e 1900, nós encontramos, disfarçados por curiosos traços arcaizantes, alguns dos temas que seriam característicos da ficção do século XX. O fato de sua obra encontrar atualmente certo êxito no exterior parece mostrar a capacidade de sobreviver, isto é, de se adaptar ao espírito do tempo, significando alguma coisa para as gerações que leram Proust e Kafka, Faulkner e Camus, Joyce e Borges. Entrando pela conjectura, podemos imaginar o que teria acontecido se ela tivesse sido conhecida fora do Brasil num momento em que os mais famosos praticantes do romance, no universo das literaturas latinas, eram homens como Anatole France e Paul Bourget, Antonio Fogazzaro e Émile Zola, que, salvo o último, envelheceram irremediavelmente e nada mais significam para o nosso tempo. Das línguas do Ocidente, a nossa é a menos conhecida, e se os países onde é falada pouco representam hoje, em 1900 representavam muito menos no jogo político. Por isso ficaram marginais dois romancistas que nela escreveram e que são iguais aos maiores que então escreviam: Eça de Queirós, bem ajustado ao espírito do Naturalismo; Machado de Assis, enigmático e bifronte, olhando para o passado e para o futuro, escondendo um mundo estranho e original sob a neutralidade aparente das suas histórias *que todos podiam ler*.

Podemos então dizer, com Moysés Vellinho, que a sua vida é sem relevo comparada à grandeza da obra, e que interessa pouco, enquanto esta interessa muito. Sob o rapaz alegre e mais tarde o burguês comedido que procurava ajustar-se às manifestações exteriores, que passou convencionalmente pela vida, respeitando para ser respeitado, funcionava um escritor poderoso e atormentado, que recobria os seus livros com a cutícula do respeito humano e das boas maneiras para poder, debaixo dela, desmascarar, investigar, experimentar, descobrir o mundo da alma, rir da sociedade, expor algumas das componentes mais esquisitas da personalidade. Na razão inversa da sua prosa elegante e discreta, do seu tom humorístico e ao mesmo tempo acadêmico, avultam para o leitor atento as mais desmedidas surpresas. A sua atualidade vem do encanto quase intemporal do seu estilo e desse universo oculto que sugere os abismos prezados pela literatura do século XX. E a este propósito é interessante dar um repasso nas diferentes etapas da sua glória no Brasil, para avaliar as suas muitas faces e o ritmo com que foram descobertas.

2

Nas obras dos grandes escritores é mais visível a polivalência do verbo literário. Elas são grandes porque são extremamente ricas de significado, permitindo que cada grupo e cada época encontrem as suas obsessões e as suas necessidades de expressão. Por isso, as sucessivas gerações de leitores e críticos brasileiros foram encontrando níveis diferentes em Machado de Assis, estimando-o por motivos diversos e vendo nele um grande escritor devido a qualidades por vezes contraditórias. O mais curioso é que provavelmente todas essas interpretações são justas, porque ao apanhar um ângulo não podem deixar de ao menos pressentir os outros. É o que pode mostrar uma revista na sua fortuna crítica, à maneira de Jean-Michel Massa.

Logo que ele chegou à maturidade, pela altura dos quarenta anos, talvez o que primeiro tenha chamado a atenção foram a sua ironia e o seu estilo, concebido como *boa linguagem*. Um dependia do outro, está claro, e a palavra que melhor os reúne para a crítica do tempo talvez seja *finura*. Ironia *fina*, estilo *refinado*, evocando as noções de ponta aguda e penetrante, de delicadeza e força juntamente. A isto se associava uma ideia geral de urbanidade amena, de discrição e reserva. Num momento em que os naturalistas atiravam ao público assustado a descrição minuciosa da vida fisiológica, ele timbrava nos subentendidos, nas alusões, nos eufemismos, escrevendo contos e romances que não chocavam as exigências da moral familiar. A seu respeito, evocava-se Almeida Garrett, cuja influência foi dissecada por Cândido Jucá Filho e é com efeito um dos mestres da sua escrita — cujo leve ranço arcaico paga o tributo ao casticismo dos povos coloniais. No fim de sua vida, os leitores sublinhavam também o pessimismo, o grande desencanto que emana das suas histórias. O de que não há dúvida é que essas primeiras gerações encontraram nele uma *filosofia* bastante ácida para dar impressão de ousadia, mas expressa de um modo elegante e comedido, que tranquilizava e fazia da sua leitura uma experiência agradável e sem maiores consequências. Poder-se-ia dizer que ele lisonjeava o público mediano, inclusive os críticos, dando-lhes o sentimento de que eram inteligentes a preço módico. O seu gosto pelas sentenças morais, herdado dos franceses dos séculos clássicos e da leitura da Bíblia, levava-o a compor fórmulas lapidares, que se destacavam do contexto e corriam o seu destino próprio, difundindo uma ideia algo fácil de *sabedoria*. Para a opinião culta ou semiculta do começo do século, ele aparecia como uma espécie de Anatole France local, tendo a mesma elegância felina e menos devassidão de espírito. As antologias não deixavam de escolher na sua obra coisas como o conto "Um apólogo" engenhoso e no fundo banal sobre a agulha e a linha, ou o episódio do almocreve nas *Memórias póstumas de Brás Cubas*, que, extraído do conjunto, mostra de maneira apenas aparentemente profunda a força do interesse.

Este primeiro Machado de Assis, *filosofante* e castiço, aparece, por exemplo, em dois bons estudos publicados logo depois da sua morte: a conferência de Oliveira Lima na Sorbonne e o pequeno livro de Alcides Maya, que salientava, para além da ironia de corte voltairiano, as componentes mais complicadas do *humor*, de tipo inglês. O livro importante de Alfredo Pujol, publicado no fim da Primeira Grande Guerra, cristalizou a visão convencional da sua vida e a visão *filosofante* da sua obra, fixando com traços acentuados de mitologia a singular história do menino pobre que atingiu, como compensação, os pináculos da expressão literária. Pouco depois Graça Aranha propôs uma teoria engenhosa do movimento cruzado de Nabuco, descendo da aristocracia ao povo, e de Machado de Assis, subindo do povo às atitudes aristocráticas.

Uma nova maneira de interpretar só apareceria no decênio de 1930, com a biografia de Lúcia Miguel Pereira, as análises de Augusto Meyer, as hábeis filiações biográficas de Mário Matos.

É a etapa que poderíamos chamar de propriamente psicológica, quando os críticos procuravam estabelecer uma corrente recíproca de compreensão entre a vida e a obra, focalizando-as de acordo com as disciplinas em moda, sobretudo a psicanálise, a somatologia, a neurologia. Abro um parêntese para dizer que não levarei em conta os aspectos extremos dessa tendência, representados pelos médicos que se apossaram de Machado de Assis como de um indefeso cliente póstumo, multiplicando diagnósticos e querendo tirar da sua obra e dos poucos elementos conhecidos de sua vida interpretações cujo valor científico deve ser pequeno. Antes e depois, mas sobretudo nesses anos de 1930, a sombra obsoleta de Lombroso e Max Nordau pairou com roupa nova sobre o grande escritor.

Disso tudo resulta algo positivo para a crítica: a noção de que era preciso ler Machado, não com olhos convencionais, não com argúcia acadêmica, mas com o senso do desproporcionado e mesmo o anormal; daquilo que parece raro em nós à luz da psicologia de superfície, e no entanto compõe as camadas profundas de que brota o comportamento de cada um. Nessa nova maneira de ler avulta sem dúvida Augusto Meyer, que, inspirado na obra de Dostoiévski e na de Pirandello, foi além da visão humorística e *filosofante*, mostrando que na sua obra havia muito do *homem subterrâneo*, do primeiro, e do ser múltiplo, impalpável, do segundo. Ele e Lúcia Miguel Pereira chamaram a atenção para os fenômenos de ambiguidade que pululam na sua ficção, obrigando a uma leitura mais exigente, graças à qual a normalidade e o senso das conveniências constituem apenas o disfarce de um universo mais complicado e por vezes turvo. O que se pode reparar de negativo, neles e em Mário Matos, é a aludida reversibilidade de interpretação, a preocupação excessiva de buscar na vida do autor apoio para o que aparece na obra ou, vice-versa, utilizar a obra para esclarecer a vida e a personalidade. Mas não há dúvida de que foi desses estudos e alguns outros, geralmente precedendo ou sucedendo de pouco as comemorações do centenário do nascimento em 1939, que começou a compor-se a nossa visão moderna. Já não era mais o *ironista ameno*, o elegante burilador de sentenças, da convenção acadêmica; era o criador de um mundo paradoxal, o experimentador, o desolado cronista do absurdo.

No decênio de 1940 notamos uma inflexão para o lado da filosofia (sobretudo cristã) e da sociologia. A primeira quis focalizar em Machado de Assis, sem impurezas biográficas, mormente o que se poderia chamar de angústia existencial. É o caso de um dos seus melhores críticos, Barreto Filho, cujo livro é uma das interpretações mais maduras que possuímos de sua obra. Estes críticos resistiram ao psicologismo e ao biografismo, ao mesmo tempo em que procuravam esclarecer de um ângulo metafísico. Numa situação nem psicológica nem biográfica situou-se também Astrojildo Pereira, preocupado com os aspectos sociais da obra, mas pecando na medida em que fazia deste lado o que faziam os biografistas de outro, isto é, considerando a obra na medida em que descrevia a sociedade e, portanto, dissolvendo-a no documento eventual. Mas a essa altura já se percebia uma mudança que levou a pensar na obra, não no homem. É o caso precoce de Afrânio Coutinho, autor de um livro sobre as influências filosóficas, e é o caso de Lúcia Miguel Pereira em seu novo enfoque da ficção machadiana, na qual a natureza do tempo seria, em seguida, objeto de um estudo de Dirce Côrtes Riedel. É o caso ainda de Roger Bastide, que, contrariando uma velha afirmação, segundo a qual Machado não sentiu a natureza do seu país, mostrou que, ao contrário, ele a percebe com penetração e constância; mas em lugar de representá-la pelos métodos do descritivismo romântico, incorpora-a à filigrana da narrativa, como elemento funcional da composição literária. Era com o mesmo espírito que costumava dizer aos seus alunos na Universidade de São Paulo que o "mais brasileiro" não era Euclides da

Cunha — ornamental, para inglês ver; mas Machado de Assis, que dava universalidade ao seu país pela exploração, em nosso contexto, dos temas essenciais.

3

O que primeiro chama a atenção do crítico na ficção de Machado de Assis é a despreocupação com as modas dominantes e o aparente arcaísmo da técnica. Num momento em que Flaubert sistematizara a teoria do "romance que narra a si próprio", apagando o narrador atrás da objetividade da narrativa; num momento em que Zola preconizava o inventário maciço da realidade, observada nos menores detalhes, ele cultivou livremente o elíptico, o incompleto, o fragmentário, intervindo na narrativa com bisbilhotice saborosa, lembrando ao leitor que atrás dela estava a sua voz convencional. Era uma forma de manter, na segunda metade do século XIX, o tom caprichoso do Sterne, que ele prezava; de efetuar os seus saltos temporais e de brincar com o leitor. Era também um eco do *conte philosophique*, à maneira de Voltaire, e era sobretudo o seu modo próprio de deixar as coisas meio no ar, inclusive criando certas perplexidades não resolvidas.

Curiosamente, este arcaísmo parece bruscamente moderno, depois das tendências de vanguarda do nosso século, que também procuram sugerir o todo pelo fragmento, a estrutura pela elipse, a emoção pela ironia e a grandeza pela banalidade. Muitos dos seus contos e alguns dos seus romances parecem abertos, sem conclusão necessária, ou permitindo uma dupla leitura, como ocorre entre os nossos contemporâneos. E o mais picante é o estilo guindado e algo precioso com que trabalha e que se de um lado pode parecer academismo, de outro sem dúvida parece uma forma sutil de negaceio, como se o narrador estivesse rindo um pouco do leitor. Estilo que mantém uma espécie de imparcialidade, que é a marca pessoal de Machado, fazendo parecer duplamente intensos os casos estranhos que apresenta com moderação despreocupada. Não é nos apaixonados naturalistas do seu tempo, teóricos da objetividade, que encontramos o distanciamento estético que reforça a vibração da realidade, mas sim na sua técnica de espectador.

A partir dessa matriz formal, que se poderia chamar o *tom machadiano*, é que podemos compreender a profundeza e a complexidade duma obra lúcida e desencantada, que esconde as suas riquezas mais profundas. Como Kafka e como Gide, ao contrário de Dostoiévski, Proust ou Faulkner, os tormentos do homem e as iniquidades do mundo aparecem nele sob um aspecto nu e sem retórica, agravados pela imparcialidade estilística referida acima.

A sua técnica consiste essencialmente em sugerir as coisas mais tremendas da maneira mais cândida (como os ironistas do século XVIII); ou em estabelecer um contraste entre a normalidade social dos fatos e a sua anormalidade essencial; ou em sugerir, sob aparência do contrário, que o ato excepcional é normal, e anormal seria o ato corriqueiro. Aí está o motivo da sua modernidade, apesar do seu arcaísmo de superfície.

Não é possível enfeixar numa palestra a análise adequada de suas diversas manifestações. Mas posso tentar a apresentação de alguns casos, para dar uma ideia da originalidade que hoje nos parece existir na obra de Machado de Assis, e que foi sendo desvendada lentamente pelas gerações de críticos acima referidas.

1. Talvez possamos dizer que um dos problemas fundamentais da sua obra é o da identidade. Quem sou eu? O que sou eu? Em que medida eu só existo por meio dos outros? Eu sou mais autêntico quando penso ou quando existo? Haverá mais de um ser em mim? Eis algumas perguntas que parecem formar o substrato de muitos dos seus contos e romances. Sob a

forma branda, é o problema da divisão do ser ou do desdobramento da personalidade, estudados por Augusto Meyer. Sob a forma extrema é o problema dos limites da razão e da loucura, que desde cedo chamou a atenção dos críticos, como um dos temas principais de sua obra.

O primeiro caso é objeto, por exemplo, do conto "O espelho", onde surge a velha alegoria da sombra perdida, corrente na demonologia e tornada famosa no Romantismo pelo *Peter Schlemihl*, de Adelbert von Chamisso. Um moço, nomeado Alferes da Guarda Nacional (a tropa de reserva que no Brasil imperial se tornou bem cedo um simples pretexto para dar postos e fardas vistosas a pessoas de certa posição), vai passar uns tempos na fazenda de sua tia. Esta, orgulhosa com o fato, cria uma atmosfera de extrema valorização do posto, chamando-o e fazendo com que os escravos o chamem a cada instante "Senhor Alferes". De tal modo que este traço social acaba sendo uma *segunda alma*, indispensável para a integridade psicológica do personagem.

Dali a dias a tia precisa viajar com urgência e deixa a fazenda a seu cargo. Os escravos aproveitam para fugir, ele fica na solidão mais completa e chega às bordas da dissolução espiritual, desde que não tinha mais o coro laudatório que evocava o seu posto a cada instante. A tal ponto que, olhando certo dia no espelho, vê que a sua imagem aparece quase dissolvida, borrada e irreconhecível. Ocorre-lhe então a ideia de vestir a farda e passar algum tempo todos os dias diante do espelho, o que o tranquiliza e lhe restabelece o equilíbrio, pois a sua figura se projeta de novo claramente, devidamente revestida pelo símbolo social do uniforme. Quer dizer que a integridade pessoal estava sobretudo na opinião e manifestações dos outros; na sociedade que o uniforme representa e naquela parte do ser que é projeção na e da sociedade. A farda do Alferes era também a alma do Alferes, uma das duas que todo homem possui, segundo o narrador, porque manifesta o seu *ser através dos outros*, sem o que nada somos. É claro que a força do conto não vem desta conclusão banal, aliás enunciada expressamente pelo autor, conforme é seu hábito em tais casos. Vem da utilização admirável da farda simbólica e do espelho monumental no deserto da fazenda abandonada, construindo uma espécie de alegoria moderna das divisões da personalidade e da relatividade do ser.

Quanto ao problema da loucura, podemos citar o conto "O alienista", elaborado segundo uma estrutura que Forster chamaria "de ampulheta". Um médico funda um hospício para os loucos da cidade e vai diagnosticando todas as manifestações de anormalidade mental que observa. Aos poucos o hospício se enche; dali a tempos já tem a metade da população; depois quase toda ela, até que o alienista sente que a verdade, em consequência, está no contrário da sua teoria. Manda então soltar os internados e recolher a pequena minoria de pessoas equilibradas, porque, sendo exceção, esta é que é realmente anormal. A minoria é submetida a um tratamento de *segunda alma*, para usar os termos do conto precedente: cada um é tentado por uma fraqueza, acaba cedendo e se equipara deste modo à maioria, sendo libertado, até que o hospício se esvazia de novo. O alienista percebe então que os germes de desequilíbrio prosperaram tão facilmente porque já estavam latentes em todos; portanto, o mérito não é da sua terapia. Não haveria um só homem normal, imune às solicitações das manias, das vaidades, da falta de ponderação? Analisando-se bem, vê que é o seu caso; e resolve internar-se, só no casarão vazio do hospício, onde morre meses depois. E nós perguntamos: quem era louco? Ou seriam todos loucos, caso em que ninguém o é? Notemos que este conto e o anterior manifestam, no fim do século XIX, o que faria a voga de Pirandello a partir do decênio de 1920.

2. Outro problema que surge com frequência na obra de Machado de Assis é o da relação entre o fato real e o fato imaginado, que será um dos eixos do grande romance de Marcel Proust, e que ambos analisam principalmente com relação ao ciúme. A mesma reversibilidade entre a razão e a loucura, que torna impossível demarcar as fronteiras e, portanto, defini-las de modo satisfatório, existe entre o que aconteceu e o que pensamos que aconteceu. Um dos seus romances, *Dom Casmurro*, conta a história de Bento Santiago, que, depois da morte de seu maior e mais fiel amigo Escobar, se convence de que ele fora amante de sua mulher, Capitu, o personagem feminino mais famoso do romancista. A mulher nega, mas Bento junta uma porção de indícios para elaborar a sua convicção, o mais importante dos quais é a própria semelhança de seu filho com o amigo morto. Uma estudiosa norte-americana, Helen Caldwell, no livro *The Brazilian Othello of Machado de Assis*, levantou a hipótese viável, porque bem machadiana, de que na verdade Capitu não traiu o marido. Como o livro é narrado por este, na primeira pessoa, é preciso convir que só conhecemos a sua visão das coisas, e que, para a furiosa *cristalização* negativa de um ciumento, é possível até encontrar semelhanças inexistentes, ou que são produtos do acaso (como a de Capitu com a mãe de Sancha, mulher de Escobar, assinalada por Lúcia Miguel Pereira). Mas o fato é que, dentro do universo machadiano, não importa muito que a convicção de Bento seja falsa ou verdadeira, porque a consequência é exatamente a mesma nos dois casos: imaginária ou real, ela destrói a sua casa e a sua vida. E concluímos que neste romance, como noutras situações da sua obra, o real pode ser o que parece real. E como a amizade e o amor parecem mas podem não ser amizade nem amor, a ambiguidade gnosiológica se junta à ambiguidade psicológica para dissolver os conceitos morais e

suscitar um mundo escorregadio, onde os contrários se tocam e se dissolvem.

3. Neste caso, que sentido tem o ato? Eis outro problema fundamental em Machado de Assis, que o aproxima das preocupações de escritores como o Conrad de *Lord Jim* ou de *The Secret Sharer*, e que foi um dos temas centrais do existencialismo literário contemporâneo, em Sartre e Camus, por exemplo. Serei eu alguma coisa mais do que o ato que me exprime? Será a vida mais do que uma cadeia de opções? Num dos seus melhores romances, *Esaú e Jacó*, ele retoma, já no fim da carreira, este problema que pontilha a sua obra inteira. Retoma-o sob a forma simbólica da rivalidade permanente de dois irmãos gêmeos, Pedro e Paulo, que representam invariavelmente a alternativa de qualquer ato. Um só faz o contrário do outro, e evidentemente as duas possibilidades são legítimas. O grande problema suscitado é o da validade do ato e de sua relação com o intuito que o sustém. Através da crônica aparentemente corriqueira de uma família da burguesia carioca no fim do Império e começo da República, surge a cada instante este debate, que se completa pelo terceiro personagem-chave, a moça Flora, que ambos os irmãos amam, está claro, mas que, situada entre eles, não sabe como escolher. É a ela, como a outras mulheres na obra de Machado de Assis, que cabe encarnar a decisão ética, o compromisso do ser no ato que não volta atrás, porque uma vez praticado define e obriga o ser de quem o praticou. Os irmãos agem e optam sem parar, porque são as alternativas opostas; mas ela, que deve identificar-se com uma ou com outra, se sentiria reduzida à metade se o fizesse, e só a posse das duas metades a realizaria; isto é impossível, porque seria suprimir a própria lei do ato, que é a opção. Simbolicamente, Flora morre sem escolher. E nós sentimos nela o mesmo sopro de ataraxia que foi a ilusão de Heyst, em *Victory*, de Joseph Conrad.

4. Parece evidente que o tema da opção se completa por uma das obsessões fundamentais de Machado de Assis, muito bem analisada por Lúcia Miguel Pereira — o tema da perfeição, a aspiração ao ato completo, à obra total, que encontramos em diversos contos e sobretudo num dos mais belos e pungentes que escreveu: "Um homem célebre".

Trata-se de um compositor de polcas, Pestana, o mais famoso do momento, reconhecido e louvado por onde vá, procurado pelos editores, abastado materialmente. No entanto, Pestana odeia as suas polcas que toda gente canta e executa, porque o seu desejo é compor uma peça erudita de alta qualidade, uma sonata, uma missa, como as que admira em Beethoven e Mozart. À noite, postado no piano, leva horas solicitando a inspiração que resiste. Depois de muitos dias, começa a sentir algo que prenuncia a visita da deusa e a sua emoção aumenta, sente quase as notas desejadas brotando nos dedos, atira-se ao teclado e... compõe mais uma polca! Polcas e sempre polcas, cada vez mais brilhantes e populares é o que faz até morrer. A alternativa é negada também a ele; só lhe resta fazer como é possível, não como lhe agradaria. Neste conto terrível sob a leveza aparente do humor, a impotência espiritual do homem clama como do fundo de um ergástulo.

5. Surge então a pergunta: se a fantasia funciona como realidade; se não conseguimos agir senão mutilando o nosso eu; se o que há de mais profundo em nós é no fim de contas a opinião dos outros; se estamos condenados a não atingir o que nos parece realmente valioso, qual a diferença entre o bem e o mal, o justo e o injusto, o certo e o errado? Machado de Assis passou a vida ilustrando esta pergunta, que é modulada de maneira exemplar no primeiro e mais conhecido dos seus grandes romances de maturidade: *Memórias póstumas de Brás Cubas*. Nele, mesmo a vida é conceituada relativamente, pois é um morto que conta a sua própria história.

Este sentimento profundo da relatividade total dos atos, da impossibilidade de os conceituar adequadamente, dá lugar ao sentimento do absurdo, do ato sem origem e do juízo sem fundamento, que é a mola da obra de Kafka e, antes dela, do ato gratuito de Gide. Que já ocorria na obra de Dostoiévski e percorre discretamente a de Machado de Assis. É o caso do conto "Singular ocorrência", onde aliás podemos encontrar um bom exemplo do vitorianismo de Machado, que, não ousando pôr em cena uma mulher casada, descreve a situação de tipo conjugal de uma antiga e discreta "moça de costumes fáceis", que vive com um advogado e se comporta como esposa respeitável e fiel. No entanto, certo dia ela se entrega sem razão aparente a um vagabundo de rua, depois de o haver provocado. O fato é descoberto casualmente pelo advogado, segue-se uma ruptura violenta que suscita na moça um desespero tão sincero e profundo, que as relações se reatam, com a mesma dignidade de sentimentos e atitudes de antes. O advogado morre e ela se conserva fiel à sua memória, como viúva saudosa de um grande e único amor.

Por que então aquele ato inexplicável? Impossível saber. E qual o comportamento que a exprime melhor: a fidelidade ou a transgressão? Impossível determinar. Os atos e os sentimentos estão cercados por um halo de absurdo, de gratuidade, que torna difíceis não apenas as avaliações morais, mas as interpretações psicológicas. Alguns decênios mais tarde, Freud mostraria a importância fundamental do lapso e dos comportamentos considerados ocasionais. Eles ocorrem com frequência na obra de Machado de Assis, revelando ao leitor atento o senso profundo das contradições da alma.

6. Pessoalmente, o que mais me atrai nos seus livros é um outro tema, diferente destes: a transformação do homem em objeto do homem, que é uma das maldições ligadas à falta de liberdade verdadeira, econômica e espiritual. Este tema é

um dos demônios familiares da sua obra, desde as formas atenuadas do simples egoísmo até os extremos do sadismo e da pilhagem monetária. A ele se liga a famosa teoria do Humanitismo, elaborada por um dos seus personagens, o filósofo Joaquim Borba dos Santos, doido e por isso mesmo machadianamente lúcido, figurante secundário em dois romances, um dos quais traz o seu apelido: *Memórias póstumas de Brás Cubas* e *Quincas Borba*.

Os críticos, sobretudo Barreto Filho, que melhor estudou o caso, interpretam o Humanitismo como sátira ao Positivismo e em geral ao Naturalismo filosófico do século XIX, principalmente sob o aspecto da teoria darwiniana da luta pela vida com sobrevivência do mais apto. Mas, além disso, é notória uma conotação mais ampla, que transcende a sátira e vê o homem como um ser devorador em cuja dinâmica a sobrevivência do mais forte é um episódio e um caso particular. Essa devoração geral e surda tende a transformar o homem em instrumento do homem, e sob este aspecto a obra de Machado se articula, muito mais do que poderia parecer à primeira vista, com os conceitos de alienação e decorrente reificação da personalidade, dominantes no pensamento e na crítica marxista de nossos dias e já ilustrados pela obra dos grandes realistas, homens tão diferentes dele quanto Balzac e Zola.

No romance *Quincas Borba*, um modesto professor primário, Rubião, herda do filósofo Quincas Borba uma fortuna, com a condição de cuidar de seu cachorro, ao qual dera o próprio nome. Mas com o dinheiro, que é uma espécie de ouro maldito, como na lenda dos Nibelungos, Rubião herda igualmente a loucura do amigo. A sua fortuna se dissolve em ostentação e no sustento de parasitas; mas serve sobretudo como capital para as especulações comerciais de um arrivista hábil, Cristiano Palha, por cuja mulher, "a bela Sofia", Rubião se apaixona. O amor e a loucura surgem aqui, romanticamente, de mãos dadas; mas o *tertius gaudens* é a ambição econômica, baixo contínuo do romance, de que Rubião se torna um instrumento. No fim, pobre e louco, ele morre abandonado; mas em compensação, como queria a filosofia do Humanitismo, Palha e Sofia estão ricos e considerados, dentro da mais perfeita normalidade social. Os fracos e os puros foram sutilmente manipulados como coisas e em seguida são postos de lado pelo próprio mecanismo da narrativa, que os cospe de certo modo e se concentra nos triunfadores, acabando por deixar no leitor uma dúvida sarcástica e cheia de subentendidos: o nome do livro designa o filósofo ou o cachorro, o homem ou o animal, que condicionaram ambos o destino de Rubião? Este começa como simples homem, chega na sua loucura a julgar-se imperador e acaba como um pobre bicho, fustigado pela fome e a chuva, no mesmo nível que o seu cachorro.

Há um conto, "A causa secreta", onde a relação devoradora de homem a homem assume um caráter de paradigma. Fortunato é um senhor frio e rico, que demonstra interesse pelo sofrimento, socorrendo feridos, velando doentes com uma dedicação excepcional. Casado, já de meia-idade, é bom para a mulher, mas ela manifesta diante dele um constrangimento que parece medo.

O casal é amigo de um jovem médico, a quem Fortunato convence a fundar, de sociedade com ele, uma casa de saúde, cujos capitais fornece. Nela, presta assistência constante aos doentes, com um interesse absorvente que o leva a estudar anatomia pela vivissecção de gatos e cachorros. O barulho de dor que estes fazem abala os nervos delicados da mulher, que pede ao médico para obter do marido a cessação das experiências. Já então o convívio tinha despertado no rapaz uma paixão calada, pura, certamente correspondida, pela esposa do amigo. O momento cruciante do conto é a cena onde o médico encontra a senhora de Fortunato apavorada e, numa outra sala, vê este torturando um rato de maneira espantosa e abjeta. Com uma das mãos, segura um cordão atado ao rabo do animal, baixando-o a um prato cheio de álcool inflamado, erguendo-o repetidamente para não matá-lo depressa; com a outra, vai cortando as patas a tesoura. A descrição é longa e terrível, fora dos hábitos discretos e sintéticos de Machado de Assis. O médico percebe então o tipo de homem que tem por amigo: alguém que encontra o maior prazer na dor alheia. Pouco depois a esposa piora e afinal morre. O marido demonstra uma dedicação extrema, como sempre, mas na fase final da agonia o que predomina é o seu prazer com o espetáculo. Na vigília fúnebre, surpreende o médico beijando a testa do cadáver e compreende tudo num relâmpago de cólera; mas o amigo rompe num pranto desesperado e Fortunato, observando sem ser visto, "saboreou tranquilo essa explosão de dor moral que foi longa, muito longa, deliciosamente longa".

Não é difícil ver que, além de tudo o que vem no plano ostensivo, este sádico transformou virtualmente a mulher e o amigo num par amoroso inibido pelo escrúpulo, e com isto sofrendo constantemente; e que ambos se tornam o instrumento supremo do seu prazer monstruoso, da sua atitude de manipulação de que o rato é o símbolo. *Of Mice and Men*, poderíamos dizer com um pouco de humor negro, para indicar que o homem, transformado em instrumento do homem, cai praticamente no nível do animal violentado.

Neste nível é que encontramos o Machado de Assis mais terrível e mais lúcido, estendendo para a organização das relações a sua mirada desmistificadora. Se tivesse ficado no plano dos aforismos desencantados que fascinavam as primeiras gerações de críticos; ou mesmo no das situações psicológicas ambíguas, que depois se tornaram o seu atrativo principal, talvez não tivesse sido mais do que um dos "heróis da decadência", de que fala Vianna Moog. Mas, além disso, há na sua obra um interesse mais largo, proveniente do fato de haver incluído discretamente um estranho fio social na tela do seu relativismo. Pela sua obra toda há um senso profundo, nada documentário, do status, do duelo dos salões, do movimento das camadas, da potência do dinheiro. O ganho, o lucro, o prestígio, a soberania do interesse são molas dos seus personagens, aparecendo em *Memórias póstumas de Brás Cubas*, avultando em *Esaú e Jacó*, predominando em *Quincas Borba*, sempre transformado em modos de ser e de fazer. E os mais desagradáveis, os mais terríveis dos seus personagens, são homens de corte burguês impecável, perfeitamente entrosados nos *mores* da sua classe. Sob este aspecto, é interessante comparar a anormalidade essencial de Fortunato d'"A causa secreta" com a sua perfeita normalidade social de proprietário abastado e sóbrio, que vive de rendas e do respeito coletivo. O senso machadiano dos sigilos da alma se articula em muitos casos com uma compreensão igualmente profunda das estruturas sociais, que funcionam em sua obra com a mesma imanência poderosa que Roger Bastide demonstrou haver no caso da paisagem. E aos seus alienados no sentido psiquiátrico correspondem certas alienações no sentido social e moral.

Este escrito deveria chamar-se "Esquema de *um certo* Machado de Assis", porque descreve sobretudo o escritor subterrâneo (que Augusto Meyer localizou melhor do que ninguém), visto em diversos planos e referido a tendências posteriores da literatura. Há outros, inclusive um Machado de Assis bastante anedótico e mesmo trivial, autor de numerosos contos circunstanciais que não ultrapassam o nível da crônica nem o caráter de passatempo. É ele que às vezes chega bem perto de um certo ar pelintra e uma certa afetação constrangedora. Mas este, graças a Deus, é menos frequente do que um outro aparentado com ele, engraçado e engenhoso, movido por uma espécie de prazer narrativo que o leva a engendrar ocorrências e tecer complicações facilmente solúveis. Este Machado de Assis despretensioso e de bom humor constitui porventura o ponto de referência dos demais, porque dele vem o *tom*, ocasional e reticente, digressivo e coloquial, da maioria dos seus contos e romances. Nele se manifesta o amor da ficção pela ficção, a perícia em tecer histórias, que se aproxima da gratuidade determinativa do jogo. Deste autor habilidoso e divertido brota o Machado de Assis focalizado aqui — numa passagem insensível que vai levando da quase melancolia da "Noite de almirante" à dubiedade de "Dona Paula", daí à indecisão perturbadora de "Dona Benedita", que sobe à surpresa contundente d'"A senhora do Galvão", já no portal de um mundo estranho, mostrando as transições quase imperceptíveis que unificam a diversidade do escritor.

Isso é dito para justificar um conselho final: não procuremos na sua obra uma coleção de apólogos nem uma galeria de tipos singulares. Procuremos sobretudo as *situações ficcionais* que ele inventou. Tanto aquelas onde os destinos e os acontecimentos se organizam segundo uma espécie de encantamento gratuito, quanto as outras, ricas de significado em sua aparente simplicidade, manifestando, com uma enganadora neutralidade de tom, os conflitos essenciais do homem consigo mesmo, com os outros homens, com as classes e os grupos. A visão resultante é poderosa, como esta palestra não seria capaz sequer de sugerir. O melhor que posso fazer é aconselhar a cada um que esqueça o que eu disse, compendiando os críticos, e abra diretamente os livros de Machado de Assis.

(1968)

Digressão sentimental sobre Oswald de Andrade

1. O caso do ensaio

O ensaio "Estouro e libertação", publicado em 1945 no livro *Brigada ligeira*, foi escrito em 1944, refundindo e ampliando três, ou antes, dois artigos e meio aparecidos em 1943 no meu rodapé semanal de crítica no jornal *Folha da Manhã*: "Romance e expectativa" (8 de agosto), "Antes de Marco zero" (15 de agosto) e "*Marco zero*" (24 de outubro). Talvez o seu único mérito seja o de ter sido, salvo erro, a primeira e até então a mais longa tentativa de analisar o conjunto da ficção de Oswald. E tem uma pequena história, que talvez interesse, como pretexto para falar dele.

Numa nota final de *Marco zero* Oswald informa que "foi iniciado em 1933. Os seus primeiros cadernos trazem essa data. O presente volume foi realizado em 1942". Diga-se de passagem que nesse ano Oswald precisou de uma secretária para aprontar os originais em tempo de apresentá-los a um concurso (do qual saiu premiado Jorge Amado com *Terras do sem-fim*); foi como conheceu e veio a casar com a dedicadíssima Maria Antonieta d'Alkmin, para quem escreveu o "Cântico dos cânticos para flauta e violão" e que cuidou dele até a morte com zelo perfeito.

Marco zero tinha uma espécie de fama antecipada, pois toda gente sabia que estava sendo preparado com a minúcia documentária de quem, após ter baseado a sua obra principalmente na transposição da própria experiência, queria pôr em primeiro plano a observação da sociedade. Era como se Oswald sofresse a pressão de um atavismo literário vindo de seu tio Inglês de Sousa, a quem admirava bastante.

Em 1935 a revista *Boletim de Ariel* publicou dois pequenos trechos fortes e originais, que foram o meu primeiro contato com a sua obra e me induziram a ler *Serafim Ponte Grande*, meio aos pedaços e com muita risada, numa livraria bem sortida de Poços de Caldas. Ambos os trechos descreviam malucos de rua: um ricaço que se acreditava mendigo, e uma quase mendiga que se tomava por mulher de negócios. Contava-se que esta era baseada numa coitada que vagava pela zona bancária de São Paulo, com a pasta cheia de transações imaginárias, como há de lembrar a gente daquele tempo. E quando a víamos passar de boina vermelha, resmungando de cara fechada e a megalomania debaixo do braço, era como se víssemos um personagem solto das páginas onde fora recolhido.

Os trechos tinham uma designação geral: "Duas criações da cidade americana", e um subtítulo entre parênteses: "apontamentos para *Beco do escarro*, primeiro volume de um romance cíclico paulista *Marco zero*". Na seriação final o dito volume passou a ocupar o número 3, e não sei se foi redigido; em todo o caso, os trechos não foram aproveitados n'*A revolução melancólica* nem em *Chão*. Não o foi igualmente um outro, aparecido na mesma revista em 1938, com o título "Natal no arranha-céu" e a menção: "Do romance *Marco zero*, em preparo".[1]

No começo do decênio de 1940, Oswald fez em sua casa mais de uma leitura de capítulos prontos, segundo me contou

---

[1] A princípio *Marco zero* foi planejado em três volumes: *Beco do escarro* (industrialização), *Terra de alguns* (latifúndio), *A presença do mar* (imperialismo) — como lemos numa nota de redação do *Boletim de Ariel*, ano IV, n. 5, 1935. Depois foi desdobrado em cinco, publicando-se afinal apenas os dois primeiros: *A revolução melancólica* (1944), *Chão* (1945), *Beco do escarro*, *Os caminhos de Hollywood*, *A presença do mar*.

quem ouviu. Nas rodas, falava-se desse romance preparadíssimo, anunciado como a realização mais completa do seu autor. Por isso, quando eu soube que ia finalmente sair, resolvi dar um balanço na obra precedente, a fim de situar a que deveria coroá-la.

Os meus dois primeiros artigos, relidos depois de tanto tempo, são cheios de erros e têm aquela agressividade misturada de condescendência que parece tão oportuna aos 25. Oswald tinha razão de sobra para ficar irritado, mas não o demonstrou na dedicatória com que mandou o livro, dali a dois meses.

Por ser de justiça
Ao Antonio Candido
P. Deferimento
o
    Oswald de Andrade
    9-10-43

O romance me decepcionou, e àquela altura eu já estava melhor documentado para sentir que ele não superava os precedentes, conforme a expectativa. Escrevi o artigo final, ressalvando o que podia e carregando nas restrições. Oswald danou e respondeu com o artigo divertido e contundente reproduzido a seguir no seu livro *Ponta de lança*, da Coleção Mosaico (Editora Martins).

Quando veio a oportunidade de compor *Brigada ligeira*, a convite do amigo José de Barros Martins, para a mesma Coleção,[2] decidi voltar aos artigos e reuni-los num ensaio mais elaborado, que é "Estouro e libertação". O livro saiu no segundo semestre de 1945, quando já tinham aparecido o

[2] Encontrei outro dia um bilhete de Mário de Andrade a respeito: "Antonio Candido. Estive ontem no Martins e ele reclamou mais uma vez e inquieto os originais de você. Assim, depois, fica difícil sair em tempo, não se esqueça que o fim de ano é tempo de muita atrapalhada nas tipografias. Mário".

segundo volume de *Marco zero* (*Chão*), que todavia não estudei, e as *Poesias reunidas*, ambos os quais ele me dera com dedicatórias normais, embora andássemos meio secos.

Lido agora, o ensaio me impressionou sobretudo como exemplo da importância que a perspectiva temporal pode assumir na construção do juízo crítico. Pelo fato de, em 1943, Oswald estar vivo e em plena forma; sobretudo pelo fato de anunciar que ia publicar a obra máxima, todos admitiam que a sua produção era mesmo algo incompleto, necessitando maior justificativa. A ninguém ocorria que já tivesse feito o suficiente para não haver mais necessidade de obras novas como condição do seu lugar na literatura. Ele era o autor de *Memórias sentimentais de João Miramar*, *Serafim Ponte Grande*, *Pau-brasil*, *Primeiro caderno do aluno de poesia*; do "Manifesto Antropófago" e alguns artigos geniais de polêmica. Todavia, eu (nós) esperava(mos) por uma confirmação, com coroamento que ele teimava em anunciar como tal! O autor ajudava o crítico a errar; e este não percebia que o que viesse viria por acréscimo. Uma das constantes do ensaio é de fato a obsessão com *expectativa* e *justificação*, produzindo distorção do juízo. Observo, por exemplo, como era intenso o meu entusiasmo por *Memórias sentimentais* e *Serafim Ponte Grande*; mas como o atenuo o mais possível, porque o melhor ainda deveria estar pela frente, *já que Oswald não dissera a palavra final...* Vendo de hoje, é claro, que em matéria de ficção esta palavra estava dita com aqueles dois livros.

Mas voltando aos fatos: o resultado no terreno pessoal foi bem diferente do que eu esperava. Certo dia, no fim de 1945 ou começo de 1946, estando eu na Livraria Jaraguá (a velha, a verdadeira), entra ele, dirige-se a mim e diz mais ou menos que fizera mal em reagir com veemência contra o último artigo da *Folha da Manhã*, pois no ensaio eu mostrara não me haver deixado influir por isto, conservando uma atitude objetiva. Propunha então consolidar a nossa amizade e declarava que dali por diante eu ficava com a liberdade de escrever o que quisesse a respeito de sua obra, que ele não se molestaria nem responderia. Este gesto extremamente cortês e generoso mostrava o homem sem rancor, de alma bem formada, que era Oswald. A partir de então e até sua morte, em 1954, ele me tratou com o maior carinho, lutando contra a minha bisonhice, levando-me para a sua intimidade, associando-me de vários modos à sua vida e à sua obra.

2. Com o "grupo de *Clima*"

Foram mutáveis e curiosas as suas relações com os moços conhecidos naquele tempo como grupo de *Clima*, nome da revista que redigimos entre 1941 e 1944. Vistas as coisas com o recuo do tempo, ocorre-me que talvez nenhum outro grupo, na época, se tenha ocupado tanto com a sua obra, quando estava em moda considerá-lo sobretudo um pianista de gênio, o que de fato era, sem prejuízo de coisa mais sólida. Naquela altura havia uma espécie de soberania intelectual exercida em São Paulo por Mário de Andrade, instalado diariamente na mesa de chope do bar Franciscano, à rua Líbero Badaró; e depois de sua morte, em parte por Sérgio Milliet. À volta deles juntava-se o grosso da vida literária e Oswald ficava meio à margem; mesmo porque o seu sarcasmo desmanchava de um lado o que o seu enorme encanto pessoal tinha construído de outro.

De nós, quem o conheceu primeiro foi Paulo Emílio Sales Gomes; logo depois, Décio de Almeida Prado. Isto, lá por 1935, tempo do *Quarteirão* (iniciativa cultural de esquerda) e da revista *Movimento*, que ambos redigiam. Paulo Emílio andava pelos dezoito anos, era muito combativo e cheio de iniciativas, com certo gosto pelo barulho que depois perdeu. Num artigo, louvou José Lins do Rego em detrimento de Oswald, que replicou abespinhado num "Bilhetinho a Paulo Emílio", onde o denominava "piolho da Revolução". Como sucederia no futuro a todos nós, as relações com o grande escritor se pautaram desde então pela mistura de estima e agressividade, dos dois lados.

Foi Paulo que me apresentou a Oswald e me levou, no começo de 1940, à velha casa da rua Martiniano de Carvalho, onde morava com sua mulher Julieta Barbara, os filhos Rudá, menino, e Nonê, já chefe de família. Nonê (Oswald de Andrade Filho), que fizera as capas d'*A escada vermelha* e d'*O homem e o cavalo*, tinha um ateliê na garagem, onde íamos admirar o belo retrato de *Rossine Camargo Guarnieri*. As nossas visitas eram domingo à tarde e se prolongavam até a noite, estimuladas pela cortesia calorosa do anfitrião, um dos mais perfeitos que conheci. Na saída, íamos incorporados mostrar a algum visitante de fora, mais abaixo na mesma rua, uma enorme casa fantástica, que emergia de um buraco e era feita em vários planos ligados à rua por passadiços e escadas, com cenas da história portuguesa pintadas nas paredes externas e dois leõezinhos na entrada principal, que parecia uma ponte levadiça jogada sobre o absurdo.

Dos que frequentavam, lembro, além de nós, apenas de Aparecida e Paulo Mendes de Almeida, Giuseppe Ungaretti, Giuseppe Occhialini, Carlos Lacerda, Vinicius de Moraes. Mas vi também Augusto Frederico Schmidt e, uma vez histórica, Guilherme de Almeida, no dia em que foi fazer a visita de reconciliação, depois de uma briga de muitos anos. Rudá deu um show de conhecimentos geográficos inesperados para os seus dez anos, e os dois amigos evocaram o caso tumultuoso de Landa Kosbach, que vem contado com menos detalhes no primeiro volume de *Um homem sem profissão*.

Oswald nos tratava bem e ao mesmo tempo fazia troça de nós, como era seu hábito, inventando diversas piadas e nos pondo o apelido de *chato-boys*, que pegou. *Chato-boys* porque, segundo ele, estudiosos, bem-comportados, sérios antes do tempo. Quando fundamos *Clima* em 1941, por inspiração de Alfredo Mesquita, pedimos o artigo de abertura a Mário de Andrade ("Elegia de abril", recolhido em *Aspectos da literatura brasileira*), o que certamente contribuiu para acirrá-lo. Mas, apesar de nós também estarmos sempre dando bicadas nele, era grande e eu diria quase excepcional no tempo o apreço que manifestávamos por ele e sua obra.

Assim, no número 4 (setembro de 1941), por iniciativa e com uma nota de Ruy Coelho transcrevemos o admirável artigo satírico "Antologia", que ele publicara em 1927 contra o grupo nacionalista da Anta (Cassiano Ricardo, Menotti del Picchia, Plínio Salgado etc.). No número 5 (outubro de 1941), dedicado a *Fantasia*, de Walt Disney, ele foi convidado a colaborar mas enviou apenas um excelente bilhete, que foi posto como abertura, onde nos dizia, dirigindo-se a Paulo Emílio, ideador e organizador do número: "A sua geração lê desde os três anos. Aos vinte tem Spengler no intestino. E perde cada coisa!". No número 8 (janeiro de 1942) saiu o artigo de Ruy Coelho sobre a nova edição d'*A trilogia do exílio*, com os três volumes reunidos em um, sob o título do primeiro: *Os condenados*.[3]

---

[3] Na verdade, *A trilogia do exílio* só existiu como título geral em fase de projeto e, na prática, para *Os condenados*, que aliás trazem apenas aquela designação na folha de rosto. Quando saiu o segundo volume, *A estrela de absinto*, o título da série já era *Os romances do exílio*, abrangendo *A escada*, "a sair". Mas esta apareceu sete anos depois como livro independente, sem qualquer menção ao ciclo, embora fizesse parte dele inclusive pelo aparecimento de personagens comuns. Na reedição, Oswald reconheceu e consagrou a unidade inicial dos três romances, dando à série o nome do primeiro e ao primeiro o de *Alma*. Isto posto, como designá-los sem fazer confusão? Em 1943 optei arbitrariamente pelo título do começo, o que continuo a fazer até nova ordem para efeito de clareza. Do contrário, seria preciso distinguir a cada instante *Os condenados*, romance de 1922, de *Os condenados*, série de 1941.

Por esse tempo eu não frequentava mais a casa de Oswald, onde Ruy era íntimo e muito festejado, sendo dentre nós o que no momento tinha relações mais cordiais com ele. O seu artigo era justo, em certos pontos elogioso, noutros restritivo, encaixando algumas piadas, das que Oswald gostava de fazer com os outros, mas não de receber. Ele subiu a serra e cortou as relações com Ruy, coisa que nunca fez a nenhum outro de nós, mesmo quando zangava de fato. Em 1945 Ruy deixou o Brasil e só voltou em 1952. Escusado dizer que Oswald esqueceu a turra e falava dele com a maior simpatia.

Em 1943 e 1945, como foi dito, saíram os meus artigos e o ensaio; ainda em 1945 alguém muito ligado a nós, o pintor Clóvis Graciano, publicou na sua requintada Edição Gaveta as *Poesias reunidas*. E aí está por que falo de um interesse constante do nosso grupo pela sua obra.

Em 1946 ou 1947, numa palestra brilhantíssima e cheia de humor, no Colégio Livre de Estudos Superiores, à rua General Jardim, traçando um panorama dos movimentos culturais de São Paulo a partir do Modernismo, Oswald divulgou a sua versão final sobre nós, indicando nominalmente um por um e louvando com generosidade a contribuição que, segundo ele, cada um tinha trazido a diversos setores da crítica. Mas como não quis desperdiçar a alcunha divertida que forjara, achou jeito de encaixá-la, apesar de coletiva, a propósito de apenas um, de certo o único com quem não andava de relógio acertado. E disse mais ou menos, a certa altura da enumeração dos grupos literários: "E há também os *chato-boys*, representados pelo Sr. Lourival Gomes Machado...".

3. Os dois Andrades

Um fato comentado naquele tempo era a briga entre Mário e Oswald de Andrade, ocorrida se não me engano por volta de 1929, depois de escaramuças anteriores. Nunca mais fizeram as pazes, embora tivessem antes sido o maior amigo um do outro, desde o momento em que Oswald *descobriu* literariamente Mário (que conhecia desde 1917) e viu nele a realização do que aspirava em matéria de reforma, como deixou patente no famoso artigo "O meu poeta futurista" (1921). Por que motivo brigaram, nunca perguntei nem eles me disseram. Sei que houve uma ruptura maior, ficando de um lado Mário, Paulo Prado, Antônio de Alcântara Machado; de outro Oswald, Raul Bopp.

Sendo desprovido de rancor e esquecendo facilmente as birras, é natural que Oswald tivesse vontade de se reconciliar com o antigo amigo, o que esboçou mais de uma vez por intermédio de terceiros. A este propósito vale mencionar uma cena rara, única de que tenho notícia: o encontro dos dois, que presenciei, creio que pela altura de 1943.

Tratava-se de organizar em São Paulo a ABDE (Associação Brasileira de Escritores), cujo núcleo central já estava funcionando no Rio e que representou a arregimentação dos intelectuais para o combate ao Estado Novo, culminando no I Congresso Brasileiro de Escritores, realizado em São Paulo no mês de janeiro de 1945 e primeira manifestação pública naquele sentido.

Havia uma pequena reunião no escritório de Plínio Mello, na rua João Bricola, que depois se tornou por muitos anos a sede da seção paulistana. Dos presentes, lembro de Mário de Andrade, Sérgio Milliet, Mário Neme, Abguar Bastos; mas havia alguns outros. De repente entrou Oswald todo de branco e, ao ver quem estava ali, deu um vago bom-dia geral, enquanto Mário ficava impassível.

Começou então a informar sobre as suas gestões no Rio, de onde acabava de chegar trazendo mensagens e novidades: todos lá estavam entusiasmados, Octávio Tarquínio era o presidente, urgia nos organizarmos em São Paulo, de cuja seção toda a gente achava que o presidente deveria ser Mário, "opinião com que estou inteiramente de acordo", ajuntou. A troca de ideias se generalizou e dali a pouco Mário tomou a palavra, falando também em geral e para todos, finalizando mais ou menos assim: "Quanto à ideia apresentada aqui que eu devo ser o presidente, quero dizer que não concordo e não aceito". Oswald, tornando a falar, intercalou uma resposta no mesmo tom, insistindo no caso. E por aí foram mais um pouco, nessa conversa indireta, como se o outro não estivesse presente, quando a certa altura Oswald soltou uma daquelas suas extraordinárias piadas e nós nos pusemos a rir. Mário tentou manter seriedade e ficar de fora; retesou o corpo, tremeu a boca, não aguentou e desandou também num riso amarrado, mas sacudido e intenso. Oswald, que ao fazer a piada olhara para ele como quem observa o efeito de um golpe calculado, manifestou o maior prazer, rindo com extraordinária jovialidade. E encontrando Paulo Emílio mais tarde, disse-lhe que "as coisas estavam melhorando...".

A convivência dos dois foi íntima no decênio de 1920; não espanta que tivessem ideias comuns, pensando as mesmas coisas ao mesmo tempo, como se pode ler nas cartas de Mário a Manuel Bandeira. Mas além das afinidades notórias e das coincidências, é provável que a influência inicial de Oswald (mais ousado, mais viajado, mais aberto) haja sido decisiva para levar Mário, tímido e provinciano, ao mergulho no Modernismo. E Oswald tinha razão quando via uma manifestação (antecipada) da Antropofagia em *Macunaíma*, que admirava fervorosamente e que salva, como o Cura aos Amadises, na queima geral do prefácio de *Serafim Ponte Grande*.

Muitos pensam que Mário recolheu no seu herói alguma coisa do pitoresco e da irreverência de Oswald, sendo certo que pelo menos um traço pode ser documentado, com apoio num caso que Mário contou a Sérgio Buarque de Holanda, de quem o ouvi mais ou menos da seguinte forma.

Nos anos de 1920, Oswald encontrou Villa-Lobos na Europa e ficou surpreso com a deficiência da sua cultura, que o levava a confundir Jules Romains com Romain Rolland e coisas assim. De volta, falou disto no salão de dona Olívia Guedes Penteado, dizendo que o grande compositor nos comprometia lá fora. E entrando pela exageração que o tomava quando estava em veia polêmica, terminou afirmando que ele nem música sabia e era um ignorantão instintivo. Como alegassem que não tinha autoridade para dizer isto, retrucou mais ou menos: "Não sou eu quem diz. O Mário, que entende, falou que o Villa não sabe harmonia nem contraponto".

As pessoas estranharam, lembrando que Mário dissera sempre o contrário. Oswald então foi mais longe e explicou: "Isto é porque não tem intimidade com vocês. A mim ele diz a verdade".

Diante disto a discussão morreu; mas um dos presentes não se conformou e telefonou a Mário, censurando a sua dubiedade: como é que pensava uma coisa e dizia outra? Ele protestou, o interlocutor deu os pormenores, ele ficou danado. Saiu então à busca de Oswald e, encontrando-o por coincidência na rua Quinze, chamou-o às falas. Mas o amigo o desarmou, retrucando simplesmente, com a limpidez risonha do seu olhar azul: "Eu menti!".

Agora, a transposição. Como todos lembram, Macunaíma se gaba de ter caçado dois veados na Feira do Arouche, mas os irmãos chegam e desmentem, informando que tinham sido dois ratos. Os ouvintes caçoam dele, a dona da pensão o censura, tomando satisfações pela invencionice, e ele desarma toda a gente, dizendo com a maior candura:

— Eu menti!

Contava-se que Oswald fazia sobre o antigo amigo piadas terríveis e divertidas, que corriam mundo. Mas eu só o ouvi falar dele no plano intelectual, com discrição e naturalidade, talvez porque o tempo da virulência tivesse passado quando estreitamos relações. Lamento não ter anotado as coisas que me disse, pois esqueci a maior parte e a memória vai deformando o resto.

Do seu lado, Mário nunca falava de Oswald e dizia não ter lido nada do que este escrevera depois da briga. Certa vez alguém lhe perguntou por que motivo fizera as pazes com determinado escritor e não as fazia com ele. Resposta: "É que Fulano eu não respeito, e o Oswald eu respeito". Quando eu estava preparando o artigo sobre a expectativa de *Marco zero*, disse a Mário que *A estrela de absinto* era muito ruim. "Eu acho muito bom", respondeu com um riso sem graça. Em 1945 ambos participaram do Congresso de Escritores. Mário, assíduo e calado; Oswald, intervindo mais. Numa das sessões, entrou com uma pilha de volumes de *Chão*, que acabava de sair, e foi distribuindo a vários congressistas.

A sessão de encerramento, onde foi divulgado o nosso manifesto pedindo a volta das liberdades, teve lugar no Teatro Municipal, que estava atulhado. Oswald fez um discurso fogoso, lançando por conta própria, para grande contrariedade tanto dos liberais quanto dos esquerdistas, o nome do brigadeiro Eduardo Gomes, que por algum tempo deu a impressão de ser o candidato de quase todas as oposições, da direita à esquerda. Mas no momento ainda não era para falar nele e muitos se irritaram com a gafe. O público, todavia, reagiu entusiasmado e assim Oswald desencadeou a grande ovação da tarde. Desencadeou também um pequeno tumulto, ao meter o pau na alta sociedade paulistana, glosando um cronista social. René Thiollier, que ele havia convidado e pouco antes eu vira cordialmente junto dele, no saguão, levantou-se indignado e protestou, defendendo a sua classe e o seu meio com muita hombridade. Mas teve de sair debaixo de uma furiosa vaia, nós berrando como possessos. Oswald canalizou bem a bagunça e focalizou a sátira no escritor indignado, verdadeiro exemplo caído do céu para a sua diatribe.

Eu, que aplaudira com entusiasmo e aceitara toda a sua linha, fiquei desapontado quando, na saída, ouvi falar em "provocação" e soube que Monteiro Lobato se havia retirado durante o discurso. E mais ainda quando, em companhia de Paulo Emílio, no saguão, recebi de Mário de Andrade, irritadíssimo, um contravapor em regra. Ele achava que Oswald não tinha o direito de bancar o censor da *sociedade*, como se fosse um varão de Plutarco. E foi, creio eu, a única vez que o vi expandir-se sobre o antigo companheiro.

Isto aconteceu em fins de janeiro. Dali a um mês Mário morreu, domingo à noite, sendo enterrado segunda-feira à tarde. Oswald, que estava numa estação de águas com sua mulher Maria Antonieta d'Alkmin, lia os jornais terça-feira no salão do hotel quando ela o viu, de repente, atirar-se sobre o sofá em frente com um grito surdo, amarfanhando o jornal no peito e chorando convulsivamente. Era a notícia da morte de Mário; e foi ela quem me contou o fato, mais de uma vez, diante de Oswald. Chegando a São Paulo, este deu logo depois uma entrevista homenageando a pessoa e a obra do morto. Mais tarde, quando se inaugurou no jardim da Biblioteca Municipal o busto esculpido por Bruno Giorgi, ele apareceu e assistiu a tudo, indo depois abraçar o irmão de Mário, Carlos de Moraes Andrade.

No fim da vida, em 1954, mandou me chamar um domingo à tarde na casa da rua Caravelas, a última que habitou; que precisava muito falar comigo. Encontrei-o tomando sol na entrada de automóvel, com a boina que não tirava. Disse que desejava manifestar o seu juízo definitivo sobre Mário, e com efeito falou bastante da sua obra (não da sua pessoa). Do que lembro com segurança: que a considerava a realização do que sonhara para o Modernismo; que achava *Macunaíma* uma obra-prima; que se ele fora o preparador e o batalhador, sem Mário não teria havido Modernismo. E de tudo se desprendia uma espécie de consciência serena de ter influenciado o companheiro.

4. Nos últimos tempos

Depois da rua Martiniano de Carvalho, se não me engano Oswald foi morar num apartamento da rua Aurora, onde só estive uma ou duas vezes, creio que para encontrar Jorge Amado, talvez em 1944. A partir de 1946 frequentei muito as suas três últimas residências (tirando a chácara em Ribeirão Pires, onde esteve durante algum tempo): a casa da rua Monsenhor Passaláqua, o apartamento da rua Ricardo Batista, a referida casa da rua Caravelas, onde morreu em outubro de 1954, depois de um sofrimento comprido e pavoroso.

Nos últimos anos se desinteressou da ficção, voltando-se para o ensaio filosófico e a redação das memórias, que infelizmente não pôde acabar. Penso que a virada foi o concurso que prestamos em 1945, com mais quatro concorrentes, para a cadeira de Literatura Brasileira da Faculdade de Filosofia da Universidade de São Paulo, do qual saímos livres-docentes. Tenho uma vaga ideia de que Oswald foi estimulado a se apresentar por André Dreyfus, diretor da Faculdade, que já havia tentado convencer Mário de Andrade no mesmo sentido, quando se falou (1944) da abertura das inscrições. Mário recusou, dizendo que não tinha formação universitária nem conhecimentos sistemáticos no assunto (!). E insistiu para que eu me apresentasse, dizendo que cabia aos novos, de formação universitária regular, entrar naquela dança. Oswald, o oposto dos escrúpulos e inibições de Mário, apresentou-se fagueiro com uma pequena tese, improvisada e defendida com presença de espírito. Não assisti à sua prova didática, sobre o *Caramuru*. Na escrita, sobre o ponto sorteado para todos nós, "O Modernismo", fez o trabalho mais sintético: quatro páginas escritas a tinta verde. Antes da leitura, justificou: "Acho que a prova de um candidato à cátedra universitária deve ser curta e bem escrita". E era de fato admirável sob este ponto de vista. Lembro-me apenas de uma metáfora fulgurante: "[...] a fratura exposta de Lautréamont". Devia ser alguma fixação estilística, pois escrevera num dos trechos de *Marco zero* publicados pelo *Boletim de Ariel*: "[...] sentiu-se no direito de esgotar o choque interior e passeá-lo como uma fratura exposta".

A partir de 1945 tornou-se cada vez mais um estudioso, preparando-se para desenvolver o tema da crise da filosofia ligada ao patriarcalismo, que foi para ele a praga da história do Ocidente. Matriarcado redentor, utopia, messianismo eram os pontos principais da sua reflexão — donde a ideia de inscrever-se no concurso à cadeira de Filosofia, na Faculdade mencionada, com a tese *Crise da filosofia messiânica* (1951). Mas afinal não pôde concorrer, como outros candidatos, por decisão do Conselho Nacional de Educação (faltava-lhe curso superior específico da matéria).

A propósito dos longos e complicados antecedentes deste concurso, aconteceu comigo um caso engraçadíssimo. Era pela altura de 1950 e eu insistia com Oswald para não concorrer. Parecia-me uma situação muito técnica, para a qual não estava preparado e que poderia comprometê-lo inutilmente (eu não entendia naquele tempo, como bom *chato-boy*, que um grande talento pode valer muito mais do que algumas toneladas de professores *tecnicamente preparados*). Ele protestava, dizendo que a Universidade deveria se abrir, que era um direito dele etc. "Mas você não tem cultura filosófica organizada", dizia eu. "Imagine se na defesa da tese Fulano (um examinador potencial, famoso pela truculência) faz perguntas em terminologia que você não domina." "Dê um exemplo", retrucou ele. "Não sei", disse eu, "não entendo disto; mas anda por aí um vocabulário tão arrevesado de 'ser-no-outro', 'por si', 'orifício existencial' e não sei mais o quê." "Mas dê um exemplo", insistiu ele. "Bem, só para ilustrar: se ele pergunta pernosticamente: 'Diga-me V.S. qual é a impostação hodierna da problemática ontológica?'." E Oswald, sem pestanejar: "Eu respondo: V. Ex.ª está muito atrasado. Em nossa era de devoração universal o problema não é ontológico, é odontológico".

As suas leituras se concentraram quase exclusivamente na antropologia, na história da cultura e na filosofia, sobretudo fenomenologia e existencialismo. Lembro-me de ter visto o seu exemplar do então recente *L'Être et le néant*, de Sartre, todo anotado; e uma vez presenciei, depois do almoço na Ricardo Batista, uma conversa dele com Nicola Abbagnano. Ele, que não perdia vaza para tapar do melhor modo os buracos da sua informação filosófica, insistia com o hóspede para lhe resumir rapidamente as próprias ideias, e o outro se esquivava, dizendo que era difícil.

Um pouco antes disso, a casa da rua Monsenhor Passaláqua era frequentada por um grupo de mocinhos inteligentes, colegas e amigos de Rudá, fascinados por Oswald: Norman Potter, José Arthur Giannotti, Fausto Castilho. Os dois últimos já se encaminhavam para a filosofia e Fausto, sempre ardoroso, se opunha ao *sarampão* existencialista de Oswald, desenvolvendo, com meu apoio, corretivos de tipo racionalista.

Eu temia, erradamente, que os interesses novos representassem um certo abandono da literatura. Uma vez perguntei-lhe se não ia terminar *Marco zero* (de que faltavam três volumes) e ele respondeu: "Não. Agora só quero cuidar de filosofia, que é o mais importante. Filosofia é coisa séria, requer estudo e cultura. Romance qualquer um faz, até Fulano", e disse o nome de um famoso romancista brasileiro contemporâneo.

Desse tempo datam os ensaios reunidos n'*A marcha das utopias* e a referida tese de concurso, não defendida. Data igualmente *Sob as ordens de mamãe*, primeiro volume de *Um homem sem profissão: Memórias e confissões*, publicado no ano de sua morte com prefácio meu. Não sei até que ponto avançou na redação; mas vi na rua Caravelas um caderno preto de formato grande com boa parte do segundo volume, que aborda o tempo do Modernismo.

Eu insistia para ele republicar *Memórias sentimentais de João Miramar* e *Serafim Ponte Grande*, livros quase clandestinos, de tiragem limitada e distribuição nula, porque me parecia que a visão da sua obra era totalmente deformada por falta de conhecimento dos melhores escritos. Ele dizia que sim, exigindo amistosamente que eu fizesse a introdução para um volume reunindo os dois; e creio que chegou a falar a respeito com Antônio Olavo Pereira. Mas uma coisa o paralisava e serve para mostrar a sua delicadeza de sentimentos; era o seguinte trecho do prefácio de *Serafim*:

> Andava comigo prá cá, prá lá, tresnoitado e escrofuloso, Guilherme de Almeida — quem diria? — futura Marquesa de Santos do *Pedro I* navio!

O leitor de agora talvez não perceba o trocadilho, aludindo ao fato de Guilherme, depois da Revolução de 1932, ter ficado preso, com outros paulistas, no navio-presídio *Pedro I*. Ora, o poeta desempatara a favor de Oswald, depois de ter votado nele e em mim para o primeiro lugar no concurso de Literatura Brasileira. Oswald, sensibilizado, não queria magoá-lo com a divulgação do trecho; mas também não queria suprimi-lo. E com isto amarrou a edição.

5. Devoração-mobilidade

> *Ses yeux dévoraient tout ce qu'ils regardaient, et quand ses paupières se rapprochaient rapidement comme des mâchoires, elles engloutissaient l'univers qui se renouvellait sans cesse par l'opération de celui qui courait en imaginant les moindres details des mondes enormes dont il se repaissait.*
>
> Guillaume Apollinaire,
> *Le Poète assassiné*

Hoje, sou um pouco mais velho do que ele era quando o conheci, e já me acostumei a ouvir dos moços as mesmas perguntas que eu fazia aos mais velhos. As mesmas não. Os de agora perguntam coisas mais objetivas e mais ligadas ao interesse pela obra, porque hoje é que florescem os verdadeiros *chato-boys*. Nós ainda queríamos deslindar o anedotário que o cercava como garoa singular.

"É verdade que é irmão de Mário de Andrade e brigou com ele?" "É verdade que casou dez vezes em várias religiões?" "É verdade que tem um filho chamado Lança-Perfume Rodo Metálico?" "É verdade que roubou uma moça na Escola Normal da Praça?" "É verdade que prega o amor livre?" "É verdade que baleou os estudantes de direito, num tiroteio, do alto de uma escada?" "É verdade que andou com a quadrilha do Pulo dos Nove?"

Nada era verdade, embora nalguns casos houvesse uma semente real do boato inchado em volta. Mas esse Oswald lendário e anedótico tem razão de ser: a sua elaboração pelo público manifesta o que o mundo burguês de uma cidade provinciana enxergava de perigoso e negativo para os seus valores artísticos e sociais. Ele escandalizava pelo fato de existir, porque a sua personalidade excepcionalmente poderosa atulhava o meio com a simples presença. Conheci muito senhor bem-posto que se irritava só de vê-lo, como se andando pela rua Barão de Itapetininga ele pusesse em risco a normalidade dos negócios ou o decoro do finado chá das cinco. "Esse sujeito não tem pescoço, tem cachaço", ouvi de um, que parecia simplesmente tomado pela necessidade de dizer qualquer coisa desagradável. "Que luvas de palhaço!", dizia outro. Eram as que punha de vez em quando, penso que feitas para esporte de inverno, de tricô, brancas com uns motivos pretos vistosos. "Foi Blaise Cendrars quem me deu", disse ele sorrindo certa vez, na livraria Jaraguá, onde passava sempre.

De um homem assim, pode-se dizer que a existência é tão importante quanto a obra. Pelo menos a nós isto parecia evidente, porque o víamos intervir, vituperar, louvar até as nuvens, xingar até o inferno, aclamar e depois destruir, remexendo sempre com uma paixão em brasa pela literatura. "Admito ofensa pessoal", dizia, "mas não admito burrice em relação à minha obra." De fato, só o vi brigar por divergências literárias e, nalguns casos, políticas. É nesta chave que a sua integridade deve ser definida. Quanto ao resto, mandava as normas e os princípios para o devido lugar.

Ele era tão complexo e contraditório, que a única maneira de traçar o seu contorno é tentar simplificações mais ou menos arbitrárias. Como explicar, de fato, a coexistência permanente, dentro dele, de um bom e um mau escritor? De um passadista e um anunciador do futuro? De um discernimento infalível e áreas da mais completa opacidade? Mas destes choques e outros muitos é que se formava o homem singular, às vezes quase ilhado no seu tempo.

Tomemos, como tentativa, apenas dois traços com generalidade bastante para definir aspectos comuns à sua personalidade humana e literária: *devoração e mobilidade*.

Devoração é não apenas um pressuposto simbólico da Antropofagia, mas o seu modo pessoal de ser, a sua capacidade surpreendente de absorver o mundo, triturá-lo para recompô-lo. Frequentemente a inteireza da sua visão precisa ser elaborada pela percepção do leitor, pois no seu discurso o que ressalta são os fragmentos da moagem de pessoas, fatos e valores. Daí a sua atitude constante de preensão, traduzida na curiosidade, na insistência em manter contato com os outros, usá-los de todas as maneiras para os transformar em substância de enriquecimento pessoal. A este propósito, lembro um traço característico da sua fisionomia: os olhos arregalados e fixos, a boca aberta, um fácies imobilizado na absorção, que de repente se desfazia na fuzilada dos risos, trocadilhos e conceitos. Imaginemos que esta aparência simbolize a abertura sôfrega em relação ao mundo.

No comportamento, traços equivalentes, como a mania de conhecer as pessoas e a insistência em ver as que conhecia; a rapidez com que enjoava de quem na véspera punha nas nuvens; a busca ingênua de contato com os estrangeiros de passagem; o convívio em tantos ambientes diversos; a familiaridade com argentários e políticos, manifestando um cândido arrivismo; mas também com motoristas e tipos da rua, vigaristas e caboclos, que o divertiam imensamente e ele ia armazenando. Para coroar, o amor à novidade sob qualquer forma: ideias, revistas, livros, reuniões, gente nova, crimes. Uma utilização desmesurada de tudo, para chegar a um conhecimento, uma noção, ao menos um aumento de informação, como se quisesse deglutir o mundo.

Mas havia a capacidade simétrica de compensar os seres e devolver o troco do que extraía, importando muitas vezes em se dar com o maior desprendimento a ideias, iniciativas, pessoas. Em tais casos, quando mais parecia estar puxando o mundo para si, mais estava saindo de si para ir ao mundo. As manifestações cotidianas disto eram a sua requintada cortesia e a sua larga hospitalidade. Muita gente não apenas foi recebida e bem tratada por ele, mas nele se arrimou em momentos difíceis, recebendo ajuda discreta e ignorada por terceiros. De um rapaz do meu tempo, ouvi que num desses momentos vazios em que a vida parece tirar de um homem qualquer possibilidade de sobrenadar, ele se arranjou graças ao auxílio material de Oswald. E talvez só ele e eu saibamos disto.

Em compensação, era capaz de dizer as últimas de alguém que incorresse no seu desprazer, alegando que bebera os seus vinhos e comera os seus almoços para depois fazer qualquer coisa que, pelo simples fato de lhe desagradar, classificava de felonia horrível. Mas dali a pouco esquecia tudo e achava de novo excelente a mesma pessoa, pois um dos seus traços de absorção do mundo era justamente supervalorizar tudo o que no momento interessava a sua atenção: gente, ideias ou coisas. E ai dos que atrapalhassem a realização da sua curiosidade; que parecessem se interpor entre ele e um visitante estrangeiro, por exemplo, ou tentar afastá-lo de uma reunião, uma cerimônia, um encontro. Frustrado na sua deglutição de experiência, podia ser medonho, inventando apelidos, forjando trocadilhos e histórias, atribuindo os piores costumes a quem o irritara.

Nisto tudo vejo confirmação do traço que estou sugerindo: fome de mundo e de gente, de ideias e acontecimentos. Daí a sua devoração não ser destruidora, em sentido definitivo, pois talvez fosse antes uma estratégia para construir, não apenas a sua visão, mas um outro mundo, o das utopias que sonhou com base no matriarcado.

Apesar de muito patriarcal nos gostos e na conduta, o que havia de ruim no mundo lhe parecia vir do patriarcalismo, causador da propriedade, da sociedade de classes, da exploração do homem, da mutilação dos impulsos. A sua atividade política se entroncava neste pressuposto e era uma espécie de técnica devoradora (aí sim, em sentido arrasador) do mundo burguês oriundo da supremacia imemorial do pai. O seu comunismo foi profundamente vivido — comunismo do decênio de 1930, romântico e libérrimo, significando não apenas anticapitalismo e anti-imperialismo, mas aceitação da arte moderna, ataque desabrido às coisas estabelecidas, desafogo dos costumes. Foi o tempo do jornal *O Homem do Povo* (1931) e da militância intensa com a admirável Patrícia Galvão (Pagu). Mais tarde adotou a solução de compromisso preconizada por Earl Browder e incorporada à ideologia de *Marco zero*, tentando em 1945 fundar uma Ala Progressista, que não chegou a nascer. Afinal, decepcionado por se sentir posto de lado, e querer ser mais do que um instrumento no campo intelectual, desligou-se de qualquer compromisso com o renascido e disciplinado Partido Comunista (1945); e acabou, acho que em 1950, por candidatar-se a deputado, sem êxito, pelo Partido Trabalhista Nacional; e seria de estranhar que tivesse tido êxito, no jogo marcado dos grupos políticos, cujos raposões o levaram na conversa.

No fundo, o seu timbre era um certo anarquismo, que permite vislumbrar a liberdade total pela dissolução das amarras. No prefácio de *Serafim Ponte Grande* afirmou que o seu modo de ser inicial, católico e burguês, fora compensado por este anarquismo espontâneo de boêmio, que depois teria superado pela adesão ao marxismo. Engano. Felizmente nunca o superou, porque ele foi o segredo da sua elasticidade e um dos fatores da sua mobilidade sem fim.

E aqui chegamos a este grande princípio da sua personalidade, vida e obra. Quando é boa, a sua composição é muitas vezes uma busca de estruturas móveis, pela desarticulação rápida e inesperada dos segmentos, apoiados numa mobilização extraordinária do estilo. É o que explica a sua escrita fragmentária, tendendo a certas formas de obra aberta, na medida em que usa a elipse, a alusão, o corte, o espaço branco, o choque do absurdo, pressupondo tanto o elemento ausente quanto o presente, tanto o implícito quanto o explícito, obrigando a nossa leitura a uma espécie de cinematismo descontínuo, que se opõe ao fluxo da composição tradicional. Frequentemente a sua escrita é feita de frases que se projetam como antenas móveis, envolvendo, decompondo o objeto até pulverizá-lo e recompor uma visão diferente.

Também na sua visão da sociedade avulta o senso do que é móvel, a miragem de uma transição necessária ao matriarcado redentor, sob a percussão dos movimentos ideológicos que dissolvem as estruturas. E em sua vida procurou sem cessar a renovação em todos os campos, para evitar o pecado maior da esclerose, da parada que lhe parecia negar a própria essência da liberdade e portanto do seu ser. Até o gosto pela viagem, a variação dos lugares, a mudança de casas e alianças, a sucessão dos contatos humanos e uma certa volubilidade manifestavam esta lei da sucessão vertiginosa e reconstituinte.

6. O par ímpar

Oswald produziu coisa boa nos escritos de redação contínua e nos de redação descontínua. Pessoalmente prefiro estes, que representam a sua contribuição mais original sob o ponto de vista da estrutura e do estilo, concentrando a maior soma das suas capacidades de expressão. Aí se enquadram os poemas, *Memórias sentimentais de João Miramar*, o *Serafim Ponte Grande*, muitas notas, artigos, polêmicas que andam dispersos, quem sabe perdidos em parte, porque ele cuidava pouco da sua obra, não tirava cópia, esquecia de guardar.

Tanto quanto posso determinar, o primeiro dos livros de ficção que começou a escrever foi o *João Miramar*, publicado em 1924, de que há umas três ou quatro versões a partir de 1916. Mas é certo que ao mesmo tempo ia compondo *Os condenados* (1922) e *A estrela de absinto* (1927). E embora estes pareçam mais antigos pelo preciosismo, os processos gerais de composição têm um molde comum: estilo baseado no choque (das imagens, das surpresas, das sonoridades), formando blocos curtos e às vezes simples frases que se vão justapondo de maneira descontínua, numa quebra total das sequências corridas e compactas da tradição realista. São também comuns o inconformismo em relação à sociedade e uma espécie de trânsito livre entre poesia e prosa. Não obstante as modificações, estas características permanecerão no restante de sua ficção até 1945, com dois extremos polares: em 1929, *Serafim* (publicado em 1933) exacerba todos os seus processos, picando ao máximo a composição, variando vertiginosamente os tons, chegando quase ao limite da descontinuidade e da elipse; depois de 1940, *Marco zero* (trabalhado a partir de 1933) recupera muito da escrita contínua e, ampliando os blocos narrativos, amaina a elipse. Mas apesar da enorme flutuação de qualidade, toda a ficção de Oswald repousa em essência numa plataforma expressiva comum.

A partir dela se destacam os três grupos de romances: (1) *A trilogia do exílio* e (2) o par *Miramar-Serafim*, correndo mais ou menos paralelos; (3) *Marco zero*, portador de outro timbre e prenunciado por *A escada vermelha* (1934), que se afasta do seu grupo.

A trilogia e o par, engendrados mais ou menos entre 1915 e 1930, manifestam o mesmo tipo de estrutura, mas se opõem como o negativo ao positivo de uma fotografia. Entre as duas séries há um abismo, cuja explicação podemos buscar numa frase do prefácio de *Serafim*, datado de 1933 e decisivo para compreender a obra de Oswald: "Do meu fundamental anarquismo jorrava sempre uma fonte sadia, o sarcasmo". Aí está o segredo provável dos seus êxitos e a explicação dos seus desfalecimentos no terreno da ficção: sempre que acertava o tom na craveira do sarcasmo, da ironia ou da sátira, é como se ligasse a corrente salvadora que comunica à sua escrita um frêmito diferente; quando desafina naquele tom, ou escreve *a sério*, a tensão baixa e, a despeito dele usar os mesmos processos de composição, o texto parece sufocado pela herança da retórica decadentista (*A trilogia*) ou naturalista (*Marco zero*). Mas não se trata de sarcasmo apenas. O tom melhor de Oswald implica sua fusão com a poesia, sobretudo pela extensão de processos poéticos a contextos quaisquer. Sarcasmo-poesia, e não sarcasmo-sarcasmo.

Outro elemento importante é a dose de experiência pessoal que consegue transfigurar nos livros e geralmente os ajuda a chegar a um bom nível. O par efetua a transposição ótima dos elementos favoráveis, contendo a experiência pessoal e o humorismo; *A trilogia* tem menos do primeiro elemento e pouco do segundo; *Marco zero*, quase nada do primeiro e muito pouco do segundo.

A este propósito mencionemos de novo que Oswald conservou de maneira recessiva um veio naturalista que estufou no decênio de 1930, estimulado pela moda de literatura documentária e social então predominante. Por motivos na maioria políticos, desejou acertar o passo com as tendências do momento e mostrar que não era o piadista de que falavam, o *palhaço da burguesia* que se penitencia de ter sido no prefácio de *Serafim*; quis recuar do meio do picadeiro para as tarefas obscuras e disciplinadas dos *casacas de ferro*. "As artes verdadeiramente políticas e sociais como a pintura e o romance voltaram à sua normalidade, que é ensinar" — diz um personagem de *Chão*.

O efeito foi negativo, pois o peso do documento indigerido e da excessiva intenção ideológica atrapalhou *Marco zero*, da mesma maneira por que a *écriture artiste* e o decadentismo haviam atrapalhado a maior parte d'*A trilogia*.[4] No afã de arrepiar carreira, o romancista chegou a costurar a sua escrita descontínua para refazer blocos narrativos maiores, que eram contrários à sua visão ficcional e comprometeram a obra. O intuito cru da documentação derrapa num pitoresco bastante constrangedor;

---

4 Certa vez Oswald me disse, num táxi que subia a Brigadeiro Luís Antônio (íamos comprar doces italianos para uma festa em casa dele), que tinha sofrido grande influência dos irmãos Goncourt. Penso que sofreu também a de Fialho de Almeida, não apenas na agressividade polêmica, mas no toque impressionista do estilo; sobretudo certo ritmo de adjetivação.

por exemplo, na falta de medida com que reproduz implacavelmente a fala de caipiras e estrangeiros, quase na craveira de Cornélio Pires. E o mais surpreendente é que, tomado pelo desejo de seguir a moda, ele dizia a Ruy Coelho em 1941 que não era, como pensavam, o autor humorístico de *Miramar* e *Serafim*; muito mais importante seria *Marco zero*, e embora não tivesse a força deste, *A trilogia* tinha muita coisa válida, e por isto ia reeditá-la. É o que explica a decepção e a mágoa despertada nele pelo artigo reticencioso de Ruy.

Em "Estouro e libertação" eu atribuí a insuficiência de *Marco zero* a alguns fatores, de que o mais geral seria a incompatibilidade entre a técnica *pontilhista* e o intuito social de *afresco*, o que está errado. No plano teórico, verificar-se-ia o contrário, pois a visão de uma larga realidade social pode ser apreendida melhor através da multiplicidade de cenas e tipos apresentados de maneira descontínua, numa espécie de amostragem por justaposição que revela o todo com amplitude e variedade maiores do que seria possível a uma narrativa unitária. John dos Passos esfarinhou a vida americana nos múltiplos níveis de enfoque da trilogia *U.S.A.*, e o resultado foi tecnicamente bom.

Hoje, relendo *Marco zero*, noto menos *pontilhismo* do que parecia haver; e penso, ao contrário, que se houvesse nele maior uso das técnicas descontínuas o panorama social teria ficado mais convincente. O mal de Oswald foi ter forçado a sua natureza artística, sacrificando a composição sincopada em benefício das sequências coesas. Um conflito prático, não teórico, entre um modo de ver unitário e a descontinuidade técnica, por falta de perícia em harmonizá-los.

Com efeito, as duas partes publicadas de *Marco zero*, mas sobretudo *A revolução melancólica*, são invadidas por um só interesse: o destino da família Formoso, tomada como exemplo dos latifundiários paulistas em crise. Este interesse absorvente funciona como um eixo inteiriço e faz o resto parecer episódico, contra a vontade do autor, que é puxado para sentidos diferentes. Ora sacrificando a visão fragmentária em benefício de uma visão unitária; ora recaindo na visão fragmentária, que então aparece como recurso insatisfatório para realizar um desígnio unitário. E a causa desta trincadura, que perturba a eficiência do livro no todo e nas partes, deve ser de natureza ideológica, resultando da vontade programada de fazer *romance social*. O romance em contraponto implica certo sincronismo, que não valoriza o antes nem o depois, mas o durante. Falando estritamente, ele não começa e não acaba, pois é um corte horizontal que tende no limite à simultaneidade e procura mostrar diversos aspectos, que não se vinculam necessariamente, e sobretudo não se condicionam reciprocamente. Romance sem causalidade, ou de causalidade baralhada, como foi o esquecido *Contraponto* de Aldous Huxley, e, depois, tanto livro bom e ruim.

Mas em *Marco zero* o pressuposto básico, a razão de cada fato, é o processo histórico, impondo uma representação da continuidade vertical, isto é, uma dimensão temporal que pesa na constituição da narrativa e se baseia no antes (as causas) e no depois (as consequências), atrapalhando a intenção estética de elaborar a descontinuidade horizontal do corte na sociedade. Por outras palavras, a coerência diacrônica perturba a visão sincrônica, que era o forte de Oswald quando não estava dominado pelo peso de um exigente princípio ordenador: a concepção marxista do processo histórico, implicada no tipo de realismo social que adotou por convicção e militância intelectual depois de 1930, e que noutros escritores inspirou obras de alta qualidade.

No plano teórico, é expressiva esta interferência da ideologia na composição, levando o autor a violentar os seus pendores mais originais e mostrando como é importante a correlação funcional dos dois planos.

Num caso como este, e devido ao mencionado conflito, a construção pessoalíssima de Oswald, mal aplicada, perde alcance e chega a parecer composição apressada ou incapacidade de integrar os fragmentos. Tanto assim que em *Marco zero* a descontinuidade, mesmo reduzida, é por vezes fator de confusão, deixando o leitor meio perdido entre personagens e fatos que não consegue identificar nem relacionar. Paralelamente, o estilo perde muito do seu aspecto de choque, síncopa, elipse, e tende ao discurso unido, que por sua vez parece abalar a confiança do autor nos grandes achados poéticos, reforçando o cunho lógico da exposição contínua. O Oswald divinatório enfraquece em proveito de um Oswald mais disciplinado e cinzento, corroído pelo *realismo social* pouco ajustado às suas melhores tendências. Raramente estas explodem numa erupção de talento criador, e quando isto acontece, rompe no leitor a alegria de quem encontra um amigo perdido, como nestes dois trechos d'*A revolução melancólica*:

> Era a abertura das zonas novas. Nas cidades não se sabia se o que se levantava do chão era ouro ou poeira. Os japoneses organizavam-se em *meetings* amarelos que se transformavam em municípios no dia seguinte.
> [...]
> Perante a massa curvada de fiéis, o padre cresceu, demorou os gestos em cruz, a Custódia alta como um canhão de bombardeio. Homens e mulheres dobravam-se de joelhos, ante tanta fumaça e tanto silêncio. A campainha ressoou como o tambor nas horas perigosas do circo. Deus executava o Salto da Morte.

Chão é mais bem-feito, não no sentido do melhor Oswald, mas do Oswald rotinizado. A segunda maneira estava amadurecendo, o predomínio da composição contínua estava mais acentuado, e Oswald, um pouco mais longe dele mesmo.

Nesta segunda parte de *Marco zero* domina a descrição-julgamento da sociedade paulista, diminuindo mais ainda a invenção estilística em proveito de um aumento simétrico do debate ideológico. Esquematicamente, diríamos que nos melhores livros de Oswald o que sobressai é a *maneira*; mas aqui, é a *matéria*.

Em tais condições, seria preciso matéria original, ideias interessantes e pessoais como as dos debates imensos d'*A montanha mágica*, de Thomas Mann, que fascinava Oswald. Mas os *raisonneurs* bisonhos de *Chão* exprimem implacavelmente os lugares-comuns da esquerda daquele tempo. O enfoque da sociedade é corriqueiro, parecendo recobrir tudo com uma gelatina indiferenciada de caricatura. Italianos, japoneses, integralistas, *francesas*, banqueiros, criados, adolescentes são exatamente o que eram para a visão mais banal. E como a *maneira* se desfigura ou rotiniza, o nível só pode cair, em comparação com os bons livros do autor. Ao contrário deles, *Chão* não ultrapassa o nível de uma *crônica paulista*, apresentando analogias, que o tempo acentuou, com a trilogia de Plínio Salgado, certamente influenciada, quanto à composição, pelos primeiros livros de Oswald, como indicou Prudente de Moraes, neto.

Portanto, mais de 25 anos depois do meu ensaio, continuo achando que a sua obra de ficção permanece sobretudo graças ao par admirável. Naquele tempo, *Miramar* parecia melhor porque ainda fazíamos crítica de olhos postos numa concepção tradicional da unidade de composição, o princípio estabelecido por Aristóteles como condição de escrita válida. Mas o que veio depois fez ver mais claramente o caráter avançado de Oswald como agressor deste princípio e precursor de formas ainda mais drásticas de descontinuidade estilística. Aceito o reparo de Haroldo de Campos, bem aparelhado para ver estas coisas, e reconsidero o meu juízo. A leitura de *Serafim* não permite dizer que é inferior a *Miramar* ou, como me parecia, um "fragmento de grande livro". É um grande livro em toda a sua força, mais radical do que *Miramar*, levando ao máximo as qualidades de escrita e visão do real que fazem de Oswald um supremo renovador.

Com efeito, *Miramar* ainda é comparativamente mais bem-comportado, na medida em que preserva certa unidade de tom — admirável, seja dito. Mas *Serafim* opera uma "mistura muito excelente de chás", como diria Manuel Bandeira, justapondo diversas soluções estilísticas, saltando de um tom para outro, cortando os fios e quebrando os rumos. É a devoração e a motilidade em grau máximo, comportando uma carga maior de sarcasmo e agressão, culminados na apoteose da liberdade absoluta.

Em "Estouro e libertação" chamei *Serafim* de *Macunaíma* urbano. Acho que com razão, pois apesar de faltar-lhe a dimensão etnográfica e mitológica, há nele uma espécie de transposição do primitivismo antropofágico para a escala da cultura burguesa.

É difícil dizer no que consiste exatamente a Antropofagia, que Oswald nunca *formulou*, embora tenha deixado elementos suficientes para vermos embaixo dos aforismos alguns princípios virtuais, que a integram numa linha constante da literatura brasileira desde a colônia: a descrição do choque de culturas, sistematizada pela primeira vez nos poemas de Basílio da Gama e Santa Rita Durão. O Modernismo deu o seu cunho próprio a este tema, que de certo modo se bifurcou num galho ornamental, grandiloquente e patrioteiro com o Verde-Amarelismo e todas as perversões nacionalistas decorrentes; e num galho crítico, sarcástico e irreverente, cuja expressão maior foi a Antropofagia (englobando *Macunaíma*). É curioso assinalar o motivo subsidiário do imigrante, encarnação moderna do encontro de culturas, formulado em *Canaã* e versado no Modernismo nas duas linhas mencionadas, com *O estrangeiro*, de Plínio Salgado, e os contos de Antônio de Alcântara Machado. (Mais tarde, Oswald o retomaria em *Marco zero* de maneira nada antropofágica.)

"[...] o movimento antropofágico [...] ofereceu ao Brasil dois presentes régios: *Macunaíma*, de Mário de Andrade, e *Cobra*

Norato, de Raul Bopp", escreveu Oswald certa vez. Ele e Mário (mas não Bopp, que entrou por outro filão) exploraram com originalidade o tema básico do encontro cultural, manipulando o primitivismo de maneiras diferentes. Em *Macunaíma*, não apenas pela exploração do mundo primitivo, mas pela escavação do subsolo da cultura urbana, reinterpretando-a em termos primitivos. Em *Serafim*, pelo tratamento do homem urbano brasileiro como uma espécie de primitivo na era técnica, que afinal se dissolve no mito.

Os dois livros se baseiam em duas viagens, que os tornam complementares apesar de tão diferentes: viagem de Macunaíma, do Amazonas a São Paulo, com retorno à placenta mitológica; viagem de Serafim, de São Paulo à Europa e ao Oriente turístico, com o mergulho final do navio *El Durasno* nas águas do mito. E estas viagens-de-choque, propiciadoras da devoração de culturas, refletem os dois autores: Mário, que nunca saiu do Brasil e teve a sua experiência fundamental na famosa excursão ao Amazonas, narrada em *O turista aprendiz*; Oswald, que fez pelo menos quatro estadias longas na Europa.

Ambos os livros promovem uma revisão de valores mediante o choque de dois momentos culturais. Mundo primitivo e amazônico dos arquétipos, em *Macunaíma*, revisto na escala urbana. Mundo burguês de *Serafim*, atirado contra a dimensão cosmopolita da Europa, que nos orienta e fascina, e ante a qual somos *primitivos*. Os dois momentos, em cada caso, colidem, e a visão se constrói por um pressuposto de síntese devoradora. Oswald explode o núcleo do nosso universo sincrético e dispõe os cacos numa admirável fantasmagoria do real.

Lembremos, ainda, que este primitivismo — definido por um personagem de *Chão* como a busca do homem natural através do *mau selvagem*, não do *bom* — importava nos dois autores numa espécie de agressividade vistosa, que desmancha a linha burguesa do decoro e da medida. É um outro tipo de choque, significando a quebra do equilíbrio machadiano e o advento de certas formas de excesso, como o grotesco, o erótico, o obsceno, que antes só apareciam de maneira recalcada em nossa literatura, useira noutros excessos: o sentimental, o patético, o grandiloquente.

Talvez tenha sido a diretriz primitivista que acentuou em Mário e Oswald o gosto rabelaisiano pelo palavrão e a obscenidade libertadora, que na obra de ambos tem um máximo de concentração em 1928-1929, justamente em *Macunaíma* e *Serafim Ponte Grande*, em seguimento à busca dos traços populares e indígenas, de 1925 a 1927, em *Pau-brasil* e *Clã do Jabuti*, tudo girando à volta de um eixo virtual, o "Manifesto Antropófago" de 1928.

Neste caso, a obscenidade não seria obscenidade, mas o fruto de uma defasagem entre os padrões do homem civilizado e a candura com que o primitivo menciona as coisas naturais. Nos cronistas, etnógrafos e folcloristas, os modernos viam referências diretas às funções orgânicas, a sério e de brincadeira. Daí a reinterpretação que fizeram, trazendo este elemento para contextos civilizados, onde funciona como contusão e ruptura, numa espécie de alegre satanismo.

Mas voltemos ao fio da meada, sintetizando na fórmula seguinte a caracterização do melhor Oswald:

Máximo de descontinuidade + máximo de sarcasmo-poesia = máximo de expressividade.

Serafim culmina a pesquisa iniciada com as notas de viagem à Europa em 1912 e, a partir de 1916, os cadernos de *Miramar* (apelido literário que Oswald assumira naquele tempo). Pesquisa difícil, intercalada pelos fracassos parciais d'*A trilogia* e sucedida pelo refluxo neonaturalista de *Marco zero*, no qual, da maneira pessoalíssima do autor apenas sobrenadam alguns admiráveis salvados de naufrágio. Quem deseja cortar amarras com a rotina deve mesmo arriscar altos e baixos; o que espanta em Oswald são aqueles, não estes, pois é extraordinário que tenha produzido duas obras-primas, distendendo um arco que parecia ter chegado ao máximo com a primeira.

Teria havido alguma influência ponderável sobre a fórmula salvadora de injetar sarcasmo, tirar poesia de qualquer contexto, ajustar uma visão descontínua à composição descontínua? Ele mesmo alude vagamente a Blaise Cendrars, de modo negativo e sem pormenorizar nada (Prefácio de *Serafim*); mas um livro como *Le Formose*, que poderia ter atuado sobre a versão final de *Miramar*, foi publicado no mesmo ano. *Kodak*, anterior a 1920, poderia ter sugerido alguma coisa da poesia de *Pau-brasil* (1925), mas não de *Miramar*. Há, é claro, o bombardeio inicial de Marinetti; mas haja ou não sugestões, foi sem dúvida com um máximo de originalidade e um enorme esforço (verificável pela sucessão das versões manuscritas) que Oswald forjou a sua maneira.

Serafim já encontrou a base constituída por *Miramar*; e talvez tenha sofrido alguma influência da primeira parte de *Le Poète assassiné* (1916), de Guillaume Apollinaire, que Oswald certamente leu. Há traços comuns, como o dicionário de Pinto Calçudo, quem sabe estimulado pelo do "Auteur dramatique", embora a fonte comum possa ser o remoto *Dictionnaire des idées reçues*, de Flaubert. Apollinaire joga com uma certa modulação humorística de estilos — do acadêmico ao pré-surrealista — que servia para as grandes brincadeiras anticonvencionais dos modernistas e que, atingindo uma espécie de contraste absoluto na "Carta às Icamiabas", de *Macunaíma*, culmina em *Serafim* num virtuosismo e numa variedade que não conheço em nenhum outro escritor.

(1970)

CARTA DE RUDÁ DE ANDRADE

Tendo lido os originais do estudo precedente, Rudá de Andrade enviou a seguinte carta, que aborda aspectos fundamentais da personalidade de seu pai e vai aqui reproduzida com a sua autorização:

São Paulo, 9 de agosto de 1970

Prezado Candido,
Acabo de ler seu trabalho "Digressão sentimental sobre Oswald de Andrade". Fiquei sensibilizado. O carinho pelo homem e a objetividade intelectual transparecem fundidos nessa sua apreciação. Além de esclarecer certos pontos-chave da obra-vida do escritor, é uma bela abertura para novos estudos.
Creio que a obra de Oswald não pode ser estudada desvinculada de sua vida. Nesse sentido você aborda pontos fundamentais para o conhecimento do escritor e a respeito disso quero dizer-lhe algo, apesar de sentir certa insegurança ao entrar nesse terreno, pois a imagem que tenho do comportamento intelectual de Oswald é às vezes formada de impressões provavelmente distorcidas por problemas sentimentais. Além disso, o quadro é delineado por recordações fragmentárias de uma infância muito irregular.
Entretanto, a lembrança do cotidiano vivido com ele na intimidade e o relacionamento de tantos pequenos fatos levam-me a valorizar um aspecto psicológico de que você tem conhecimento, mas ao qual talvez não dê a importância que creio merecer. Trata-se da mágoa que Oswald tinha por não ser reconhecido no nível que merecia.

Tenho a impressão de que frequentemente seu comportamento era movido por certa frustração, certa insatisfação e pela falta de estímulo. Isso teve influência relevante, principalmente nos anos de 1940, e, quem sabe, até sua morte. A falta desse apoio enfraquecia-lhe a visão histórica de sua própria importância. Isto levava-o a abandonar os maiores objetivos intelectuais, para buscar a confirmação da importância de sua obra e sua vida (para ele e para os outros). Não sei se deixava transparecer isso fora da intimidade familiar e nem sei se é uma simples suposição minha. Mas penso assim devido aos constantes desabafos indiretos e certa tristeza permanente nas pausas de suas batalhas e dos seus momentos criadores. Se era "quase ilha", era-o também por abandono (considerando sua personalidade famélica por múltiplo convívio e relacionamento social). O distanciamento intelectual a que foi submetido pela incompreensão histórica do momento — reflexo do provincianismo de então — interferiu na sua obra e na sua vida.

No fundo ele se julgava vinculado a tudo o que se fazia de moderno no Brasil, a tudo o que "jogava" para frente. E tinha certa razão, pois estava sempre atento, procurando participar de tudo através da polêmica ou do estímulo que dava generosamente. Eram suas maneiras de abordagem e participação. Assim sendo, e sabendo que sempre podia contribuir em algo com sua inteligência, tudo o que se fazia distanciado dele causava-lhe certo mal-estar. Não aceitava bem o fato de grupos ou pessoas que estavam construindo não o procurarem ou dele se afastarem. Pior ainda quando iam "procurar" outros intelectuais que não estavam "afinados" com ele.

Esse seu descontentamento frutificava em certas distorções intelectuais que, primariamente, transpareciam no valor que dava (fora da opinião real que tinha) às suas vinculações com instituições e pessoas consagradas. Presenciei constantes e insistentes referências (frequentemente feitas a mim) sobre sua amizade com os grandes nomes da intelectualidade francesa; sua sempre lembrada conferência proferida na Sorbonne; sua vontade em tornar-se professor universitário; até mesmo certa satisfação em ver seus ensaios publicados no jornal O Estado de S. Paulo; *sua alegria, em face à perspectiva de ir lecionar na Universidade de Upsala; a pregação contínua sobre sua participação nas raízes das várias modalidades artísticas do Modernismo brasileiro.*

A vontade de reconstatar seu valor transparecia muito na ansiedade de comunicar-se com intelectuais de prestígio internacional. Valia-se deles para receber a confirmação de sua capacidade intelectual e da validade de suas ideias. Não era uma questão de simples vaidade, mas uma necessidade para um criador de vanguarda semi-isolado; precisava desse aferimento para prosseguir. Pude notar bem esse fato quando Albert Camus esteve aqui. Fui com os dois a Iguape, em época de romaria. Era Oswald querendo mostrar o Brasil de sua visão. Mostrava com o mesmo entusiasmo um romeiro carregando enorme pedra ou um colono japonês de Registro. Falava sobre o chá da região, sobre um ex-voto, ou explicava a destruição do palmito litorâneo, procurando revelar sua inteligência e sua visão do mundo. E Camus admirava-o; ficava às vezes fascinado e reagia, discutia. Oswald apresentava-se ao mesmo tempo em que apresentava suas ideias — no momento a tese antropofágica. Não pode imaginar, Candido, como foi para ele estimulante a compreensão de Camus e o interesse que demonstrou em divulgar pela Gallimard as suas ideias sobre "a crise da filosofia messiânica".

Provavelmente você conhece melhor que eu a história de sua vida e avalia a importância que pode ter tido esse clima de insegurança, provavelmente oculto para a maioria das pessoas. Parece-me importante analisar suas ações a partir desse pressuposto que estou valorizando. Inclusive, vejo esse elemento como um dos possíveis dados que poderia responder à sua indagação a respeito do afastamento de Mário de Andrade.

Nessa linha de pensamento, parece-me que certa mágoa oculta que poderia ter, não seria para com Mário, mas sim com o meio intelectual que na época poderia merecer consideração. Ele não aceitava o tratamento inferior, queria e necessitava obter o mesmo respeito e atenção. E merecia.

Em suma, Oswald não procurava a glorificação, mas não podia viver sem o reconhecimento de seu trabalho. Era um homem historicamente importante, mas precisava sempre ter certeza disso, para continuar a contribuir no seu melhor ritmo e melhor linha; digamos, a linha "Par". Mas as circunstâncias colocavam essa linha em segundo plano. Eram poucos os estímulos.

Ele não conseguia trabalhar bem isoladamente, de fora para dentro. Considerava-se peça fundamental do processo intelectual brasileiro. Tudo o que se fazia para o progresso intelectual o emocionava. No fim de sua vida, em 1954, levei-o à 2ª Bienal. Era o Ibirapuera de Niemeyer, da oficialização definitiva da arquitetura e da arte moderna que daria Brasília. Estávamos naquela tarde praticamente sós, sob as arrojadas estruturas de concreto e cercados de arte abstrata. Oswald sentia-se como um dos principais autores daquela conquista. Ele chorou. Era como se tivesse vencido uma longa batalha. Sentia-se apoiado e com a razão. Era algo que acontecia na sua cidadezinha provinciana, depois de uma vida de trabalho.

Abraços, Rudá.

Inquietudes na poesia de Drummond

> [...] *le souci d'intervenir, d'opérer sur la matière même du language en obligeant les mots à livrer leur vie secrète et à trahir le mystérieux commerce qu'ils entretiennent en dehors de leur sens.*
>
> André Breton

I

Os dois primeiros livros de Carlos Drummond de Andrade são construídos em torno de um certo reconhecimento do fato. O sentimento, os acontecimentos, o espetáculo material e espiritual do mundo são tratados como se o poeta se limitasse a *registrá-los*, embora o faça da maneira anticonvencional preconizada pelo Modernismo. Este tratamento, mesmo quando insólito, garantiria a validade do fato como objeto poético bastante em si, nivelando fraternalmente o Eu e o mundo como assuntos de poesia.

Trinta anos depois, no último livro, *Lição de coisas*, volta o mesmo jogo com o assunto, mas agora misturado a um jogo de maior requinte com a palavra. Em um e outro momento, o poeta parece relativamente sereno do ponto de vista estético em face da sua matéria, na medida em que não põe em dúvida (ao menos de maneira ostensiva) a integridade do seu ser, a sua ligação com o mundo, a legitimidade da sua criação.

Mas de permeio, digamos entre 1935 e 1959, há nele uma espécie de desconfiança aguda em relação ao que diz e faz. Se aborda o ser, imediatamente lhe ocorre que seria mais válido tratar do mundo; se aborda o mundo, que melhor fora limitar-se ao modo de ser. E a poesia parece desfazer-se como registro para tornar-se um processo, justificado na medida em que institui um objeto novo, elaborado à custa da desfiguração, ou mesmo destruição ritual do ser e do mundo, para refazê-los no plano estético. Mas este distanciamento em relação ao objeto da criação agrava a dúvida e conduz outra vez o poeta a abordar o ser e o mundo no estado pré-poético de material bruto, que talvez pudesse ter mantido em primeiro plano, conservando o ato criador na categoria de mero registro ou notação.

Tais perplexidades se organizam a partir de *Sentimento do mundo* e *José*, títulos que indicam a polaridade de sua obra madura; de um lado, a preocupação com os problemas sociais; de outro, com os problemas individuais, ambos referidos ao problema decisivo da expressão, que efetua a sua síntese. O bloco central da obra de Drummond é, pois, regido por inquietudes poéticas que provêm umas das outras, cruzam-se e, parecendo derivar de um egotismo profundo, têm como consequência uma espécie de exposição mitológica da personalidade.

Isto parece contraditório, a respeito de um poeta que sublinha a própria secura e recato, levando a pensar numa obra reticente em face de tudo que pareça dado pessoal, confissão ou crônica de experiência vivida. Mas é o oposto que se verifica. Há nela uma constante invasão de elementos subjetivos, e seria mesmo possível dizer que toda a sua parte mais significativa depende das metamorfoses ou das projeções em vários rumos de uma subjetividade tirânica, não importa saber até que ponto autobiográfica.[1]

Tirânica e patética, pois cada grão de egocentrismo é comprado pelo poeta com uma taxa de remorso e incerteza que o leva a querer escapar do eu, sentir e conhecer o outro, situar-se no

---

[1] Note-se que Drummond usa várias vezes o seu nome, Carlos, para indicar o personagem dos poemas, prática bastante rara que, nele, talvez seja devida ao exemplo de Mário de Andrade. Ver: "Poema de sete faces" — AP; "O passarinho dela" — BA; "Não se mate" — BA; "Carrego comigo" — RP; "Os últimos dias" — RP.

mundo, a fim de aplacar as vertigens interiores. A poesia da família e a poesia social, muito importantes na sua obra, decorreriam de um mecanismo tão individual quanto a poesia de confissão e autoanálise, enrolando-se tanto quanto elas num eu absorvente.

Trata-se de um problema de identidade ou identificação do ser, de que decorre o movimento criador da sua obra na fase apontada, dando-lhe um peso de inquietude que a faz oscilar entre o eu, o mundo e a arte, sempre descontente e contrafeita.

A força poética de Drummond vem um pouco dessa falta de naturalidade, que distingue a sua obra, por exemplo, da de Manuel Bandeira. O modo espontâneo com que este fala de si, dos seus hábitos, amores, família, amigos, transformando qualquer assunto em poesia pelo simples fato de tocá-lo, talvez fosse uma aspiração profunda de Drummond, para quem o eu é uma espécie de pecado poético inevitável, em que precisa incorrer para criar, mas que o horroriza à medida que o atrai. O constrangimento (que poderia tê-lo encurralado no silêncio) só é vencido pela necessidade de tentar a expressão libertadora, através da matéria indesejada.

Não é decerto por gosto que o poeta morde esse fruto azedo. Na sua obra há indicações de que lhe agradaria recuperar uma relativa euforia modernista, perdida depois de *Brejo das almas*. Há, mesmo, a vontade tão frequente nos artistas de ver o mundo e as pessoas nos momentos de suspensão da pena e da angústia; momentos de "luxo, calma e deleite", descritos por um grande torturado. Mas isso não parece possível aos homens, tão inexplicáveis, num poema seu, aos olhos tranquilos do boi que os observa da sua pastagem sem problemas. Frágeis, agitados, constituídos de pouca substância, preocupados por coisas incompreensíveis, incapazes de viver em comunhão com a natureza, ficam tristes e, por isso, cruéis. Aderindo metaforicamente à visão do bicho, o poeta os vê quase como excrescências da ordem natural, que não percebem, pois a inquietação os dobra sobre si mesmos:

[...] Coitados, dir-se-ia que não escutam
nem o canto do ar nem os segredos do feno,
como também parecem não enxergar o que é visível
e comum a cada um de nós no espaço.
   ("Um boi vê os homens" — CE)[2]

Essa incapacidade de aderir à vida, acentuando as barreiras entre nós e ela, define o eu geralmente expresso pela primeira pessoa nos versos de Drummond. Os homens que turbam a contemplação do boi são, como aquele eu, "enrodilhados", "tortos", "retorcidos" — para usar os epítetos com que o poeta designa a inadequação e, em consequência, o movimento de volta sobre si.

As inquietudes que tentaremos descrever manifestam o estado de espírito desse "eu todo retorcido", que fora anunciado por "um anjo torto" e, sem saber estabelecer comunicação real, fica "torto no seu canto", "torcendo-se calado", com seus "pensamentos curvos" e o seu "desejo torto", capaz de amar apenas de "maneira torcida".[3] Na obra de Drummond, essa torção é um *tema*, menos no sentido tradicional de assunto, do que no sentido específico da moderna psicologia literária: um núcleo emocional a cuja volta se organiza a experiência poética.

---

[2] Depois do título de cada poema citado, vem a sigla do livro ou coletânea a que pertence, a saber: AP — *Alguma poesia*; BA — *Brejo das almas*; SM — *Sentimento do mundo*; J — *José*; RP — *A rosa do povo*; NP — *Novos poemas*; CE — *Claro enigma*; FA — *Fazendeiro do ar*; VB — *Viola de bolso*; VBE — *Viola de bolso novamente encordoada*; VPL — *Vida passada a limpo*; LC — *Lição de coisas*.
[3] "Um eu todo retorcido" é o título geral com que o poeta reuniu na *Antologia poética*, por ele organizada, os poemas de análise da personalidade. As demais expressões se encontram nos poemas seguintes: "Poemas de sete faces" — AP; "Segredo" — BA; "O boi" — J; "Canto esponjoso" — NP; "Carta" — CE.

2

Para sentir as inquietudes que este tema condiciona basta abrir um livro como *A rosa do povo*, onde as suas modalidades explodem, fundindo as perspectivas sociais de *Sentimento do mundo* e as perspectivas mais pessoais de *José* — que parecem duas séries convergentes, formando esta culminância lírica. Tomemos, para fixar as ideias, o poema "Versos à boca da noite" — RP:

> Sinto que o tempo sobre mim abate
> sua mão pesada. [...]

A este encadeamento opressor de oclusivas, atuando com a dureza do inevitável, seguem dezesseis estrofes de quatro versos, com um verso final (como se se tratasse de terça rima). Elas desenvolvem uma meditação da idade madura sobre a insatisfação do indivíduo consigo mesmo, a nostalgia de um outro eu que não pode ser e a perplexidade que leva a explorar o arsenal da memória, a fim de elaborar com ela uma expressão que, sendo uma espécie de vida alternativa, justificasse a existência falhada, criando uma ordem fácil, uma regularidade que ela não conheceu.

Sentimos então um problema angustioso: se o alvo da poesia é o próprio eu, pode esta impura matéria privada tornar-se, na sua contingência, objeto de interesse ou contemplação, válido para os outros? A pergunta reaparece periodicamente na obra de Drummond. Aqui, desenvolve-se do modo seguinte: o eu que poderia ter sido não foi. O passado, trazido pela memória afetiva, oferece farrapos de seres contidos virtualmente no eu inicial, que se tornou, dentre tantos outros possíveis, apenas o eu insatisfatório que é. Ora, o passado é algo ambíguo, sendo ao mesmo tempo a vida que se consumou (impedindo outras formas de vida) e o conhecimento da vida, que permite pensar outra vida mais plena. É portanto com os fragmentos proporcionados pela memória que se torna possível construir uma visão coesa, que criaria uma razão de ser unificada, redimindo as limitações e dando impressão de uma realidade mais plena. Esta razão de ser poderia consistir na elaboração da obra de arte, que se apresenta como unidade alcançada a partir da variedade e justifica a vida insatisfatória, o sofrimento, a decepção e a morte que aproxima:

> Que confusão de coisas ao crepúsculo!
> Que riqueza! sem préstimo, é verdade.
> Bom seria captá-las e compô-las
> num todo sábio, posto que sensível:
>
> uma ordem, uma luz, uma alegria
> baixando sobre o peito despojado.
> E já não era o furor dos vinte anos
> nem a renúncia às coisas que elegeu,
>
> mas a penetração de lenho dócil,
> um mergulho em piscina, sem esforço,
> um achado sem dor, uma fusão,
> tal uma inteligência do universo
>
> comprada em sal, em rugas e cabelo.

Este poema foi escrito exatamente na fase em que o autor, procurando superar o lirismo individualista, praticou um lirismo social e mesmo político de grande eficácia. É pois a fase em que questionou com maior ânsia a exploração da subjetividade. Terá o artista o direito de impor aos outros a sua emoção, os pormenores da sua vida? O "sentimento do mundo" não exige a renúncia ao universo individual das lembranças do passado e das emoções do presente? Terão elas justificativas se o poeta souber ordená-las numa estrutura que ofereça aos outros uma visão do mundo, permitindo-lhes organizar a sua própria? Tais problemas passam em "Versos à boca da noite", ligando mais dois temas ao da insatisfação consigo mesmo: o da validade da poesia pessoal e o da natureza do verbo poético.

3

Na obra de Drummond a inquietude com o eu vai desde as formas ligeiras do humor até a autonegação pelo sentimento de culpa — que nela é fundamental como tipo de identificação da personalidade, manifestando-se por meio de traços duma saliência baudelairiana:

> Tenho horror, tenho pena de mim mesmo
> e tenho muitos outros sentimentos
> violentos. [...]
>   ("Estrambote melancólico" — FA)

As manifestações indiretas são talvez mais expressivas, como a frequência das alusões à náusea, à sujeira, ou o mergulho em estados angustiosos de sonho, sufocação e, no caso extremo, sepultamento, chegando ao sentimento da inumação em vida.[4] Este tema, que se poderia chamar de emparedamento, manifesta uma opressão do ser que chega a assumir a forma de morte antecipada, visível na fase mais recente da sua obra.[5] Em compensação, pode dar lugar à exumação do passado, transformando a memória numa forma de vida ou de ressurreição dum pretérito nela sepultado, como indica o movimento de

---

[4] Ver os poemas: "Noturno oprimido" — J; "Passagem da noite" — RP; "Uma hora e mais outra" — RP; "O poeta escolhe o seu túmulo" — RP; "O enterrado vivo" — FA; "Elegia" — FA. [5] Ver, por exemplo, "Fraga e sombra" — CE; "Eterno" — FA; o já citado "Elegia".

redenção pela poesia, assinalado em "Versos à boca da noite". E assim vemos a sua obra constituir-se na medida em que opera a fusão dos motivos de morte e criação (negação e afirmação).

Não, todavia, sem passar por formas ainda mais drásticas do sentimento de culpa, indo ao limite da negação do ser, expressa pelo tema da automutilação.[6] Esta parece atenuada no humorismo ácido a respeito da queda de dentes e cabelos (em "Dentaduras duplas" — SM, por exemplo); mas alcança uma agressividade inquietadora em certos símbolos, como o braço decepado de "Movimento da espada" — RP ou a mão suja:

> Minha mão está suja.
> Preciso cortá-la.
> Não adianta lavar.
> A água está podre.
> Nem ensaboar.
> O sabão é ruim.
> A mão está suja,
> suja há muitos anos.
> ("A mão suja" — J)

Na sua impureza sem remédio, a "mão incurável" polui o ser, impede o contato com o semelhante e cria a ânsia de purificação. Ao "sujo vil", o

> [...] triste sujo
> feito de doença
> e de mortal desgosto
> na pele enfarada.

---

[6] Ver: "Dentaduras duplas" — SM; "A mão suja" — J; "Nosso tempo" — RP; "Uma hora e mais outra" — RP; "Movimento da espada" — RP; "Indicações" — RP.

opõe-se o "cristal ou diamante", em que

> por maior contraste,
> quisera torná-la.

Opõe-se, principalmente, a limpeza natural das coisas, a normalidade das relações:

> uma simples mão branca,
> mão limpa de homem,
> que se pode pegar
> e levar à boca
> ou prender à nossa
> num desses momentos
> em que dois se confessam
> sem dizer palavra...

Deste estado de ânimo resulta um destaque da mão-consciência, que na última estrofe aparece moralmente separada do corpo, quase autônoma como num quadro surrealista, permitindo a imagem final da substituição, do advento de outra, sintética e limpa na sua artificialidade:

> Inútil reter
> a ignóbil mão suja
> posta sobre a mesa.
> Depressa, cortá-la,
> fazê-la em pedaços
> e jogá-la ao mar!
> Com o tempo, a esperança
> e seus maquinismos,
> outra mão virá
> pura — transparente —
> colar-se a meu braço.

A redenção pela mutilação de um eu insatisfatório aparece em tonalidade sangrenta e triunfal no citado "Movimento da espada", onde o sacrifício do eu culposo condiciona o acesso à solidariedade, que é a humanidade verdadeira:

Estamos quites, irmão vingador.
Desceu a espada
e cortou o braço.
Cá está ele, molhado em rubro.
Dói o ombro, mas sobre o ombro
tua justiça resplandece.

4

A consciência crispada, revelando constrangimento da personalidade, leva o poeta a investigar a máquina retorcida da alma; mas também a considerar a sua relação com o outro, no amor, na família, na sociedade. E as relações humanas lhe parecem dispor-se num mundo igualmente torto.

Talvez fosse excesso de fantasia dizer que as próprias condições de inteligência do mundo — o tempo e o espaço — acompanham a deformação do eu retorcido, em notações como: "ondas de éter/ curvas, curvas", "curva de um jardim", "curva da noite", "adunca pescaria", "curva perigosa dos cinquenta", "curva desta escada", "linha curva que se estende".[7] Mas não há dúvida de que para o poeta o mundo social é torto de iniquidade e incompreensão. Seja uma deformação essencial, seja uma deformação circunstancial (o poeta parece oscilar entre as duas possibilidades), o fato é que ela se articula com a deformação do indivíduo, condicionando-a e sendo condicionada por ela.

---

[7] Respectivamente: "Um homem e seu Carnaval" — BA; "Versos à boca da noite" — RP; "O lutador" — J; "Domicílio" — FA; "O quarto em desordem" — FA; "Escada" — FA; "Nudez" — VPL.

Esta "reciprocidade de perspectivas", para falar como os sociólogos, aparece, desde as manifestações iniciais e ainda indecisas do tema do mundo torto, em dois motivos tratados frequentemente com humorismo: o obstáculo e o desencontro.

Para o jovem poeta de *Alguma poesia*, para o poeta mais maduro de *Brejo das almas*, a sociedade oferece obstáculos que impedem a plenitude dos atos e dos sentimentos, como no poema que se tornou paradigma, "No meio do caminho" — AP:

No meio do caminho tinha uma pedra
tinha uma pedra no meio do caminho
tinha uma pedra
no meio do caminho tinha uma pedra.

A leitura optativa a partir do terceiro verso (que se abre para os dois lados, sendo fim do segundo ou começo do quarto), confirma que o meio do caminho é bloqueado topograficamente pela pedra antes e depois, e que os obstáculos se encadeiam sem fim. Da barreira que formam, vem de um lado a restrição que o mundo opõe ao eu e é uma das forças que o levam a torcer; de outro lado, o desentendimento entre os homens, cada um "torto no seu canto" ("Segredo" — BA). Já no primeiro livro, ainda em tonalidade humorística, o poema "Quadrilha" — AP fala de amores não correspondidos que se encadeiam numa série aberta sem reciprocidade:

João amava Teresa que amava Raimundo
que amava Maria que amava Joaquim que amava Lili
que não amava ninguém.

Noutros poemas vemos relações mecânicas manifestando-se por exemplo na visita burguesa convencional, episódio de uma rotina sem alma, de que ninguém gosta mas da qual ninguém escapa ("Sociedade" — AP).

O obstáculo e o desencontro caracterizam uma espécie de mundo avesso, onde os atos não têm sentido ou se processam ao contrário, como no símbolo perverso de um Papai Noel que entra pelo fundo da casa e furta os brinquedos das crianças adormecidas ("Papai Noel às avessas" — AP).

Desde o início, pois, era visível na poesia de Drummond a ideia de que, para usar a expressão de um personagem de Eça de Queirós, vivemos num "mundo muito malfeito". Esta ideia vai aumentando, até que do mundo avesso do obstáculo e do desentendimento surja a ideia social do "mundo caduco", feito de instituições superadas que geram o desajuste e a iniquidade, devido aos quais os homens se enrodilham na solidão, na incomunicabilidade e no egoísmo. A sufocação do ser, que vimos sob as formas do emparedamento e da mutilação no plano individual, aparece no plano social como medo — motivo importante na tomada de consciência do poeta em sua maturidade. O medo paralisa, sepulta os homens no isolamento, impede a queda das barreiras e conserva o mundo caduco. "Congresso Internacional do Medo" — SM, construído segundo o mesmo processo de saturação da palavra-chave empregado em "No meio do caminho", descreve essa paralisia que se estende a todos os níveis, todos os lugares, todos os grupos, para terminar na paralisia geral da morte:

depois morreremos de medo
e sobre nossos túmulos nascerão flores amarelas e medrosas.

Mais tarde, o poeta chegará a representar um mundo fabulosamente construído com o temor, que se torna matéria das coisas e dos sentimentos, lei das ações e ordem do universo:

E fomos educados para o medo.
Cheiramos flores de medo.

Vestimos panos de medo.
De medo, vermelhos rios
vadeamos.

[...]

Faremos casas de medo,
duros tijolos de medo,
medrosos caules, repuxos,
ruas só de medo e calma.

[...]
Nossos filhos tão felizes...
Fiéis herdeiros do medo,

eles povoam a cidade.
Depois da cidade, o mundo.
Depois do mundo, as estrelas,
dançando o baile do medo.
   ("O medo" — RP)

A consciência social, e dela uma espécie de militância através da poesia, surgem para o poeta como possibilidade de resgatar a consciência do estado de emparedamento e a existência da situação de pavor. No importante poema "A flor e a náusea" — RP, a condição individual e a condição social pesam sobre a personalidade e fazem-na sentir-se responsável pelo mundo malfeito, enquanto ligada a uma classe opressora. O ideal surge como força de redenção e, sob a forma tradicional de uma flor, rompe as camadas que aprisionam. Apesar da distorção do ser, dos obstáculos do mundo, da incomunicabilidade, a poesia se arremessa para a frente numa conquista, confundida na mesma metáfora que a revolução:

Uma flor nasceu na rua!
Passem de longe, bondes, ônibus, rio de aço do tráfego.
Uma flor ainda desbotada
ilude a polícia, rompe o asfalto.
Façam completo silêncio, paralisem os negócios,
garanto que uma flor nasceu.

Sua cor não se percebe.
Suas pétalas não se abrem.
Seu nome não está nos livros.
É feia. Mas é realmente uma flor.

Sento-me no chão da capital do país às cinco horas da tarde
e lentamente passo a mão nessa forma insegura.
Do lado das montanhas, nuvens maciças avolumam-se.
Pequenos pontos brancos movem-se no mar, galinhas em pânico.
É feia. Mas é uma flor. Furou o asfalto, o tédio, o nojo e o ódio.

Essa função redentora da poesia, associada a uma concepção socialista, ocorre em sua obra a partir de 1935 e avulta a partir de 1942, como participação e empenho político. Era o tempo da luta contra o fascismo, da guerra de Espanha e, a seguir, da Guerra Mundial — conjunto de circunstâncias que favoreceram em todo o mundo o incremento da literatura participante. As convicções de Drummond se exprimem com nitidez suscitando poemas admiráveis, alusivos tanto aos princípios, simbolicamente tratados, quanto aos acontecimentos, que ele consegue integrar em estruturas poéticas de maneira eficaz, quase única no meio da aluvião de versos perecíveis que então se fizeram.

Mas do ponto de vista deste ensaio, a sua poesia social não é devida apenas à convicção, pois decorre sobretudo das inquietudes que o assaltam. O sentimento de insuficiência do eu, entregue a si mesmo, leva-o a querer completar-se pela adesão ao próximo, substituindo os problemas pessoais pelos problemas de todos.

No livro *Sentimento do mundo*, a mão, que simboliza a consciência, aparece de início como algo que se completa, se estende para o semelhante e deseja redimi-lo. Como o poeta traz o outro no próprio ser carregado de tradições mortas, a redenção do outro seria como a redenção dele próprio, justificado por essa adesão a algo exterior que ultrapassa a sua humanidade limitada. A poesia consistiria em trazer em si os problemas do mundo, manifestando-os numa espécie de ação pelo testemunho, ou de testemunho como forma de ação através da poesia, que compensa momentaneamente as fixações individualistas do "eu todo retorcido".

> Tenho apenas duas mãos
> e o sentimento do mundo,
> mas estou cheio de escravos,
> minhas lembranças escorrem
> e o corpo transige
> na confluência do amor.
>   ("Sentimento do mundo" — SM)

A ideia de escravo (de homem privado dos meios de humanizar-se) combina-se com a ideia de rua, praça, cidade (isto é, o espaço social em que se define a sua alienação) e ambas convergem na ideia de "mundo caduco", "Elegia 1938" — SM — mundo cujas normas não têm mais razão de ser. O poeta reage a esta série de constatações que alimentam a tomada de consciência de *Sentimento do mundo*, recusando os temas do lirismo tradicional e dispondo-se a partilhar, pelo espírito, da fabricação prodigiosa de um mundo novo anunciado pelos acontecimentos, que descreve em poemas admiráveis, utilizando símbolos como as mãos dadas, a aurora, a flor urbana, os matizes de vermelho, o sangue redentor, o operário que anda sobre o mar, manifestando uma era de prodígios.

Assim, pode rever a escala da personalidade em relação ao mundo; e desta verificação resulta acréscimo de compreensão do eu e do mundo, inclusive da relação entre ambos, o que dará nova amplitude à sua poesia. Na fase mais estritamente social (a de *A rosa do povo*), notamos, por exemplo, que a inquietude pessoal, ao mesmo tempo que se aprofunda, se amplia pela consciência do "mundo caduco", pois o sentimento individual de culpa encontra, se não consolo, ao menos uma certa justificativa na culpa da sociedade, que a equilibra e talvez em parte a explique. O burguês sensível se interpreta em função do meio que o formou e do qual, queira ou não, é solidário. ("Assim nos criam burgueses", diz o poema "O medo".) O desejo de transformar o mundo, pois, é também uma esperança de promover a modificação do próprio ser, de encontrar uma desculpa para si mesmo. E talvez esta perspectiva de redenção simultânea explique a eficácia da poesia social de Drummond, na medida em que (Otto Maria Carpeaux já o disse faz tempo) ela é um movimento coeso do ser no mundo, não um *assunto*, mediante o qual um vê o outro. O seu cantar se torna realmente geral porque é, ao mesmo tempo, profundamente particular.

Isto não aplaca a inquietude, mas favorece a noção de que o eu estrangulado é em parte consequência, produto das circunstâncias; se assim for, o eu torto do poeta é igualmente uma espécie de subjetividade de todos, ou de muitos, no mundo torto. Mesmo que não contribua para redimir o personagem que fala na primeira pessoa, a destruição do velho "mundo caduco" poderia arrastar consigo as condições que geram consciências estranguladas, como a sua.

>   Então, meu coração também pode crescer.
>   Entre o amor e o fogo,
>   entre a vida e o fogo,
>   meu coração cresce dez metros e explode.
>   — Ó vida futura! nós te criaremos.
>
>   ("Mundo grande" — SM)

O advento da sociedade justa seria uma espécie de "toque real", como, num soneto contido e obscuro de W. H. Auden, o contato milagroso dos reis taumaturgos, curando as dores e mutilações do tempo. E nós vemos que a destruição do "mundo caduco" é não apenas convicção política, mas um modo de manifestar o grande problema da "terra gasta", que T.S. Eliot propôs logo após a Primeira Guerra Mundial e tem nutrido muito da arte contemporânea — até às formas mais agudas do desespero por esterilidade — na poesia, no romance, no teatro e no cinema.

A poesia social de Drummond deve ainda a sua eficácia a uma espécie de alargamento do gosto pelo cotidiano, que foi sempre um dos fulcros da sua obra e inclusive explica a sua qualidade de excelente cronista em prosa. Ora, a experiência política permitiu transfigurar o cotidiano através do aprofundamento da consciência do outro. Superando o que há de pitoresco e por vezes anedótico na fixação da vida de todo o dia, ela aguçou a capacidade de apreender o destino individual na malha das circunstâncias e, deste modo, deu lugar a uma forma peculiar de poesia social, não mais no sentido político, mas como discernimento da condição humana em certos dramas corriqueiros da sociedade moderna.

>   A poesia fugiu dos livros, agora está nos jornais.
>   ("Carta a Stalingrado" — RP)

Este verso manifesta a faculdade de extrair do acontecimento ainda quente uma vibração profunda que o liberta do transitório, inscrevendo-o no campo da expressão. É o que faz Drummond, não apenas com os sucessos espetaculares da guerra e da luta social, mas com a morte do entregador de leite baleado pelo dono da casa, que o tomou por um ladrão ("Morte do leiteiro" — RP); com o anúncio que pede notícias da moça desaparecida ("Desaparecimento de Luísa Porto" — NP); sobretudo com o homem da grande cidade que vai cumprindo maquinalmente as obrigações do dia para morrer à noite, na máquina que o arrebatou ("Morte no avião" — RP).

Sob esse aspecto, a sua poesia difere da de outros modernistas, inclusive Mário de Andrade, que tentam fixar o cotidiano a fim de obterem um *momento poético* suficiente em si mesmo; ele, ao contrário, procede a uma fecundação e a uma extensão do fato, para chegar a uma espécie de discreta epopeia da vida contemporânea. Isto talvez se ligue à capacidade de injetar fantasia nas coisas banais, à maneira do jovem que, no poema "Sentimental" — AP, escreve o nome da namorada com as letras de macarrão da sopa; e também ao sexto sentido que o faz traduzir a anedota na linguagem do mito e do sonho, como a "Canção da moça fantasma de Belo Horizonte" — SM, inspirada numa historieta macabra muito corrente a certa altura.

5

Aliás, é através do sonho que o poeta nos introduz numa outra grande manifestação de sua inquietude: a busca do passado através da família e da paisagem natal:

No deserto de Itabira
a sombra de meu pai
tomou-me pela mão.
Tanto tempo perdido.
Porém nada dizia.

> Não era dia nem noite.
> Suspiro? Voo de pássaro?
> Porém nada dizia.
> ("Viagem na família" — J)

Este poema abre um ciclo anunciado por alguns poemas anteriores e desenvolvidos paralelamente à poesia social, prolongando-se todavia depois dela, num ritmo de obsessão crescente. E é sem dúvida curioso que o maior poeta social da nossa literatura contemporânea seja, ao mesmo tempo, o grande cantor da família como grupo e tradição. Isto nos leva a pensar que talvez este ciclo represente na sua obra um encontro entre as suas inquietudes, a pessoal e a social, pois a família pode ser explicação do indivíduo por alguma coisa que o supera e contém. Além disso, se observarmos a cronologia de sua obra, verificaremos que é precisamente o aguçamento dos temas de inquietude pessoal e o aparecimento dos temas sociais que o levam à sua peculiaríssima poesia familiar, tão diversa, por exemplo, da convivência lírica de Manuel Bandeira com a memória dos avós, pais e parentes mortos.

No primeiro livro, o poema inicial, já citado, define o modo de ser constrangido, de alguém que "um anjo torto" mandou "ser *gauche* na vida"; já o seguinte introduz a família, apresentada num pequeno quadro evocativo, um daqueles cromos tradicionais que os modernistas gostavam de refazer na chave do humorismo, do prosaísmo ou do paradoxo ("Infância" — BA). Mas apenas no terceiro livro surge uma espécie de premonição da sua futura poesia familiar, no poema "Os mortos de sobrecasaca" — SM:

> Havia a um canto da sala um álbum de fotografias intoleráveis,
> alto de muitos metros e velho de infinitos minutos,
> em que todos se debruçavam
> na alegria de zombar dos mortos de sobrecasaca.

> Um verme principiou a roer as sobrecasacas indiferentes
> e roeu as páginas, as dedicatórias e mesmo a poeira dos retratos.
> Só não roeu o imortal soluço de vida que rebentava
> que rebentava daquelas páginas.

A hipérbole do segundo verso mostra que o álbum é ao mesmo tempo um jazigo, e a ambiguidade se prolonga pela ação dos vermes na estrofe seguinte, resultando o sentimento de que os antepassados possuem uma humanidade que permanece viva, apesar da destruição corporal. Entre eles e o poeta se esboça aqui um primeiro frêmito misterioso, comunicando a vida com a morte, o descendente com o ascendente, de modo a estabelecer um sistema de relações e antecipações que a poesia ulterior desenvolverá.

A obsessão com os mortos aparecerá no poema "Os rostos imóveis" — J, do livro seguinte. Ao mesmo tempo se delineia a figura do pai (que será a obsessão máxima deste ciclo) no poema "Edifício Esplendor" — J, expandindo-se e combinando-se ao tema da cidade natal, já manifestado anteriormente em "Viagem na família".

A partir daí o tema do pai avulta como fixação, de sentido ao mesmo tempo psicológico e social, tanto mais quanto nessa fase a mãe só aparece episodicamente duas vezes, transferindo-se a sua função para a casa ou a cidade. É tão viva esta presença de cunho patriarcal, que uma balada como "Caso do vestido" — RP, completamente desligada das lembranças individuais e da poesia familiar, chega a parecer uma espécie de núcleo desse poderoso complexo. Das brumas de um lirismo quase folclórico, surge nela o patriarca devorador que esmaga os seus e impõe a própria veleidade como lei moral. Os outros poemas em que aparece o pai, diretamente referido como o do poeta, lembram uma espécie de esconjuro, de rito póstumo, feito para ao mesmo tempo aplacar, humanizar e compreender este modelo extremo. Tanto mais quanto, a certa altura, o pai individualizado vai cedendo lugar à realidade maior que lhe dá razão de ser e para a qual ia como que arrastando o filho, isto é, o grupo familiar, dominado pelos ancestrais, fundido na casa, na cidade, na província, na realidade dum passado que parece íntegro à distância e compensa o ser dividido no mundo dividido. Esta busca é um dos alvos do poeta, embora não deixe de ser paradoxal para quem dissera:

> O tempo é a minha matéria, o tempo presente, os homens presentes a vida presente.
> ("Mãos dadas" — SM)

Todavia, é deste e outros paradoxos que se nutre a sua obra: a obsessão simultânea de passado e presente, individual e coletivo, igualitarismo e aristocracia. Sem o conhecimento do passado ele não se situa no presente; a família define e explica o modo de ser, como a casa demarca e completa o indivíduo no meio dos outros:

> Uma parede marca a rua
> e a casa. É toda proteção,
> docilidade, afago. Uma parede
> se encosta em nós, e ao vacilante ajuda,
> ao tonto, ao cego. Do outro lado é a noite,
> o medo imemorial, os inspetores
> da penitenciária, os caçadores, os vulpinos.
> Mas a casa é um amor. Que paz nos móveis.
> ("Onde há pouco falávamos" — RP)

Sob este aspecto, o poema capital é "Os bens e o sangue" — CE, que estabelece a ligação entre o passado da família e o presente do indivíduo, através da forma altamente significativa de um testamento. Os antepassados fazem certos negócios que destruirão expressamente o patrimônio familiar, para assim conformarem o destino do neto. "Versos à boca da noite" estabelecia a hipótese condicional de um outro eu que poderia ter sido, e cuja existência ficara como pura virtualidade no mundo da infância, entre "os ídolos de rosto carregado", isto é, os maiores e seus valores, a partir dos quais a vida se desenrolou. Em "Os bens e o sangue", parece confirmar-se que outro modo de ser teria sido impossível, pois o que existe já fora predeterminado desde sempre na própria natureza da família que o gerou. O extraordinário poder do grupo familiar consistiria em excluir qualquer outro modo de ser para o descendente; consistiria numa imanência todo-poderosa que lhe traça bitolas e explica por que ele precisa dela para compreender a si mesmo, na sua natureza e nas suas relações. Reciprocamente, o seu destino completa e explica o da família, que também não poderia ter sido outro. No citado poema, a peroração coral dos antepassados fecha o debate sobre o ser e o não ser, que até então avultava na poesia de Drummond, fechando o circuito do indivíduo e das suas origens:

Ó desejado,
ó poeta de uma poesia que se furta se expande
à maneira de um lago de pez e resíduos letais...
És nosso fim natural e somos teu adubo,
tua explicação e tua mais singela virtude...
Pois carecia que um de nós nos recusasse
para melhor servir-nos. Face a face
te contemplamos, e é teu esse primeiro
e úmido beijo em nossa boca de barro e de sarro.

6

Já ficou dito que todas essas inquietações (material sobre que trabalha o poeta) adquirem validade objetiva pelo fato de se vincularem a uma outra: a meditação constante e por vezes não menos angustiada sobre a poesia.

A natureza e situação do ser, o problema do homem retorcido e enrodilhado, que tenta projetar-se no mundo igualmente torto, é grave pela paralisia que pode trazer, anulando a existência. O movimento, isto é, a vida, estaria numa espécie de certeza estética, relativa à natureza do canto que redime; e que, no próprio fato de manifestar o problema por intermédio de uma estrutura coerente, erige-se em objeto — alheio ao poeta, autônomo na sua possibilidade de fixar a atenção e fazer vibrar o leitor, que é o outro, inatingível no comércio da vida. Por isso, "Versos à boca da noite" termina por uma espécie de desejo de realizar algo completo em si, que fosse uma realização nos dois sentidos: o psicológico e o artesanal. Por meio do objeto poético instituído, o eu do poeta se dissolve como psicologia, desfigurado pela transposição criadora, a fim de propiciar um sistema expressivo, do qual foi apenas a semente.

Mas ao longo da obra de Drummond, não observamos a certeza estética, nem mesmo a esperança disto, e sim a dúvida, a procura, o debate. A sua poesia é em boa parte uma indagação sobre o problema da poesia, e é natural que esta indagação encontre uma espécie de divisor de águas em *Sentimento do mundo*, que também aqui marca os seus caminhos novos.

No livro inicial, domina a ideia de que a poesia vem de fora, é dada sobretudo pela natureza do objeto poético, segundo a reconsideração do mundo graças à qual os modernistas romperam com as convenções acadêmicas. Drummond começa por integrar-se nesta orientação, fazendo o valor da poesia confundir-se com o sentimento poético e reduzindo em consequência o poema a um simples condutor:

Gastei uma hora pensando um verso
que a pena não quer escrever.
No entanto ele está cá dentro
inquieto, vivo.

> Ele está cá dentro
> e não quer sair.
> Mas a poesia deste momento
> inunda minha vida inteira.
>   ("Poesia" — AP)

A poesia parece (para usar uma definição sua dessa fase) "acontecer" sob o estímulo do assunto, de tal maneira que lhe é coextensiva; faz-se pelo simples registro da emoção ou da percepção:

> Nenhum desejo neste domingo
> nenhum problema nesta vida
> o mundo parou de repente
> os homens ficaram calados
> domingo sem fim nem começo.
>
> A mão que escreve este poema
> não sabe que está escrevendo
> mas é possível que se soubesse
> nem ligasse.
>   ("Poema que aconteceu" — AP)

No poema "Explicação" — AP, a atividade poética chega a parecer uma espécie de desabafo que se justifica pelo prazer, o alívio ou a atividade que proporciona.

Essa indiscriminação começa a ser posta em dúvida no pequeno poema "Segredo" — BA, do segundo livro, em que a legitimidade da poesia é bruscamente questionada, como se o poeta descobrisse que os temas não importam em si mesmos, destacados da palavra que os traz ao mundo do poema. E que, portanto, não se trata apenas de encontrar a notação adequada, mas de saber se ela se justifica por um outro sentido, que a contém e ocasiona uma expressão válida por si. O tema da inquietação transporta-se para o domínio estético, e os assuntos mais consagrados (o amor, a *polis*, o milagre, a redenção) parecem eventualmente nulos como fontes do poema, que daqui a pouco encontrará justificativa, para o poeta, não como referência a um objeto, mas como expressão que se torna ela própria uma espécie de objeto.

> A poesia é incomunicável.
> Fique torto no seu canto.
> Não ame.
>
> Ouço dizer que há tiroteio
> ao alcance do nosso corpo.
> É a revolução? o amor?
> Não diga nada.
>
> Tudo é possível, só eu impossível.
> O mar transborda de peixes.
> Há homens que andam no mar
> como se andassem na rua.
> Não conte.
>
> Suponha que um anjo de fogo
> varresse a face da terra
> e os homens sacrificados
> pedissem perdão.
> Não peça.

Neste poema, o "homem torto" manifesta o problema da incomunicabilidade, tanto no plano da existência quanto no da criação. A partir daí observaremos uma dissociação relativa dos dois planos, e o poeta aborda o problema da poesia de modo especial, numa posição que poderíamos chamar mallarmeana, porque vê no ato poético uma luta com a palavra, para a qual se deslocam a sua dúvida e a sua inquietação de artista. É o que vem proposto de modo claro n'"O lutador" — J, cujo início parece, pelo ritmo e a entrada no assunto, uma espécie de transposição irônica do hino escolar que abria o *Segundo livro de leitura* de Tomás Galhardo, usual na geração de Drummond:

> Lutar com palavras
> é a luta mais vã.
> Entanto lutamos
> mal rompe a manhã.
> São muitas, eu pouco.
> Algumas, tão fortes
> como um javali.
> Não me julgo louco.
> Se o fosse, teria
> poder de encantá-las.
> Mas lúcido e frio,
> apareço e tento
> apanhar algumas
> para meu sustento
> num dia de vida.

As palavras parecem entidades rebeldes e múltiplas, que o poeta procura atrair, mas que fogem sempre, quer ele as acaricie, quer as maltrate. É uma luta desigual e inglória, contra objetos imponderáveis que se desfazem ao contato, mas que fascinam, e aos quais o poeta não consegue renunciar. De tal modo que, terminado o dia e o "inútil duelo", "a luta prossegue/ nas ruas do sono".

O drama desta pesquisa se desenrola de maneira mais completa em "Procura da poesia", de *A rosa do povo*, cujos 58 versos debatem o problema dos assuntos, para concluírem que em si eles nada são, o que é tanto mais significativo quanto o poeta vivia naquela altura a descoberta e a prática apaixonada da poesia social:

> Não faças versos sobre acontecimentos.
> Não há criação nem morte perante a poesia.
> Diante dela, a vida é um sol estático,
> não aquece nem ilumina.
> As afinidades, os aniversários, os incidentes pessoais não contam.
> Não faças poesia com o corpo,
> esse excelente, completo e confortável corpo, tão infenso à
> [efusão lírica.
> Tua gota de bile, tua careta de gozo ou de dor no escuro
> são indiferentes.
> Não me reveles teus sentimentos,
> que se prevalecem do equívoco e tentam a longa viagem.
> O que pensas e sentes, isso ainda não é poesia.

A partir daí, o movimento negativo prossegue num *crescendo* que faz prever a mesma conclusão dos pequenos versos secos e arrasadores de "Segredo". Mas o poema gira sobre si e, numa segunda parte, expande a teoria do combate inútil mas inevitável d'"O lutador". A poesia está escondida, agarrada nas palavras; o trabalho poético permitirá arranjá-las de tal maneira que elas a libertem, pois a poesia não é a arte do objeto, como pareceria ao jovem autor de *Alguma poesia*, mas do nome do objeto, para constituir uma realidade nova. Com serena lucidez, o poeta renuncia à luta algo espetacular e à sua própria veleidade, a fim de que esta possa renascer como palavra-poética:

> Penetra surdamente no reino das palavras.
> Lá estão os poemas que esperam ser escritos.
> Estão paralisados, mas não há desespero,
> há calma e frescura na superfície intacta.
> Ei-los, sós e mudos, em estado de dicionário.

Este é o momento de mais profunda consciência estética em sua obra, o momento da clarividência em face de tudo que normalmente o angustia. Momento em que pôde suscitar uma aventura mitológica da criação, encarnando na palavra a imanência que a rege. E é tal o fervor, que um verso como o último do trecho citado ("Ei-los, sós e mudos, em estado de dicionário"), arraigado nos hábitos humorísticos do Modernismo brasileiro, é aqui, todavia, severo e descarnado, com uma verdade que faz a imagem parecer expressão direta. E esta entrada no mistério possui uma gravidade ritual que lembra a penetração em certos espaços mágicos e solenes de Murilo Mendes como o d'"Os amantes submarinos" (*As metamorfoses*):

Esta noite eu te encontro nas solidões de coral
Onde a força da vida nos trouxe pela mão.

Haveria paradoxo em negar preliminarmente os assuntos, para concluir que o objeto da poesia é a manipulação da palavra? Esta, nada mais sendo que a indicação das coisas, dos sentimentos, das ideias, dos seres, não existe separada da sua representação; mas para o poeta tudo existe antes de mais nada como palavra. Para ele, a experiência não é autêntica em si, mas na medida em que pode ser refeita no universo do verbo. A ideia só existe como palavra, porque só recebe vida, isto é, significado, graças à escolha de uma palavra que a designa e à posição desta na estrutura do poema. O trabalho poético produz uma espécie de volta ou refluxo da palavra sobre a ideia, que então ganha uma segunda natureza, uma segunda inteligibilidade. Tanto assim, que o poema é geralmente feito com o lugar-comum — a velha pena, a velha alegria, a velha perplexidade do homem. No entanto, quando o lemos ele parece novo, e só numa segunda fase identificamos os objetos de sempre; ele então completa a sua tarefa, ao parecer um enunciado muito mais claro e renovador daquilo que sentíamos e fazíamos. Nas mãos do poeta o lugar-comum se torna revelação, graças à palavra na qual se encarnou.

O trabalho necessário a isto é grande parte do que chamamos inspiração. Consiste na capacidade de manipular as palavras neutras, "em estado de dicionário" (que podem servir para compor uma frase técnica, uma indicação prática ou um verso), e quebrar o seu estado de neutralidade pelo discernimento do sentido que adquirem quando combinadas, segundo uma sintaxe especial. Inicialmente, é preciso rejeitar os sistemas convencionais, que limitam e mesmo esterilizam a descoberta dos sentidos possíveis. Daí a decisão de um poema anterior:

> Não rimarei a palavra sono
> com a incorrespondente palavra outono.
> Rimarei com a palavra carne
> ou qualquer outra, que todas me convêm.
> As palavras não nascem amarradas,
> elas saltam, se beijam, se dissolvem,
> no céu livre por vezes um desenho,
> são puras, largas, autênticas, indevassáveis.
> ("Consideração do poema" — RP)

Trata-se da decisão de usar a palavra com o senso das suas relações umas com as outras, pois a arte do poeta é por excelência a de ordenar estruturas; o tipo escolhido para associar os vocábulos (talvez o "desenho no céu livre") é que transforma o lugar-comum em revelação. Em "Procura da poesia", a penetração no reino das palavras consiste nessa atividade, e o poeta se refere logo a seguir, não aos vocábulos, que são um momento da pesquisa criadora, mas à percepção imediata da estrutura em que podem ser ordenados. E nós percebemos que a germinação do poema como um todo é que o guia nessa aventura órfica:

Convive com teus poemas, antes de escrevê-los.
Tem paciência, se obscuros. Calma, se te provocam.
Espera que cada um se realize e consuma
com seu poder de palavra
e seu poder de silêncio.

O poema é, para além das palavras, uma conquista do inexprimível que elas não contêm e diante do qual devem capitular, mas que pode manifestar-se como sugestão misteriosa nas ressonâncias que elas despertam, uma vez combinadas adequadamente; e que, indo perder-se nas áreas de silêncio que as cercam e se insinuam entre elas, são uma propriedade do poema no seu todo. A obsessão mallarmeana da palavra como violação de um estado absoluto, que seria a não palavra, a página branca, mas que ao mesmo tempo é nosso único recurso para evitar o naufrágio no nada, se insinua neste poema decisivo e explica o recolhimento, a cautela com que o poeta segue na busca do equilíbrio precário e maravilhoso, o arranjo da estrutura poética, que só pode ser obtido ao fim de um empenho de toda a personalidade:

Não forces o poema a desprender-se do limbo.
Não colhas no chão o poema que se perdeu.
Não adules o poema. Aceita-o
como ele aceitará sua forma definitiva e concentrada
no espaço.

A "forma no espaço", a configuração objetiva que encerra o sentido global para que cada palavra contribuiu pela sua posição, depende dessa paciência, complemento da luta inicial descrita em "O lutador". Como entidades isoladas, as palavras espreitam o poeta e podem armar-lhe tocaias. Ele então as propicia, renunciando ao sentimento bruto, à grafia espontânea da emoção, que arrisca confundi-las num jorro indiscriminado; elas capitulam e deixam-se colher na rede que as organizará na unidade total do poema. Obra difícil e perigosa, pois essa exploração depende da sabedoria do poeta, único juiz no ato de arranjá-las:

Chega mais perto e contempla as palavras.
Cada uma
tem mil faces secretas sob a face neutra
e te pergunta, sem interesse pela resposta,
pobre ou terrível, que lhe deres:
Trouxeste a chave?

Obra, além do mais, frágil e relativa, pois as palavras estão prontas a cada instante para escapar ao comando e se recolherem à ausência de significado poético, ao limbo do cotidiano, onde são veículos sem dignidade especial. Ou então a permanecerem no universo inicial do sonho e do inconsciente, onde prosseguia, n'"O lutador", o combate infrutífero do poeta, que elas podem olhar como a quem falhou, a quem não soube dispô-las na unidade expressiva. O gelo do malogro, na fímbria entre a deliberação e o acaso, passa nos versos finais deste poema, um dos mais admiráveis da literatura contemporânea:

Repara:
ermas de melodia e conceito,
elas se refugiaram na noite, as palavras.
Ainda úmidas e impregnadas de sono,
rolam num rio difícil e se transformam em desprezo.

7

A obra de Drummond apresenta outros aspectos e, a partir de *Claro enigma*, uma inflexão dos que acabam de ser indicados. Assim, por exemplo, a crispação se atenua ou sublima, permitindo no último livro, *Lição de coisas*, certa recuperação do humorismo inicial e um interesse renovado pela anedota e o fato corrente, tratados com relativa gratuidade.

Talvez seja mais importante a transformação das inquietudes, gerando certa serenidade expressa não apenas pelo significado da mensagem, mas pela regularidade crescente da forma, a que o poeta parece tender como fator de equilíbrio na visão do mundo. Entretanto, essa serenidade é também fruto de uma aceitação do nada — da morte progressiva na existência de cada dia; da dissolução do objeto no ato poético até a negação da própria poesia. E surgem versos de um niilismo mais afiado que nunca:

> Poesia, sobre os princípios
> e os vagos dons do universo:
> em teu regaço incestuoso,
> o belo câncer do verso.
>   ("Brinde no banquete das musas" — FA)

Estas indicações (outras poderiam ser feitas) servem para definir o caráter limitado do presente ensaio. Trata-se de uma análise sobretudo descritiva, na medida em que identifica alguns temas e investiga a sua ocorrência. Ao mesmo tempo, é voluntariamente parcial: abrange apenas certo número de temas, para analisá-los numa fase da obra do poeta, pressupondo que formem um todo e que esta fase seja decisiva. Além disso, sendo uma investigação temática, baseada na psicologia que circula nos poemas, deixa de lado a análise formal que a completaria e à qual pretende ser uma espécie de introdução necessária.

Na obra de Drummond, a força dos problemas é tão intensa que o poema parece crescer e organizar-se em torno deles, como arquitetura que os projeta. Daí o relevo que assumem e a necessidade de identificá-los, através do sistema simbólico formado por eles. A partir deles, por exemplo, é que podemos compreender um dos aspectos fundamentais de sua arte, a violência, que, partindo do prosaísmo e do anedótico nos primeiros livros, se acentua a ponto de exteriorizar a compulsão interna, num verdadeiro choque contra o leitor. À maneira de Graciliano Ramos no romance, Drummond, na poesia, não procura ser agradável, nem no que diz, nem na maneira por que o diz:

> Eu quero compor um soneto duro
> como poeta algum ousara escrever.
> Eu quero pintar um soneto escuro,
> seco, abafado, difícil de ler.
>
> Quero que meu soneto, no futuro,
> não desperte em ninguém nenhum prazer.
> E que, no seu maligno ar imaturo,
> ao mesmo tempo saiba ser, não ser.
>
> Esse meu verbo antipático e impuro
> há de pungir, há de fazer sofrer,
> tendão de Vênus sob o pedicuro.
>
> Ninguém o lembrará: tiro no muro,
> cão mijando no caos, enquanto Arcturo,
> claro enigma, se deixa surpreender.
>   ("Oficina irritada" — CE)

Talvez seja esta uma das causas que dão ao seu verso o aspecto seco e antimelódico. Mas é preciso considerar também que a sua maestria é menos a de um versificador que a de um criador de imagens, expressões e sequências, que se vinculam ao poder obscuro dos temas e geram diretamente a coerência total do poema, relegando quase para segundo plano o verso como uma unidade autônoma. Ele reduz de fato esta autonomia, submetendo-o a cortes que o bloqueiam, a ritmos que o destroncam, a distensões que o afogam em unidades mais amplas. Quando adota formas pré-fabricadas, em que o verso deve necessariamente sobressair, como o soneto, parece escorregar para certa frieza. Na verdade, com ele e Murilo Mendes o Modernismo brasileiro atingiu a superação do verso, permitindo manipular a expressão num espaço sem barreiras, onde o fluido mágico da poesia depende da figura total do poema, livremente construído, que ele entreviu na descida ao mundo das palavras.

(1965)

Jagunços mineiros de Cláudio a Guimarães Rosa

Minas Gerais de assombros e anedotas...
Mário de Andrade

A violência habitual, como forma de comportamento ou meio de vida, ocorre no Brasil através de diversos tipos sociais, de que o mais conhecido é o cangaceiro da região nordestina, devido a circunstâncias já apontadas neste curso. Mas o valentão armado, atuando isoladamente ou em bando, é fenômeno geral em todas as áreas onde a pressão da lei não se faz sentir, e onde a ordem privada desempenha funções que em princípio caberiam ao poder público.

Como estas áreas são geralmente menos atingidas pela influência imediata da civilização urbana, é natural que o regionalismo literário, que as descreve, tenha abordado desde cedo o jagunço e o bandido. Com efeito, o nosso regionalismo nasceu ligado à descrição da tropelia, da violência grupal e individual, *normais* de certo modo nas sociedades rústicas do passado. Além disso, é preciso mencionar uma influência externa: o prestígio do fora da lei na literatura romântica, desde Karl Moor, o famoso personagem do drama *Os bandidos*, de Schiller, que se erigiu quase em arquétipo da imaginação.

N'*As fatalidades de dois jovens* (1856), de Teixeira e Sousa, aparece um bando de salteadores dos quais emerge como figurante decisivo um "bandido de alma nobre". *O índio Afonso* (1873), de Bernardo Guimarães, é a história de um matador e assaltante que aterroriza o sertão. N'*O Cabeleira* (1876), Franklin Távora romanceia a vida do famoso cangaceiro pernambucano conhecido por esta alcunha, enquanto em dois outros romances narra episódios da Guerra dos Mascates, feita por bandos de valentões e capangas. Se for verdade que *O forasteiro*, de Joaquim Manuel de Macedo, publicado em 1855, estava pronto desde 1838, como alega o autor, seria cronologicamente o primeiro romance brasileiro; e como é um tecido de assaltos e tropelias, o gênero teria começado entre nós pela exploração literária da violência na zona rural.

Dos estados do Brasil, Minas Gerais é o mais diversificado, constituindo uma espécie de passagem, tanto entre norte e sul quanto entre leste e oeste. Na sua parte setentrional, a natureza e os tipos humanos confundem-se com os da Bahia sertaneja; na parte meridional, equipara-se a São Paulo e ao Rio de Janeiro; para o lado poente, faz corpo com a paisagem social e física de Goiás. No meio dessas áreas centrífugas, a região das minas manifesta o que ela tem de mais original e se associou desde o início a um cunho urbano inexistente em outras áreas do interior do Brasil antes do século XIX.

É natural, portanto, que essa variedade de regiões favoreça muitos tipos de banditismo e de violência endêmica. Haveria mesmo certas modalidades que se poderiam qualificar de propriamente mineiras, como é o caso dos contrabandistas de ouro e pedras preciosas do século XVIII, criando problemas graves de repressão; ou, ainda, o dos salteadores do Caminho das Minas, tornando perigosa esta via comercial que ligava o interior ao Rio, e contra os quais lutou com êxito o alferes Joaquim José da Silva Xavier. Um livro de história escrito com relevo literário, *Memórias do distrito diamantino* (1868), de Joaquim Felício dos Santos, narra casos de famosas quadrilhas de burladores do fisco, mostrando tipos pitorescos de salteadores que deram o que fazer aos dragões e à justiça.

Nesse tempo do seu fastígio, Minas Gerais foi uma área de violência e fraude, a partir da anomia dos primeiros anos do século XVIII, disciplinada pouco a pouco pela ordem pública. Esta circunstância aparece na literatura desde aquele período, como se pode ver no *Vila Rica*, de Cláudio Manuel da Costa, terminado provavelmente em 1773, que é no fundo a primeira descrição dos bandos de jagunços e seus conflitos, às ordens de mandões tão poderosos quanto Manuel Nunes Viana que, no final do poema, presta obediência ao governador Antônio de Albuquerque Coelho de Carvalho. Este, a certa altura, assim descreve o revolto faroeste que lhe deram para organizar:

> Estamos, disse, em uns países novos,
> Onde a polícia não tem ainda entrado.

entendendo-se por "polícia", num sentido mais amplo que o de hoje, a presença das normas sociais e o polimento da civilização. No "Fundamento histórico", o poeta havia dito de maneira mais incisiva: "Bem se pode considerar o estado em que se achariam as Minas por todo este tempo, em que só o despotismo e a liberdade dos facinorosos punham e revogavam as leis a seu arbítrio".

O poema canta a vitória da ordem pública sobre este estado de coisas, mas deixa ver que o movimento se fazia, tanto do lado oficial, quanto do lado dos caudilhos rebeldes e dos francos desordeiros, por meio da ação dos valentões, frequentemente formando bandos a serviço dos chefes locais, precursores dos *coronéis* dos nossos dias. É o caso dos três irmãos Pereiras, que se põem às ordens de Albuquerque, num trecho onde vemos o esboço do coronelismo e do sistema de capangagem:

> Aqui dos três Pereiras o esperava
> O nobre ajuntamento, e protestava,
> Cada um em seu nome, que faria
> Cair por terra a infame rebeldia;

> Que de amigos, patrícios e parentes
> Tinha a seu mando prontas e obedientes
> Muitas esquadras, que traria ao lado.

Depois desta visão do século XVIII por um autor que nele viveu, ainda próximo do turbulento período descrito, encontramos em Bernardo Guimarães uma visão retrospectiva de homem do século XIX, nos romances históricos *Maurício ou Os paulistas em São João d'El-Rei* (1877) e *O bandido do rio das Mortes* (1904), sua continuação, publicada postumamente. Aí não temos jaguncismo propriamente dito, mas bandos de antecipados patriotas contra portugueses; e, por estranho que pareça, nenhuma figura típica de bandido, pois a designação do segundo romance se aplica ao protagonista foragido, Maurício, que, perseguido e derrotado pelos emboabas, mete-se no mato com seus fiéis, configurando-se como o fora da lei tão caro ao Romantismo. Mas em toda a narrativa surgem a organização da violência e o recrutamento dos marginais (índios avulsos, escravos foragidos), assim como o mecanismo do choque entre as facções.

Os livros de Bernardo se passam pela altura do ano de 1706 e seguintes; o poema de Cláudio, em 1710-1711. Um autor dos nossos dias, Eduardo Frieiro, escreveu um romance bastante vivo, *O mameluco Boaventura* (1929), que se passa em 1720, no qual podemos ler a reconstituição de certos tipos de mandonismo e jaguncismo, como no trecho seguinte:

> Dez ou doze cavaleiros armados vinham a largo trote pela estrada do Ribeirão do Carmo [...]. À frente da cavalgada marchava Fernão Boaventura, jovem e rico mestiço. Montava belo tordilho, ajaezado com sela de marroquim, xairel de pele de onça e bolsão de veludo verde bordado a retrós. Trazia nos coldres sendas pistolas aparelhadas de prata. Um caboclão de figura adusta e

terrível vinha cavalgando ao seu lado. Os restantes eram negros e cabras espingardeiros.

Mas se este fazendeiro autoritário se impõe com o seu bando de capangas, doutro lado há um representante da lei, o alferes de Dragões, que utilizava para seus desígnios pessoais os comandados, como se fossem valentões a soldo; reciprocamente, o próprio governador conde de Assumar manda equipar quinhentos homens como tropa de auxiliares, para combater o levante de Pitangui. Assim, entrevemos que no mundo da violência, então como agora, há pouca variação de método entre transgressores e defensores da lei. E mais: que o indivíduo de prestígio, armado e acolitado, pode representar uma forma primária de controle, adaptada às regiões sem peia e às épocas de formação.

Perguntemos agora de que maneira surgem os tipos de transgressores, tanto o bandido (salteador e assassino), quanto o jagunço, que pode ser mandatário isolado de crimes e violências, ou o capanga, o guarda-costas, que serve um *régulo* (como se dizia), integrando o seu bando de asseclas. Outras obras permitirão ver alguma coisa do problema, já agora no século XIX e no nosso.

De um motivo mínimo, na sua futilidade inesperada, pode surgir o criminoso e, daí, o profissional do crime. Um dos mais típicos é a briga ocasional, em que alguém mata sem vontade nem predisposição e, a seguir, cumpre pena ou se põe à margem da sociedade. Neste sentido, são marginais em potência o pobre mascate Xixi Piriá, do romance *Vila dos confins*, de Mário Palmério, ou o passante anônimo de um conto das *Histórias do carimbamba*, de Amadeu de Queirós. Ambos, parando numa venda para descansar, encontram o destino sob a forma de valentões que os querem obrigar a beber cachaça, e que são levados a matar.

O índio Afonso, no romance de igual nome, de Bernardo Guimarães, mata para vingar a honra da irmã e, de trabalhador honrado que era, torna-se bandido perverso, que o romancista justifica pelas condições do meio. Num conto de Afonso Arinos, "Pedro Barqueiro" (1895), o salteador deste nome é um escravo fugido e age só, ao mesmo tempo que "outros terríveis bandidos que infestaram as regiões banhadas pelos rios Urucuia, Sono e Preto", como lemos noutro conto de violência e morte pelo crime do mesmo autor, "A esteireira" (1894). Lamente-se, de passagem, que o drama do escravo foragido ainda não tenha inspirado produções ficcionais à sua altura. Pouco há que mencionar além de obra tão secundária quanto "Uma história de quilombolas", novela de Bernardo Guimarães, incluída nas *Lendas e romances* (1871). São aventuras rocambolescas, pondo em cena um quilombo cujos integrantes assaltam e roubam para seu sustento, e onde podemos ver o jogo da autoridade de um zambi, o chefe.

Em "Pedro Barqueiro", ocorre ao lado do bandido individual a violência exercida pelo guarda-costas, que é a forma branda do jaguncismo, como decorrência da organização de poder dos fazendeiros. "Meu patrão era avalentoado, temido e tinha sempre em casa uns vinte capangas, rapaziada de ponta de dedo." O mandonismo transforma às vezes o empregado fiel em jagunço, utilizado para as lutas políticas, as querelas de interesse econômico ou as formas sertanejas de policiamento, como acontece neste conto, onde o fazendeiro, menosprezando a valentia do Barqueiro, manda para prendê-lo dois rapazes, que de fato o subjugam à traição: "'Para o Pedro Barqueiro bastam estes meninos!'" disse, "apontando-me e ao Pascoal com o indicador; 'não preciso bulir com os meus *peitos-largos*'", isto é, os capangas mais qualificados da sua guarda.

Tiveram papel importante nos conflitos civis do tempo do Império e nas lutas de facções locais do tempo da República Velha todas essas modalidades de violentos, desde o bandido propriamente dito até o camarada obediente. Noutro conto de Afonso Arinos, "Joaquim Mironga" (1895), o vaqueiro devotado se torna automaticamente guarda-costas armado, pronto para combater, o que foi o caso em momentos como as "guerras bravas da era de quarenta e dois", a revolução liberal de Minas, durante a qual Mironga, empregado de um chimango, afronta um bando de caramurus, que, não obstante representarem a legalidade, são por ele qualificados de jagunços. Todos sabem que algumas lutas civis chegaram a destacar em primeiro plano os criminosos que bandeavam de um lado ou de outro, como se deu na Balaiada, no Maranhão.

Lembremos agora o romance de estreia de um autor que depois ficou famoso noutros rumos: *Maleita* (1934), de Lúcio Cardoso. Livro juvenil e malfeito, interessa pela força pitoresca das situações, inspiradas em casos narrados na família, pois sabemos que o pai do autor foi um dos pioneiros da cidade de Pirapora, na margem do São Francisco, cenário do romance. O narrador é mandado em 1893 ao que era então um pequeno aglomerado de casebres, para instalar um posto comercial. Enquanto a vila se constitui sob o seu impulso, assistimos à passagem da mais completa falta de normas a uma ordem relativa, estabelecida por meio da violência. O crime oriundo da pura anomia, o uso do tronco e do chicote, a tocaia, a resistência dos primitivos ocupantes do lugar formam a trama do cotidiano. Mas quando se consegue configurar a vila, com autoridades e instituições, o coronel da redondeza intervém com seus jagunços e força a saída do narrador. Percebemos então que a ordem que vai suceder à anomia primordial se baseará no jaguncismo dos mandões; e o romance traçou um quadro largo das mais diversas formas de violência, por assim dizer, constitucional.

Dessas narrativas (que revistamos pouco literariamente com ânimo documentário), depreendemos que o nome de jagunço pode ser dado tanto ao valentão assalariado e ao camarada em armas, quanto ao próprio mandante que os utiliza para fins de transgressão consciente, ou para impor a ordem privada que faz as vezes de ordem pública. De qualquer forma, não se consideram jagunços os ladrões de gado, os contrabandistas, os bandidos independentes. Embora haja flutuação do termo, a ideia de jaguncismo está ligada à ideia de prestação de serviço, de mandante e mandatário, sendo típica nas situações de luta política, disputa de famílias ou grupos.

É preciso ainda dizer que o banditismo sempre exerceu bastante atrativo sobre a sensibilidade popular, o que explica não apenas o seu papel como fonte inspiradora de causos e modas de viola, mas a relativa abundância da subliteratura a respeito. Assinalo como amostra, tomada à zona onde fui criado, folhetos do tipo de *Crimes e criminosos de minha terra* (1900), de Domício Sertanejo (pseudônimo), ou a série impressa em São Sebastião do Paraíso, *Os contratadores da morte* (1916-1917), do jornalista e romancista Antônio Celestino, que combinou realidade e fantasia para dar um cunho ficcional a acontecimentos que impressionaram os contemporâneos.

Feito este prólogo, entremos no estudo de dois escritores recentes de valor bastante desigual, que deram ao tema do jaguncismo mineiro um realce que nunca possuíra: João Guimarães Rosa e Mário Palmério.

Antes, indiquemos um livro pouco conhecido, que ajuda a compreender certos aspectos do segundo autor e, de modo geral, a situação do jagunço no interior de Minas, nos fins do século XIX e primeiros anos do século XX: *Guapé, reminiscências* (1933), de Passos Maia, que foi médico em quatro cidades da zona sudoeste daquele estado, e depois político e senador. Lá, vemos eleições feitas com ameaça de bandos rivais, o contrato de jagunços para tais fins, a constituição rápida de bandos armados pelos motivos mais diversos, a incidência do banditismo propriamente dito, os meios brutais que se usavam para liquidar ladrões e assassinos. Um dos casos que narra é exemplar pela variedade de aspectos da violência, desde o assalto para roubar até a solidariedade que, em reação, se organiza para a defesa e a repressão.

Deu-se o caso que um velho fazendeiro de Santa Rita de Cássia, leitor assíduo da história do imperador Carlos Magno, foi assaltado em sua fazenda por quatro ladrões e, ferido por eles, começou a gritar: "— Valha-me, meu Roldão! Valha-me, meu Oliveiros! A mim, meus pares de França!". Os assaltantes fugiram depois do saque e a vítima pôde mandar aviso à cidade. Acorreram o seu genro, acompanhado por um amigo, o dr. Maia e seu empregado, o delegado e o único soldado do destacamento, mostrando a total insuficiência dos meios legais. Por isso mesmo, a pequena comitiva recebeu no caminho o reforço de um fazendeiro pacífico e brando, mas que reuniu os camaradas para a emergência, e aí vemos como a ordem privada se prepara para usar a violência contra a violência.

Acudido e salvo o ferido, reuniram-se imediatamente às ordens do delegado cento e tantos homens armados, vindos das fazendas; mas não conseguiram encontrar os ladrões. Em consequência, o genro mandou numa expedição punitiva jagunços treinados, que mataram dois dali a pouco e o terceiro logo a seguir. Mais tarde, um dos jagunços, o famoso Paulistinha, matou o quarto assaltante no Paraguai, com dezessete facadas. Estava cumprido o ritual da justiça sertaneja sob a forma de vingança privada. A sua expressão simbólica foram as orelhas dos quatro bandidos, que os jagunços iam trazendo como prova da tarefa cumprida e o dr. Maia pôde ver num vidro azul.

Neste mesmo livro, encontramos referência a um acontecimento de larga repercussão no sudoeste de Minas, que, se as aparências não enganam, Mário Palmério aproveitou como fato central do seu romance *Chapadão do Bugre* (1966). Eis as palavras de Passos Maia:

Passos era então [1912] uma cidade completamente tranquila e ordeira, sem que o vírus da jagunçada lhe envenenasse as fontes de vida. Uns dois anos antes da minha ida para lá, o *alferes* Isidoro de Lima, sob pretexto de um inquérito, atraiu ao Fórum o coronel Manuel Lemos de Medeiros, presidente da Câmara, o coletor municipal José Miranda, o dentista Antenor e vários homens de destaque na política local. No conflito do alferes com eles, foram mortos os três nomeados acima, escapando milagrosamente o coronel Jorge Davis, pessoa estimadíssima na cidade, que por acaso acompanhara seu amigo Manuel Medeiros, muito benquisto também naquele meio. O alferes retirou-se, incontinenti, para Cássia, onde extrai balas do pescoço e do joelho de dois soldados seus, feridos nessa ocasião. Na mesma noite, porém, ele voltou com toda a temeridade e, tocando um clarim no alto da Penha, afugentou os que ainda queriam reagir. Serenados os ânimos, a cidade entrou numa fase de franca ordem.

Aí está, para quem leu o romance, o arcabouço da cena culminante: o massacre dos chefes políticos de Santana do Boqueirão, no edifício do Fórum, pelo truculento delegado militar capitão Eucaristo Rosa, desfecho de uma atmosfera de expectativa e tensão muito bem preparada.

Chapadão do Bugre começa pela história de um destino individual para se alargar pouco a pouco, em decorrência das vicissitudes que o envolvem e que se enquadram num panorama bem traçado do coronelismo mineiro sob as suas formas mais drásticas, as que suscitam, organizam e disciplinam o crime como instrumento de dominação política. No desenvolvimento do enredo, surgem diversos fatores do jaguncismo, pois o pretexto de tudo é o dentista prático José de Arimateia, homem pacato que, traído pela noiva com o filho do patrão e protetor, mata-o, foge e se torna jagunço eficiente do coronel Americão Barbosa.

Por causa de José de Arimateia é morto um velho fazendeiro que o criara, os capangas do coronel se espalham por toda a parte, os crimes puxam os crimes; e é afinal também por causa dele, agente de uma derradeira e sangrenta missão de extermínio, que o delegado militar resolve, depois de algumas violências prévias, a violência final da matança, a machadinha e tiro, dos mandões que o empregavam.

Mas apesar desta moldura individual, deste caso de *amor e sangue* gerando a ferocidade, para o leitor interessado no jaguncismo importa sobretudo o panorama social de Santana do Boqueirão, nome que deve cobrir uma espécie de síntese ficcional de diversas localidades do sudoeste de Minas e do Triângulo Mineiro. Aqui, o autor faz a descrição pitoresca e algo caricatural dos costumes sertanejos, mormente a política de campanário, que já tratara com bastante graça no romance anterior, *Vila dos Confins*.

A parte mais interessante de *Chapadão do Bugre* mostra de que maneira se instala e procura eternizar-se a ordem social torcida dos coronéis de Santana e vilas vizinhas, tendo por base a imposição do arbítrio e por instrumento o que se poderia chamar exploração do trabalho criminoso do jagunço individual.

Trata-se da ordem a princípio necessária, na fase de desbravamento, pois assegura através das instâncias privadas, que são principalmente os grupos familiares e suas clientelas, um funcionamento sucedâneo de instituições que o poder público ainda é incapaz de assegurar. A seguir, esta ordem se torna apenas arbítrio, mantendo o parasitismo dos grupos dominantes e impedindo o progresso. A violência se organiza de tal modo, que o conselheiro do chefe político coronel Americão Barbosa, o engenhoso guarda-livros Clodulfo de Oliveira, tem a ideia de arregimentar os jagunços num verdadeiro sindicato do crime (que já fora literariamente explorado n'*Os contratadores da morte*, de Antônio Celestino, referido mais alto), fornecendo matadores aos interessados em toda a redondeza, mediante pagamento. É o que confessa ao capitão Eucaristo, depois de atemorizado, espancado e quase mergulhado de cabeça para baixo numa barrica de excrementos. Neste passo, vemos a identificação dos cabos eleitorais aos jagunços, que funcionam desde as formas mais atenuadas da persuasão até o assassínio. (Vejam-se as curiosas páginas 195-197.)

No livro *Guapé*, Passos Maia conta que não apenas se faziam as eleições com base em intimidações, para as quais eram usados facínoras ou meros correligionários avalentoados, mas que se podia alugar gente especializada para tais ocasiões. Assim, a propósito das lutas políticas em Dores da Boa Esperança, pela altura de 1901 ou 1902, fala das tropelias de "um troço de jagunços, contratados em Passos para a eleição".

Diante desse estado de coisas, *Chapadão do Bugre* faz ver como o poder central do Estado, dependente dos coronéis, graças ao mecanismo do voto localmente acaudilhado, exerce uma ação, antes de usufruto político do que de restrição do coronelismo. As restrições que há são meras perseguições a um grupo incômodo ou adverso, em benefício de outro, que deseja o seu lugar para agir do mesmo modo. No caso de Santana do Boqueirão, o destacamento é enviado e o comandante tem poderes plenos, que anulam os das demais autoridades estaduais e municipais, porque a *situação* local (isto é, a facção política dominante) andara ligada a um político oposto ao governante do momento:

> Havia principiado a má sorte no momento em que se empossara no Governo do Estado o dr. Figueiredo de Mendonça. O homem, nem bem esquentara lugar, já dava início à vingança contra os amigos do dr. Ataulfo Machado — os que se tinham oposto, na Convenção do Partido, à aprovação do nome do dr. Figueiredo como candidato ao Governo.

Em face da situação assim configurada, o romancista descreve duas reações sintomáticas. A primeira é a do velho coronel Americão, imbuído da ideia que o mandonismo hereditário de sua família construíra Santana e lhe dera prosperidade, sendo, assim, útil e legítimo. Em consequência, o ato do Governo, mandando tropa especial e exercendo fiscalização sobre o jogo, a prostituição, a empreita de crimes (fontes de renda dos mandões locais), é uma forma de ingratidão, que só poderia ter como resultado a mudança das alavancas para as mãos dos adversários. Ele tem a ideia mais ou menos definida de que a sua é a única ordem viável, com a consciência tranquila dos velhos mandões, para os quais "em política só há um crime: perder eleições" (frase verídica de um coronel de zona próxima ao Chapadão do Bugre).

A segunda reação é a do oficial Eucaristo Rosa, que, possuído pelo sentido quase esportivo do caçador, cuja finalidade é a destruição da caça, termina elevando a sua brutalidade ao nível dos princípios e nutrindo uma espécie de revolta de homem justo contra os burladores da lei. No seu espírito bronco, trata-se de mostrar quem pode mais: mas como a justificativa dos seus atos é a infração do adversário, ele mistura selvageria e senso de justiça, com um fervor que o poderá levar a desobedecer aos superiores civis. Ao agir deste modo, quem sabe adota a única forma possível de opor a ordem pública à ordem privada, na dialética espúria da vida sertaneja. Não esqueçamos: Passos Maia diz que depois do massacre do Fórum a cidade de Passos entrou em fase de tranquilidade e progresso...

Em *Chapadão do Bugre* há muita prolixidade inútil e certo exibicionismo de estilo, que prejudicam a primeira parte. Mas quando entra na segunda e passa de José de Arimateia para a cidade de Santana, a narrativa corre bem mais segura. E se há defeitos de composição, na estrutura geral a criação de Mário Palmério é boa, repousando num método de contraponto evidenciado pela própria alternância dos capítulos temporalmente afastados, que se unem ao desfecho.

Este contraponto envolve três ordens de realidade. De um lado, o jagunço individual, com o seu destino e as suas motivações, que o levam a transformar-se em peça do mecanismo dos coronéis, como é o caso de José de Arimateia, em cuja psicologia somos convidados a penetrar. De outro lado, os coronéis, com o seu destino grupal, o prestígio e a prosperidade de suas famílias, levando ao comportamento político, à formação das clientelas, ao parasitismo em relação ao Estado. Entre ambos, a força pública, que corta o fio dos destinos individuais e procura abalar o sólido feixe de interesses de grupo. Como critério para a ação de todos, o romancista põe em cena alguns atos de jaguncismo, que mostram ao leitor a função do jagunço na sociedade rústica, desde as motivações psicológicas até a inserção na vida coletiva.

Assim, temos em *Chapadão do Bugre* uma visão realista e pitoresca do jaguncismo, integrado em seu contexto social e em seus aspectos pessoais, com a descrição completa da formação, atuação e sentido da ação individual do jagunço, no quadro dos interesses do mandonismo. E com isto deixamos para trás o aspecto documentário, que nos vem norteando, porque vamos agora entrar noutro mundo.

De fato, em *Grande sertão: veredas* ocorre algo diametralmente oposto. Não se trata de livro realista nem pitoresco, embora pitoresco e realismo nele se encontrem a cada passo; mas de um livro carregado de valores simbólicos, onde os dados da realidade física e social constituem ponto de partida. Esta circunstância parece decorrer do princípio que rege a sua estrutura e que, noutro ensaio, denominei princípio de reversibilidade. Em função dele, assim como a geografia desliza para o símbolo e o mistério, apesar da sua rigorosa precisão, o jagunço oscila entre o cavaleiro e o bandido, tudo se unindo no fecho de abóbada que é a mulher-homem

Diadorim, cujo nome se forma ele próprio por um deslizamento imperceptível e reversível entre masculino e feminino, justificado pelos hábitos fonéticos do homem rural: Deodoro ⇌ Diadoro ⇌ Diadorinho ⇌ Diadorim ⇌ Diadorinha ⇌ (Deodorina) ⇌ Diadora ⇌ Deodora.

Para compreender esse jagunço fluido e ambíguo, comecemos pelo plano elementar, que o prende ao universo das relações correntes. Como se forma ele no sertão? As causas são diversas e vêm arroladas num trecho magnífico:

> Esses homens! Todos puxavam o mundo para si, para o concertar consertado. Mas cada um só vê e entende as coisas dum seu modo. Montante, o mais supro, mais sério — foi Medeiro Vaz. Que um homem antigo... Seu Joãozinho Bem-Bem, o mais bravo de todos, ninguém nunca pôde decifrar como ele por dentro consistia. Joca Ramiro — grande homem príncipe! — era político. Zé Bebelo quis ser político, mas teve e não teve sorte: raposa que demorou. Sô Candelário se endiabrou, por pensar que estava com doença má. Titão Passos era o pelo preço de amigos: só por via deles, de suas mesmas amizades, foi que tão alto se ajagunçou. Antônio Dó — severo bandido. Mas por metade; grande maior metade que seja. Andalécio, no fundo, um homem-de-bem, estouvado raivoso em sua toda justiça. Ricardão, mesmo, queria era ser rico em paz: para isso guerreava. Só o Hermógenes foi que nasceu formado tigre, e assassim.

No tipo especial do mundo, que é o sertão, cada um tem os seus motivos e ninguém nasce bandido, salvo o traidor Hermógenes, princípio negativo do mal, opondo-se ao anjo Diadorim, até uma luta onde ambos se destroem, para ficar na alma do protagonista-narrador nem o mal nem o bem, mas o seu tecido inextricável. Casos superiores são homens como Joca Ramiro, rico e político, ou Medeiro Vaz, fazendeiro de família antiga que, ante a desordem e a brutalidade do sertão, queimou sua casa, espalhou as cinzas e, "relimpo de tudo, escorrido dono de si, montou em ginete, com cachos d'armas, reuniu chusma de gente corajada, rapaziagem dos campos, e saiu por esse mundo em roda, para impor justiça". Quer dizer que, naquele sertão, o jaguncismo pode ser uma forma de estabelecer e fazer observar normas, o que torna o jagunço um tipo especial de homem violento e, por um lado, o afasta do bandido.

Por isso é que, sendo as condutas tão relativas e o mundo tão cheio de reversibilidade, não há barreiras marcando a separação. O mesmo homem pode ser hoje soldado e amanhã jagunço, ou o contrário, assim como o versátil Zé Bebelo começa como saneador do Norte contra o jaguncismo, em nome da lei e do governo; vira jagunço e continua não obstante agindo como se estivesse na mesma tarefa patriótica; termina fazendeiro de novo e planeja tornar-se homem da cidade, tudo em função de uma certa utopia política de modificação do mundo sertanejo, segundo a qual ele prosperaria quase ritualmente, ao mesmo tempo que a terra. Daí o curioso sincretismo da sua linguagem e dos seus conceitos, logicamente contraditórios na própria composição da frase:

> Se eu alcançasse, entrava para a política, mas pedia ao grande Joca Ramiro que encaminhasse seus brabos cabras para votarem em mim, para deputado [...] vós nossos jagunços do Norte são civilizados de calibre [...].

O jagunço é, portanto, aquele que, no sertão, adota uma certa conduta de guerra e aventura compatível com o meio, embora se revista de atributos contrários a isto; mas não é necessariamente pior do que os outros, que adotam condutas de paz, atuam teoricamente por meios legais como o voto, e se opõem à barbárie enquanto civilizados. Ao contrário, parece frequentemente que o risco e a disciplina dão ao jagunço uma espécie de dignidade não encontrada em fazendeiros "estadonhos", solertes aproveitadores da situação, que o empregam para seus fins ou o exploram para maior luzimento da máquina econômica.

É interessante notar, a propósito, que quando ambos entram em contato, o risco (ao contrário do que seria normal) é todo do jagunço, não do homem de ordem. Este constitui uma ameaça à natureza do jagunço, um perigo de reduzi-lo a peça de engrenagem, destruindo a sua condição de aventura e liberdade. O estranho sêo Habão, proprietário na zona misteriosa do Sucruiú, sabe manipular de tal maneira o bando de Zé Bebelo, que este, a certo momento, vai deixando os assuntos épicos de assaltos, cidades tomadas, feitos de armas, para se acomodar nas conversas sobre agricultura e pecuária. E sêo Habão, longe de se intimidar com o bando, parece ir formando a tenção de reduzir todos os seus componentes a trabalhadores de enxada, encangados para cavar a sua terra e plantar o seu feijão.

> Eu, digo — me disse: que um homem assim sêo Habão, era para se querer longe da gente; ou, pois, então, que logo se exigisse e deportasse. Do contrário, não tinha sincero jeito possível: porque ele era de raça tão persistente, no diverso da nossa, que somente a estância dele, em frente, já media, conferia e reprovava.

Outro fazendeiro esperto, o Zabudo, Timóteo Regimildiano da Silva, que tinha um "jeito estúrdio e ladino de olhar a gente", hospeda o bando, todo cheio de mesuras, mas leva sempre a melhor, engoda Riobaldo, e "por pouco não pediu dinheiro meu emprestado" (diz este). Diante dessas fortalezas do lucro e da ordem, sentimos vagamente que ser jagunço é mais reto, quando mais não fosse porque o jagunço vive no perigo. Tanto assim, que se há fazendeiros que exploram para seus fins o jaguncismo, há pelo menos um, o severo Medeiro Vaz, que assume papel mais digno, ao queimar simbolicamente o que o prendia na terra e adotar a condição de jagunço como forma de viver, como modo de conceber a vida perigosa que pode ser uma busca dos valores, do bem e do mal no sertão.

Daí sermos levados a dizer que há em Guimarães Rosa um *ser jagunço* como forma de existência, como realização ontológica no mundo do sertão. Sem prejuízo dos demais aspectos, inclusive os rigorosamente documentários, este me parece importante como chave de interpretação. Ele encarna as formas mais plenas da contradição no mundo-sertão e não significa necessariamente deformação, pois este mundo, como vem descrito no livro, traz imanentes no bojo, ou difusas na aparência, certas formas de comportamento que são baralhadas e parciais nos outros homens, mas que no jagunço são levadas a termo e se tornam coerentes. O jagunço atualiza, dá vida a essas possibilidades atrofiadas do ser, porque o sertão assim o exige. E o mesmo homem que é jagunço, como vimos na tipologia citada mais alto, seria outra coisa noutro mundo.

> A paz no Céu ainda hoje-em-dia, para esse companheiro, Marcelino Pampa, que de certo dava para grande homem-de-bem, caso se tivesse nascido em grande cidade.

Talvez por isso o escritor situe o seu jagunço em um tipo de espaço completamente diverso do habitual em tais tipos de ficção. Aqui, não aparecem diretamente na ação, e pouco nas referências, os políticos que manobram o jagunço, nem os soldados que o perseguem. Riobaldo conta momentos difíceis de choque com a força pública, faz referência a oficiais — capitão Alcides Amaral, capitão Melo Franco, tenente Plínio, tenente Rosalvo; mas o soldado nunca entra como presença numa determinada ação, não tem consistência de figurante concreto e existe quase como cenário. Do mesmo modo, alude aos "grandes", os chefões "da nossa amizade", os manipuladores de votos, dispensadores de prebendas, donos de vastas propriedades, sem que eles jamais apareçam diretamente: sêo Sul de Oliveira, doutor Mirabô de Melo, o velho Nico Estácio. Também não aparecem as cidades, grandes ou pequenas, centros das hegemonias políticas, ponto de apoio da ação e repressão, a não ser por alusão remota e quase lendária: Paracatu, São Romão, Januária, Pirapora, Montes Claros, Diamantina, São João do Príncipe. O único arraial que comparece, o do Paredão, está vazio, abandonado pela população, pronto para servir de moldura ou cenário para o duelo culminante entre o Bem e o Mal.

Suprimidas essas dimensões, que são normais no tratamento do jaguncismo em nossa ficção e constituem a própria substância de livros como *Chapadão do Bugre*, segundo vimos, resta o sertão, transformado em espaço privilegiado e único, para que nele exista o jagunço. Aqui, ocorrem quase apenas jagunços, agrupados em bandos enormes, vivendo em contato com outros jagunços, obedecendo a chefes jagunços, movendo-se conforme uma ética de jagunços, num mundo separado do resto do mundo, descartadas as cidades e suas leis, de tal forma que, depois de embalados na leitura, só por um esforço de reflexão podemos pensar em termos históricos ou sociológicos, como até aqui tínhamos feito nestas aulas. Escritor genial, dos poucos que aguentam esse qualificativo em nossa literatura, Guimarães Rosa supera e refina o documento, que não obstante conhece exaustivamente e cuja força sugestiva guarda intacta, por meio da sublimação estética. Por isso, não basta procurar nele em que medida a ficção vale como transposição dos fatos; mas também em que medida o comportamento do jagunço aparece como um modo de existência, como forma de ser no mundo, encharcando a realidade social de preocupações metafísicas.

A este respeito, um teste fácil. Quantos de nós se reconhecem no José de Arimateia, de Mário Palmério, ou no fiel vaqueiro Joaquim Mironga, de Afonso Arinos, tipos aceitáveis literariamente? Provavelmente, ninguém. No entanto, todos nós somos Riobaldo, que transcende o cunho particular do documento para encarnar os problemas comuns da nossa humanidade, num sertão que é também o nosso espaço de vida. Se "o sertão é o mundo", como diz ele a certa altura do livro, não é menos certo que o jagunço somos nós.

As raízes do jagunço de Guimarães Rosa já se encontram em seu primeiro livro no conto "A hora e vez de Augusto Matraga". Nele, começamos por uma entrada mais ou menos corriqueira no jaguncismo literário. Há o valentão que age pelo gosto de se impor, com os seus capangas, e é o caso do protagonista, nhô Augusto das Pindaíbas, ou Estêves, ou Matraga; há o chefete local, com os capangas mais bem disciplinados, como o major Consilva; há o grande bando de jagunços com o seu chefe jagunço, seu Joãozinho Bem-Bem. Espancado, torturado, marcado a ferro e deixado por morto, nhô Augusto é salvo por um casal de velhos e, mais ou menos sarado, ruma com eles para o norte, à busca de salvação da alma, tomando uma decisão pitoresca e tocante:

> Eu vou p'ra o céu, e vou mesmo, por bem ou por mal!... E a minha vez há de chegar... P'ra o céu eu vou, nem que seja a porrete!...

No norte, vive uma segunda vida, trabalhando como um burro, vivendo para ajudar os outros, limpando a alma pela faina do corpo, como uma espécie de são Cristóvão da roça. Um dia, o famoso bando de Joãozinho Bem-Bem passa pelo seu bairro e ele o hospeda, deslumbrado pelo aparato violento, mas resistindo à tentação de seguir com ele, segundo o convite do chefe.

Não será jagunço para não comprometer o plano de salvação. No entanto, vem uma certa estação das águas; com a força da terra, nasce de novo em nhô Augusto a força da vida e ele vai embora, refazendo para o sul o caminho de fuga ao mundo, até encontrar de novo o bando, por acaso, num povoado. O chefe, que o estima e percebe o homem de briga que ali está, oferece de novo um lugar entre os seus homens; agora, em substituição a um dos rapazes, que foi morto e cujas armas, arrumadas num canto, tentam nhô Augusto. Ele se domina e rejeita mais uma vez, quando tem notícia da vingança que vai ser exercida contra a família de um velho, cujo filho matara o dito jagunço. Como Joãozinho Bem-Bem recusa atender as súplicas do pai, este, passando bruscamente da fúria à maldição, invoca a intervenção divina contra o poder do mal:

— Pois então, satanás, eu chamo a força de Deus p'ra ajudar a minha fraqueza no ferro da tua força maldita!...

No silêncio que se faz, a voz de nhô Augusto, que toma as armas do jagunço assassinado, entra em cena como resposta à invocação do velho. E nós sentimos com ele a alegria que marca essas conjunções raríssimas, onde o exercício das veleidades mais egoístas se torna milagrosamente ato de redenção do egoísmo e dádiva de si mesmo. A oportunidade, a "hora e vez" de nhô Augusto, consiste em fazer o bem, e com isto assegurar a salvação da alma, por meio da violência destruidora, do ato de jagunço matador, que ele reprimira duramente até então, com medo de perdê-la. O tiroteio e o duelo a faca, durante o qual mata Joãozinho Bem-Bem e é por ele morto (como, em *Grande sertão*, Hermógenes e Diadorim), surge ao modo de um prêmio de Deus.

Neste conto, vemos de que maneira pode emergir da situação comum de jaguncismo um sentido voltado para o símbolo.

No momento em que se fez jagunço, nhô Augusto sobe em vez de cair, pois está adotando uma forma justa de comportamento, cujo resultado final é, paradoxalmente, suprimir o jaguncismo, como ocorrerá também em *Grande sertão* com o comportamento de Riobaldo. Ser jagunço torna-se, além de uma condição normal no mundo-sertão (onde "a vontade se forma mais forte que poder do lugar"), uma opção de comportamento, definindo um certo modo de ser naquele espaço. Daí a violência produzir resultados diferentes dos que esperamos na dimensão documentária e sociológica, tornando-se, por exemplo, instrumento da redenção. "P'rá o céu eu vou, nem que seja a porrete!", dizia nhô Augusto Matraga; e acabou indo a tiro e a faca, num paradoxo que o faz parecer triunfante, com o corpo furado de bala.

Em *Grande sertão: veredas* fica mais claro este aspecto do jaguncismo como modo de ser e reajuste da personalidade a fim de operar num plano superior. De fato, a vingança contra o bando traidor de Hermógenes e Ricardão só pode ser efetuada quando Riobaldo, novo chefe do bando que representa o lado justo das coisas no sertão, passa por um processo de mudança da personalidade, simbolizada no pacto com o diabo, que completa a riqueza da situação, instalando-o também no terreno do mal. Nessa perspectiva, os atos do jagunço não são mais uma simples função, como é o caso do guarda-costas ou do sicário, que, nos livros revistados antes, agem a mandado, com finalidade precisa que, ao ser atingida, esgota o significado do ato. Aqui, ao contrário, Guimarães Rosa parece ter querido mostrar que o ato decorre, antes de mais nada, de um modo peculiar de ser e se torna uma construção da personalidade no mundo-sertão. Daí a universalidade que assume; e daí, abalando por indução a personalidade do leitor, tocar profundamente a todos nós.

O pacto deixa ver de maneira mais clara o enxerto de um jagunço simbólico no jagunço comum, e a sua função transformadora é nítida no cuidado com que o autor baralha bruscamente as condições normais do espaço. O bando, sob a chefia de Zé Bebelo (homem habitualmente eficaz e preciso), se extravia na vastidão dos gerais e acaba por entrar numa espécie de espaço lendário, sem marcos geográficos, sem nomes certos, povoado por uma gente estranha que parece saída do fundo dos tempos e, sobretudo, dominada pela doença, miasma que exprime materialmente a contaminação da alma. É aí, no coração dessa "terra gasta", que ocorre a cena equívoca do trato com o diabo, na encruzilhada das Veredas Mortas que, em seguida, desaparece do mundo, acentuando o caráter simbólico daquelas paragens. Com efeito, procurando-as mais tarde, depois de egresso do estado de jaguncismo, Riobaldo fica sabendo que por ali havia Veredas Altas, não Veredas Mortas.

O segundo traço do jagunço como modo de ser é a alteração do comportamento de Riobaldo depois do pacto. Só então pôde realizar o seu alvo de vingador, mas de maneira estranha, pois não age diretamente, e só esboça atos não cumpridos, ordena sem fazer ele próprio e, afinal, apenas presença. O seu último gesto pessoal e forte consistiu em arrebatar a chefia do bando a Zé Bebelo e matar dois renitentes que se opunham. Daí por diante manifesta uma conduta que hesita entre a brutalidade gratuita e a omissão final, embora, no conjunto, assegure a vitória contra os traidores.

Isto talvez possa ser considerado como um sinal a mais do seu jaguncismo peculiar. Riobaldo seria um instrumento de forças que o transcendem, e nada mais faz do que ajustar o ser à craveira que permite realizar a sua missão: fazer o bem através do mal, nutrindo com as operações do ódio um amor desesperado e imenso. De fato, a sua conduta, inclusive o ingresso no jaguncismo, é determinada pelos motivos de Diadorim, não os seus próprios. Diadorim, andrógino e terrível como os anjos, primeiro trouxe-o para o bando; depois, contaminou-o com o seu projeto de vingança. E ele o assume com tal integridade, que o próprio Diadorim rejeita humanamente a mudança de ser trazida pelo pacto, de que fora a causa e a razão, mas que lhe mostra o outro lado do amigo. ("Daí, de repente, quem mandava em mim já eram os meus avessos.") Riobaldo, de sua parte, observa com perfeita razão: "Uai, Diadorim, pois você mesmo não é que é o dono da empreita?". Diadorim, cuja estrutura de ambiguidades é infinita, é por sua vez instrumento, pois o cumprimento de seu desejo significa a instalação de Riobaldo num destino de jagunço que supera o jagunço. Isto se concretiza pela destruição de Hermógenes, cuja natureza é a do jagunço que não se abre para qualquer transcendência, pois encontra no jaguncismo-profissão a realização integral do seu ser comprometido com a prática do mal, que ele encarna no livro, não como momento dialético (ao modo de Riobaldo), mas como finalidade que traz em si a sua justificativa. "Só o Hermógenes foi que nasceu formado tigre, e assassim."

Se tomarmos Riobaldo com referência à sua *missão*, entenderemos melhor, não apenas o seu êxito, facultado pelo pacto, mas a sua passividade, depois deste. Encastelado no novo modo de ser, dele emana uma espécie de força que promove a eficácia da ação, como se o ato fosse produzido por uma misteriosa energia espiritual.

Depois do pacto, Riobaldo (como Zé Bebelo, quando se encaminhava involuntariamente para as Veredas Mortas) deixa-se ir a uma espécie de peregrinação caprichosa pelo mundo, cujo único lance organizado, a travessia do Liso do Sussuarão, apenas executa um plano de Diadorim, que abrangia também o assalto subsequente à fazenda de Hermógenes, na Bahia, onde raptam sua mulher. Isto feito, Hermógenes e Ricardão, que pareciam sovertidos no espaço do sertão, e que dois grandes chefes, Medeiro Vaz e Zé Bebelo, não conseguiram sequer localizar, vêm eles próprios à busca do bando vingador para libertar a prisioneira; invertendo a situação da narrativa, graças ao pacto, agora é o mundo que vem a Riobaldo.

Na batalha decisiva do Tamanduá-tão, este divide e encaminha seus homens para o combate, *mas permanece parado durante toda a ação*, na linha de inatividade criadora que adotou. "Sertão é onde o pensamento da gente se forma mais forte que o poder do lugar." O seu ficou tão poderoso, desde a opção do trato satânico, que o mundo se ordena segundo ele.

> Conservei em punho meu revólver, mas cruzei os braços. Fechei os olhos [...]. O que eu tinha, que era a minha parte, era isso: eu comandar [...]. Só comandei. Comandei o mundo, que desmanchando todos estavam. Que comandar é só assim: ficar quieto e ter mais coragem.

O tiro final, com que mata o vencido Ricardão, depois de acabada a luta, é mero complemento dos atos que outros praticaram.

No último lance, o combate no arraial do Paredão, nem mais comanda. Atira como um jagunço comum, do alto do sobrado, enquanto o essencial é feito pelos outros, seja o duelo em que Diadorim e Hermógenes se matam, seja o reforço decisivo trazido por João Goanhá. Ele foi, sobretudo, aquele por quem as coisas impossíveis ficaram possíveis, porque jogou a alma para ser jagunço num sentido diferente, que levou todos os outros a se tornarem figurantes de um drama que transcende o jaguncismo habitual. Podemos, assim, repetir que há em Guimarães Rosa uma ontologia peculiar do jagunço que, sem prejuízo, e mesmo por causa dos aspectos sociológicos muito vivos, parece o traço mais característico do seu universo ficcional. Por isso o seu jagunço difere dos que aparecem noutros livros brasileiros, e não espanta que, desde o aparecimento de *Grande sertão*, tenha sido encarado por alguns críticos como forma de paladino, a ser aproximado da ficção medieval.

Isto significa que Guimarães Rosa tomou um tipo humano tradicional em nossa ficção e, desbastando os seus elementos contingentes, transportou-o, além do documento, até a esfera onde os tipos literários passam a representar os problemas comuns da nossa humanidade, desprendendo-se do molde histórico e social de que partiram.

Em *Grande sertão: veredas*, esta operação de alta estética foi possível devido a certos procedimentos ligados ao foco narrativo, que por sua vez comanda uma expressividade máxima da linguagem utilizada. Trata-se, com efeito, de ver o mundo através dum ângulo de jagunço, resultando um mundo visto como mundo-de-jagunço. Mundo onde, sendo a violência norma de conduta, as coisas são encaradas nos seus extremos e as contradições se mostram com maior força. No espaço fechado do sertão a vida ganha aspectos projetados pela maneira de ser de Riobaldo, que descobre ou redescobre o mundo em função da sua angústia e do seu dilaceramento. A narrativa na primeira pessoa favorece a solidariedade entre ambos, ao estabelecer uma paridade entre o dilaceramento do narrador e o dilaceramento do mundo, que se condicionam e se reforçam mutuamente. O narrador tinge a narrativa por uma constante redução ao presente, fazendo com que o passado seja aferido incessantemente à cor da sua angústia de agora, isto é, do momento rápido em que recompõe a vida, com a ciência do bem e do mal que lhe foi dada pela experiência que viveu. O passado, que é toda a massa do que narra, reduz-se deste modo, paradoxalmente, a um apêndice do presente. O mundo é visto numa totalidade impressionante, na qual ser jagunço foi a condição para compreender os vários lados da vida, vistos agora por quem foi jagunço. Primeira pessoa conduzindo a uma presentização do passado, a uma simultaneidade temporal que aprofunda o significado de cada coisa — parece a condição formal básica de *Grande sertão: veredas*.

Do ângulo do estilo, ser jagunço e ver como jagunço constitui portanto uma espécie de subterfúgio, ou de malícia do romancista. Subterfúgio para esclarecer o mundo brutal do sertão através da consciência dos próprios agentes da brutalidade; malícia que estabelece um compromisso e quase uma cumplicidade, segundo a qual o leitor esposa a visão do jagunço, porque ela oferece uma chave adequada para entrar no mundo-sertão. Mas sobretudo porque através da voz do narrador é como se o próprio leitor estivesse denominando o mundo, de maneira mais cabal do que seria possível aos seus hábitos mentais. Assim como na ação o jagunço Riobaldo põe termo ao estado de jaguncismo dos gerais (isto é, ser jagunço é poder fazer frente a tais problemas), no conhecimento o ângulo de visão do jagunço (de Riobaldo que foi jagunço) é uma espécie de posição privilegiada para penetrar na compreensão profunda do bem e do mal, na trama complicada da vida. A astúcia da narrativa corresponde à astúcia do mundo, ao desencontro dos acontecimentos, que excitam e engodam a capacidade de entendê-los.

> Contar é muito, muito dificultoso. Não pelos anos que já passaram. Mas pela astúcia que têm certas coisas passadas — de fazer balancê, de se remexerem dos lugares.

A fluidez do real leva o espírito a ir além da aparência, buscando "não o caso inteirado em si, mas a sobre-coisa, a outra-coisa". E leva a dois movimentos contrários, que compõem uma visão diversificada e ambígua: reconhecer a complexidade dos fatos, que o estado de jagunço permitiu experimentar através do absurdo e do mal; tentar esclarecê-los e defini-los num sistema simples, que deixe evidente o que são o bem e o mal, o justo e o injusto, tão misturados na vida vivida, e que o ex-jagunço vê (e nos faz ver) melhor, por ter estado de ambos os lados e poder relacioná-los de modo conveniente: "[...] era nessas boas horas que eu virava para a banda da direita, por dormir meu sensato sono por cima de estados escuros".

Com efeito, a experiência do mal, que o jagunço lúcido deste livro possui, aguça o sentimento das complicações insolúveis do mundo, da impossibilidade de esclarecê-las. Mas aguça ao mesmo tempo o desejo de ver claro, de lutar contra a ambiguidade; e mesmo sem poder isolar em seu lugar respectivo as forças opostas, este esforço é a dignidade da lucidez:

[...] eu careço de que o bom seja bom e o rúim ruím, que dum lado esteja o preto e do outro o branco, que o feio fique bem apartado do bonito e a alegria longe da tristeza! Quero os todos pastos demarcados... Como é que posso com este mundo? A vida é ingrata no macio de si; mas transtraz a esperança mesmo do meio do fel do desespero. Ao que, este mundo é muito misturado...

Consequência extrema é que, em frente dessa irremediável mistura, desse "mundo à revelia", como diz Zé Bebelo, muitas vezes é pelo avesso que se chega ao direito: "[...] no centro do sertão, o que é doideira às vezes pode ser a razão mais certa e de mais juízo!". E no plano da conduta, "querer o bem com demais força, de incerto jeito, pode já estar sendo se querendo o mal, por principiar". Em tal mundo, ser jagunço pode formar a base para ver melhor.

Recaindo no documento, observemos que o livro de Guimarães Rosa é meticulosamente plantado na realidade física, histórica e social do norte de Minas, que ele revelou à sensibilidade do leitor brasileiro como nova província, antes não elevada à categoria de objeto estético. Hoje, o mundo do São Francisco mineiro, dos campos gerais, dos chapadões e várzeas, existe na sensibilidade de todos e mostra a unidade do sertão brasileiro, irmanando a fisionomia social de zonas que imaginávamos separadas.

Decerto já não é mais visível por lá a realidade do jaguncismo, como a descreveu e transfigurou *Grande sertão: veredas*. Em todo o caso, é bastante recente para ser colhida de maneira quase direta pelo romancista. Os jovens de agora não supõem que, ainda há bem pouco, a umas duas ou três centenas de quilômetros das suas salas de aula, passavam-se coisas e movia-se gente como as que narra a literatura evocada nestas palestras. E acho que não cumpriria nelas a minha tarefa se, entrando um pouco no campo das recordações, não desse o meu próprio testemunho a respeito.

Na minha infância, no sudoeste de Minas, ainda vi pelo menos um bando de jagunços passar sob o comando desempenado de um coronel facínora, chefe de uma vila próxima, mandante de infinitas mortes, dono de uma fazenda fortificada e cheia de subterrâneos, cujo nome é hoje motivo de lendas. Vi também passar deitado numa escada, carregada por soldados ao modo de maca, recoberto por um lençol manchado de sangue, o corpo baleado de um jagunço adolescente, que matava para cumprir as ordens de outro coronel, seu padrinho, como compete ao afilhado obediente. Já não vi mais os tiroteios que vinte anos antes faziam da nossa cidade um centro famoso pela turbulência. Mas ainda vi jagunços de renome, empreiteiros de morte ou simples valentões guarda-costas, nas suas bestas arreadas, na flama dos seus pelegos de cor, dos seus bastos prateados e dos seus dentes de ouro. E que, no entanto, sorriam com bondade aos meninos e até os passeavam no santo-antônio, para depois morrerem com o corpo crivado de balas, nas tocaias da polícia ou dos adversários.

Noutra cidade, mais ao sul, fui contemporâneo de atrocidades cometidas por bandos armados, num município próximo, aproveitando as confusões de uma revolução para ajuste de contas entre políticos. E passei pelo menos uma noite esperando o assalto iminente que prometiam ao nosso, enquanto meu pai, só e desarmado, mas muito calmo, recusava sair de casa, apesar de visado. Afinal não vieram, e ele foi, a uma centena de quilômetros de distância, buscar para a defesa da cidade carabinas cedidas por um oficial cujo nome vem referido por Riobaldo, em *Grande sertão: veredas*.

Creio que esta minúscula experiência pessoal do fim do jaguncismo no sul de Minas, no decênio de 1920, talvez ajude os moços a sentirem o ritmo das mudanças em nosso tempo e o interesse com que falei do assunto.

(1966)

Nota — Agradeço a Paulo de Mello Carvalho a comunicação de relatos inéditos e velhos jornais de Cássia (MG), que mostrei aos estudantes durante o curso, ilustrando com a realidade os níveis da elaboração literária. Agradeço igualmente ao dr. Raul de Azevedo Barros, da mesma cidade e profundo conhecedor da história local, a oportunidade de consultar documentos e ler os raríssimos opúsculos de Antônio Celestino.

A dois séculos d'*O Uraguai*

> *Serás lido, Uraguai. Cubra os meus olhos*
> *Embora um dia a escura noite eterna.*
> *Tu vive e goza a luz serena e pura.*
>
> Canto V

I

No meio de tanta obra clássica de leitura penosa, *O Uraguai* se distingue pelo prazer que ainda causa, duzentos anos depois de publicado. A sua ação rápida, variada, pondo em cena personagens incisivos ou comoventes, embora sumários, desprende uma sedução que nos envolve pelas formas e os ritmos. Em pleno século XVIII, o seu verso melodioso transcende a experiência dos contemporâneos e anuncia as boas tonalidades de Gonçalves Dias.

Vale a pena relê-lo, portanto, como têm feito várias gerações, mas sem preconceito nem solenidade, incompatíveis com a sua beleza discreta. Basílio da Gama, apesar do que veremos a respeito das causas d'*O Uraguai*, nada tem de escritor oficial, esteticamente falando; nada de acadêmico e seguidor das regras. Acadêmicos podem ser Cláudio, Durão ou até Gonzaga. Ele e Silva Alvarenga, companheiro e amigo, de modo nenhum. Imagine-se pois que o poema é um romance de aventuras exóticas, só que narrado em verso, numa linguagem tornada ligeiramente inatual pela pátina do tempo, o que lhe dá o mesmo encanto dos velhos móveis e objetos. Romance de aventuras no qual índios empenachados de azul e ouro, de vermelho e preto, lutam com tropas coloniais fardadas de branco e vermelho, de amarelo e azul, num balanceio que fascina os olhos da imaginação e sugere ao espírito o balanceio de culturas e gêneros de vida. Basta fazermos um pequeno esforço de adaptação com o ouvido e nos habituarmos a algumas diferenças de vocabulário e sintaxe, e estaremos prontos para a história sempre atual dos povos de cultura diferente, que não se entendem e traduzem o desentendimento pelo conflito, que lesa os sentimentos individuais e a existência dos grupos.

2

Sabemos pouco da vida de José Basílio da Gama Vilas Boas, e a maioria do que sabemos é devida a um inimigo, o padre Lourenço Kaulen, autor da *Resposta apologética ao poema intitulado* O Uraguai, desagravo aliás muito justo da sua Ordem.

Nasceu em 1741 na então capitania das Minas Gerais, numa fazenda do arraial de São José do Rio das Mortes, hoje cidade de Tiradentes em homenagem a outro filho ilustre. O sobrenome Gama vinha do avô materno de sua mãe, oficial que militou na colônia do Sacramento. O pai, capitão-mor Manuel da Costa Vilas Boas, português, parece ter morrido cedo, deixando os seus em grande aperto. Segundo Varnhagen, um amigo da família materna e futuro personagem d'*O Uraguai*, o brigadeiro Alpoim, encaminhou e protegeu Basílio no Rio, onde estudava para jesuíta no Colégio da Ordem quando esta foi expulsa dos domínios portugueses, sendo os seus membros desnacionalizados e ficando livres de qualquer sanção os que se desligassem (1759). Se quisesse, o rapaz poderia ter ido completar a carreira noutro país: mas segundo Kaulen, preferiu continuar no Rio e voltar à vida civil para terminar os estudos num seminário (provavelmente o de São José), de onde teria sido expulso por causa de uma sátira. Se assim foi, há de ter sido por muito pouco tempo, pois em 1760 já estava em Roma com os antigos correligionários. Lá ficou até 1767 e foi admitido em 1763 à Arcádia Romana com o nome pastoral de Termindo Sipílio.

Como conseguiu isto um moço sem nome nem obra? É ponderável o que diz o padre Kaulen: os jesuítas, que o acolheram e protegeram, tê-lo-iam recomendado e eventualmente auxiliado a se habilitar. A este respeito, notemos duas circunstâncias, cujo relacionamento pode ser significativo. Primeira: existe um belo manuscrito inédito que pertenceu aos condes Della Staffa, depois ao diplomata Ari Pavão e hoje é propriedade do escritor e erudito Rubens Borba de Moraes: *Brasiliensis Aurifodinae* etc., poema didático em latim sobre a extração do ouro em Minas. Segunda: por aquele tempo morava em Roma o padre jesuíta José Rodrigues de Melo, antigo professor de Basílio no Rio e autor de um poema didático, também em latim e também sobre aspectos da economia brasileira (publicado em 1781); outros jesuítas tinham escrito na mesma língua poemas análogos, como Prudêncio do Amaral sobre o açúcar (composto no começo do século XVIII, publicado em 1780).

Ocorrem duas ideias: que o poema de Basílio talvez haja sido a justificativa da eleição à Arcádia ou uma prova ulterior de competência; e que pertença a uma atmosfera de inspiração jesuítica, não sendo desprezível a hipótese que José Rodrigues de Melo tenha, se não ajudado substancialmente, ao menos orientado o antigo aluno. Esta conjectura, que propus no meu livro *Formação da literatura brasileira*, foi admitida recentemente por Rubens Borba de Moraes, na inestimável *Bibliografia brasileira* do período colonial, o que a reforça singularmente. Mas há outras coisas.

Como a vida de Basílio é mal conhecida e ainda não se esclareceram problemas de autoria e data em relação a poemas que lhe são atribuídos, ficamos sem saber o que pensar de pelo menos um, composto durante a residência na Itália, a "Ode ao rei d. José", onde há versos que parecem ataque aos jesuítas. Seria isto um indício de que já estaria ideando contra eles um poema sobre a questão das Missões, como alegaria mais tarde? Talvez fossem deste tipo os motivos do conflito a que alude Kaulen, ao dizer que acabou brigado com eles por causa de uma sátira — a segunda a produzir tal consequência na sua vida. Ter-se-ia então retirado para Nápoles e de lá para o Rio, onde é certo que o encontramos em 1767.

São deste ano a "Ode ao conde da Cunha", o soneto à nau *Serpente* e outro, magistral, "A uma senhora" ("Já, Marfisa cruel, me não maltrata"), revelando que a estadia na Itália amadurecera o seu talento. *O Uraguai*, que brotará de repente dali a dois anos, é cheio de reminiscências dos poetas italianos, além de terminar com uma dedicatória que alude ao cumprimento de obrigação ou promessa a um Mireu, então recentemente falecido, que não é outro senão o próprio presidente da Arcádia Romana, Michele Giuseppe Morei, como averiguou Joaquim Norberto. Admito que também seja ele o "Velho honrado" que aparece num belo "Canto" ao marquês de Pombal (composto entre 1770 e 1777) e que Basílio diz tê-lo sagrado poeta "junto ao Tibre". Quereria dizer que era grato porque Morei lhe dera apoio, admitindo-o à Arcádia; ou, mais do que isto, porque o orientara intelectualmente? O fato é que este "Canto" e também a dedicatória final d'*O Uraguai* poderiam dar a ideia de que os mentores não foram apenas os jesuítas; e que seria verdadeira a alegação de que vinha remoendo a obra desde a Itália, se é que não a teria já esboçado. Isto explicaria a rapidez com que aparentemente foi concebido, redigido e publicado o poema (alguns meses). Explicaria, ainda, a sua composição defeituosa, a mistura de versos perecíveis com outros de beleza durável. Quem sabe surgiu de maneira dramática em 1768 um estímulo para utilizar e terminar o projeto em amadurecimento, por motivos urgentes de oportunidade?

Em 1768, com efeito, as autoridades do Rio mandaram Basílio preso para Lisboa, por causa de uma lei recente (de 28 de agosto de 1767) que estabelecia penalidades para as pessoas de algum modo ligadas aos jesuítas. Às que tinham mantido com eles comunicação pessoal, ou escrita, impunham-se oito anos de degredo para Angola, podendo a pena ser mais forte conforme o caso. O fato de ter vivido em Roma com os membros da Companhia, quem sabe prosseguindo os estudos clericais, deve tê-lo tornado mais suspeito, explicando a severidade com que o trataram pouco depois de chegar, quando foi preso e a seguir libertado com ordem de degredo perpétuo para aquela colônia. No entanto, livrou-se graças ao poema que fez sobre o casamento de uma filha do ministro conde de Oeiras, futuro marquês de Pombal, que arranjou o perdão e talvez tenha feito amizade com ele desde logo. Segundo Teófilo Braga, neste ano de 1768 já era amigo de Filinto Elísio e participou com uns sonetos satíricos na briga contra os próceres da Arcádia Lusitana.

Em 1769 foram publicados o dito poema, "Epitalâmio da Excelentíssima senhora dona Maria Amália" e *O Uraguai*, este, segundo Kaulen, por encomenda de Pombal e usando dados fornecidos por ele. O certo é que aproveita nas partes informativas, nas notas e nos juízos políticos o opúsculo antijesuítico *Relação abreviada da República que os religiosos jesuítas das províncias de Portugal e Espanha estabeleceram nos domínios ultramarinos das duas monarquias* etc., publicado em 1757 por ordem do ministro e reimpresso várias vezes, só ou incluído em outras obras. Nos seus aspectos mais ostensivos, o poema serve aos mesmos fins de propaganda que o panfleto, e isto sugere que, naquela altura, o poeta já estava identificado ao grupo de colaboradores do poderoso homem de Estado.

Em 1771 recebeu uma prova de consideração: a carta de nobreza, que lhe permitia complacentemente usar o brasão do descobridor do caminho da Índia, a cuja família se ligava de algum modo por um dos bisavós, o remoto oficial pai da mãe da mãe. Em 1772 publica a má adaptação da *Declamação trágica*, poema didático sobre a técnica da representação teatral, de autoria do francês Dorat, que andou por Lisboa naquele tempo.

Em 1774 é nomeado oficial da Secretaria do Reino, cargo de certa importância que ocupou até a morte. E um trecho das *Recordações* do comerciante e industrial franco-português Jácome Ratton prova que era pessoa de confiança:

> Admirava toda a gente que sendo o conde de Oeiras um homem de tanto juízo, acompanhasse quase sempre, nos seus passeios pela cidade, com [sic] pessoas de pouca instrução e talento, como era, por exemplo, o padre frei Manuel de Mendonça, Geral dos Bernardos; e notando eu isto a José Basílio, autor do poema *O Uraguai*, oficial da Secretaria, ele me tornou que o conde se servia daqueles indivíduos como de almofadas para seu encosto, que lhe não interrompiam as suas meditações sobre matérias de importância, de que quase sempre se achava ocupado o seu pensamento: e que ao mesmo tempo o livravam de importunos, durante as suas digressões; porque nunca o conde lhe ditava melhor as coisas do que nas noites precedidas dos passeios com o dito padre.

Este trecho precioso, por ser o único testemunho direto sobre a vida de Basílio na esfera oficial, mostra-o como colaborador de toda a hora e pessoa tão íntima, que a ele se dirigiam os que desejavam explicações sobre a conduta do ministro. E devia ser escritor cotado, pois frequentava a sociedade reunida em torno dos príncipes do Brasil (futuros d. Maria I e d. Pedro III), segundo testemunhos recolhidos indiretamente pelo marquês de Resende (que menciono conforme Caetano Beirão).

Pelo que sabemos, o valimento continuou até a queda de Pombal, em 1777. Nessa altura, os incensadores de véspera, inclusive os poetas, se desencadearam contra o estadista em desgraça, mas Basílio teve a decência de não participar da famosa "Viradeira" e permanecer fiel ao protetor, em cuja defesa escreveu pelo menos dois sonetos, que, embora tenham ficado inéditos, podem ter corrido manuscritos, como era uso. A tradição da família Pombal reconheceu a firmeza dos seus sentimentos, pois em 1862 o quarto marquês disse ao visconde de Nogueira da Gama que Basílio tinha sido um "grande amigo" de seu bisavô, como se lê num documento coligido por Joaquim Norberto e aproveitado por José Veríssimo na sua edição.

Antes ou depois da "Viradeira", traduzira uma peça de Voltaire, *Maomé ou o fanatismo*, de que há notícia numa delação contra Filinto Elísio em 1779, referida por Teófilo Braga. Mas não consta que tenha sido prejudicado pela mudança de governo, como aliás não foram pombalinos muito mais importantes, haja vista o ministro Martinho de Melo e Castro. Ao contrário, informações (é verdade que pouco seguras) do marquês de Resende mostram-no, em 1779 e primeiros anos do decênio seguinte, frequentando recepções da nobreza e mesmo do Palácio Real, em companhia de Gonzaga, Sousa Caldas, Durão e outros.

Dali em diante pouca coisa escreveu, ao menos de que se tenha conhecimento. Em 1791 publicou o poema *Quitúbia*, sobre os feitos de um chefe africano em guerrilhas coloniais, obra péssima, mas que revela a constância de seu interesse pela situação cultural e política dos povos primitivos colonizados. No mesmo sentido deve ser interpretado o soneto em louvor a Túpac Amaru, composto provavelmente pela altura de 1780, ano em que se levantou contra os espanhóis esse malogrado revoltoso peruano, pretenso descendente dos incas.

Tendo recebido algumas honrarias, normais para funcionário do seu nível, como o título de escudeiro da Casa Real em 1787 e, em 1790, a condecoração de São Tiago, foi eleito sócio correspondente da Academia das Ciências em 1795, ano em que morreu, aos 54 anos completos ou por completar.

3

O assunto d'*O Uraguai* é a luta da tropa aliada, espanhola e portuguesa, contra os índios aldeados nas missões jesuíticas do atual Rio Grande do Sul, que recusavam acatar as decisões do Tratado de Madri (1750). Este determinara uma troca de territórios: os portugueses sairiam da colônia do Sacramento, hoje parte da República do Uruguai, cedendo-a aos espanhóis a troco da área ocupada por aquelas missões, chamadas os Sete Povos, na margem leste do rio Uruguai. Os aldeados, não querendo tornar-se súditos portugueses e com certeza inspirados por jesuítas, pediram prazo para mudar. Não tendo mudado, as duas potências entraram em acordo para os desalojar à força, começando as operações em 1754. Como pode acontecer em guerras coloniais, o desespero dos nativos conseguiu por algum tempo ameaçar a supremacia do invasor; a primeira campanha não deu resultado e foi preciso uma segunda, em 1756, que é a descrita no poema. Os índios foram desbaratados, as aldeias foram tomadas com destruição e morticínio, mas sem êxito definitivo. Gomes Freire de Andrada, governador do Rio e Minas, comissário da demarcação do lado português, achou perigoso largar a colônia do Sacramento por uma região tão irrequieta e se retirou, levando milhares de aldeados consigo e deixando as reduções feridas, mas não extintas. No povo, ficou um traumatismo expresso pela exaltação lendária do cacique José Tiaraiú (o Cepé d'*O Uraguai*), transformado em São Sepé, cantado num romance popular colhido por Simões Lopes Neto, recentemente transformado por Erico Verissimo em personagem de *O tempo e o vento*.

As missões do Rio Grande só foram incorporadas definitivamente aos domínios portugueses em 1801. Mais tarde, em 1828, o que delas restava foi arrasado pelo caudilho uruguaio Frutuoso Rivera. Onze anos antes, a mesma selvageria fora cometida pelos brasileiros, sob o comando do general Chagas Santos, contra as missões da Argentina, que não entram no poema (e se situavam, é claro, na margem oeste do rio Uruguai).

Basílio hipertrofia um acontecimento militar de pouco relevo, que, apesar do trabalho que deve ter dado, pela distância, a falta de comunicações e abastecimentos, dificilmente constituiria matéria épica. No tempo em que se desenrolaram os fatos descritos, ele era ou ia ser aluno e noviço dos jesuítas no Rio: além disso, era amigo da família do brigadeiro Alpoim, que participou da campanha junto com dois filhos. Assim, teria podido informar-se de ambos os lados e estabelecer o seu juízo. Embora publicasse o poema por interesse, para ganhar a boa vontade de Pombal, já vimos ser possível que o viesse ruminando e mesmo esboçando. Seja como for, a circunstância de ter esposado os aspectos mais crus da propaganda antijesuítica, depois de ter sido quase jesuíta ele próprio, tem feito muita gente, além do padre Kaulen, acusá-lo de ingratidão e falta de caráter.

Embora isto nada tenha a ver com a qualidade da obra, lembremos que em verdade até hoje não há opinião firmada sobre o caso das missões e, em geral, da ação dos jesuítas na política do tempo. Sabe-se que eles criaram lá uma ordem paternalista e igualitária, que permitia manter os índios em tutela e estabelecer um regime de produção que garantia a vida econômica das comunidades. Situação, de qualquer forma, bem melhor para estas do que a exploração desalmada, predatória e arrasadora dos colonos espanhóis e portugueses.

No entanto, este estado de coisas representava limitação à soberania dos dois países e aparente inclusão de um império dentro do império, coisa inviável econômica e politicamente. Além do mais, os jesuítas, com a sua tendência a influir nos príncipes e poderosos através da instrução e da cura das almas, tinham-se tornado antipáticos tanto aos estadistas do absolutismo ilustrado quanto aos intelectuais partidários das ideias novas. Em consequência, houve contra eles no século XVIII um movimento que sem dúvida representava posição renovadora, embora as convicções sinceras (de um Verney, por exemplo) se misturassem a baixos interesses políticos e econômicos. Do lado dos inacianos das missões a situação era ambígua e difícil, pois estavam dilacerados entre a política da sua ordem, a obediência aos reis e o interesse pelos pobres aldeados. Veja-se uma tentativa comovente de analisar o problema na peça *Assim na terra como no céu*, de Fritz Hochwälder.

O Uraguai pertence a esse momento complexo e, como é o caso no aceso da polêmica, assume posição injusta. Mas é preciso ver mais coisa na sua estrutura, distinguindo além do ataque ao jesuíta a defesa do pombalismo e o encantamento plástico pelas formas do mundo americano, inclusive a simpatia pelo índio. Estas e outras camadas se cruzam e recruzam em torno do argumento propriamente dito, centralizado pela figura do herói, Gomes Freire de Andrada, o melhor governante do Brasil no período colonial, que como prêmio da sua atuação nos negócios e lutas do Sul recebeu o título de conde de Bobadela.

O Canto I descreve a junção das tropas aliadas; Gomes Freire conta ao colega espanhol a renitência dos padres e a campanha anterior, em que fora obrigado a retirar pela enchente do rio. São bonitos os trechos sobre o desfile dos batalhões e o mundo coberto de água.

No Canto II o exército avança e, ao aproximar-se do inimigo, dois caciques, Cepé e Cacambo, procuram Gomes Freire como embaixadores. No belo diálogo, as duas partes expõem as suas razões e nós sentimos a tristeza do choque de culturas e interesses. Trava-se o combate, cujo movimento é admirável, terminando com a derrota e retirada dos índios.

No Canto III, Cacambo, inspirado por um sonho, ateia fogo à vegetação ressequida em volta do acampamento aliado e foge para a sua aldeia, onde o padre Balda (que existiu, mas foi desfigurado pelo poeta) o faz prender e matar, a fim de poder dar ao filho sacrílego, Baldeta, a sua posição e a sua esposa, Lindoia. Por artes de uma nigromante, esta tem uma visão do terremoto de Lisboa, maquinações dos jesuítas e expulsão da sua Ordem, ficando assim vingado o marido.

No Canto IV (o mais belo), as tropas avançam por uma região alta e nevoenta, iluminada de repente pelo sol, enquanto na aldeia os índios se dispõem em formação vistosa para o casamento de Baldeta e Lindoia. Mas esta vai a um bosque próximo e se deixa picar por uma cobra venenosa, no episódio mais famoso e citado do poema. Entrementes se anuncia a chegada dos brancos e todos fogem, mandando os padres incendiar antes as casas e a igreja, onde Gomes Freire entra consternado.

O Canto V é o pior de todos e visivelmente acabado às pressas, tendo como assunto principal a pintura alegórica no teto da igreja, alusiva ao domínio universal da Companhia e os seus alegados crimes e prepotências. A seguir Gomes Freire vai surpreender o inimigo na aldeia seguinte; há uma breve cena burlesca em torno do irmão Patusca e o poema termina abruptamente com uma peroração admirável, que redime a frouxidão de estrutura, assunto e linguagem do último canto.

Embora tenha dado a *O Uraguai* uns disfarces de epopeia, quase tudo o afasta do gênero: o assunto, reduzido e atual, quebrando a norma da distância épica; o tamanho pequeno, incompatível com as regras; a presença da sátira e do burlesco, que são a própria negação destas e aproximariam a obra do poema herói-cômico, isto é, a antiepopeia deliberada.

Será então um poema narrativo de assunto entre épico e político, banhado por um lirismo terno ou heroico que permite ver com simpatia a vida do índio brasileiro. Assim, Basílio forjou um instrumento novo, adaptado ao assunto contemporâneo, de natureza um pouco jornalística, denotando uma modernidade que assegurou a sua duração, enquanto um poema convencional e pesado como o *Caramuru* só agrada aos especialistas de história literária. A sua sorte foi ter de compor rapidamente e não possuir fôlego épico, escapando, assim, ao jugo ainda então pesado de certas regras da *Poética*. E a sua sabedoria foi relegar para as notas o máximo possível do material prosaico de informação e polêmica.

No corpo do poema, soube equilibrar os detalhes históricos e a elaboração ficcional. De fato, manteve o essencial da matéria informativa como garantia documentária e elemento de ligação; mas em tudo o que é poeticamente decisivo, submeteu-a a um processo de descaracterização criadora, misturando personagens reais e fictícios, suprimindo sistematicamente os topônimos, fundindo acontecimentos, mudando o significado dos fatos e das ações. Em consequência, o concreto real passa para segundo plano, embora permaneça como *data* virtual do poema, enquanto sobressai o concreto poético; e assim o caráter contingente da obra de circunstância foi superado pela durabilidade dos produtos imaginários.

Alguns exemplos. Na realidade, como narra o poema, Cepé foi morto num entrevero pelo governador de Montevidéu José Joaquim de Viana (antepassado do escritor uruguaio Javier de Viana). Dias depois (10 de fevereiro de 1756) ocorreu a *batalha* de Caibaté, onde foi derrotado outro famoso cacique, Nicolau Languiru, ou Nheenguiru, e praticamente liquidada a resistência organizada dos índios. Ora, no Canto II Basílio fundiu as duas ações e os dois chefes, de modo não apenas a concentrar o interesse, mas a poder substituir um dos caciques por um personagem semifictício, Cacambo, que absorveu a função histórica dos outros dois e empurrou Cepé para o segundo plano. Cacambo existiu, mas não teve relevo algum, e o que sabemos dele, através de Lourenço Kaulen, é que foi preso pelos companheiros sob acusação de conluio com os portugueses. Ao contrário do que se lê no poema, quem o salvou da morte foi o padre Balda, cujo papel no caso é invertido pelo poeta.

Ora, justamente a falta de relevo de Cacambo permitiu o enxerto, na sua vaga forma, do índio-homem natural, bondoso e puro, que Basílio necessitava como paradigma no primeiro plano da ação, e a quem deu como complemento a inventada Lindoia, compondo assim o foco de maior interesse.

Outro exemplo é, no Canto IV, o morro que o poeta usa como uma espécie de mirante, para ver o mundo segundo um ritmo de impressões sensoriais que analisaremos daqui a pouco. Na verdade, trata-se do Monte Grande, o maior obstáculo para chegar ao âmago das reduções jesuíticas, galgado mediante um esforço considerável de engenharia militar, que foi dos poucos feitos realmente importantes da campanha, devendo pois figurar no poema laudatório. No entanto, Basílio descaracterizou-o como episódio decisivo de estratégia, para sublimá-lo como momento poético inominado.

Estes exemplos mostram de que maneira penetrava intuitivamente no que havia de mais *rendoso* na sua matéria, e a este respeito vale a pena mencionar a opção que o fez escolher, entre os caudilhos da tragédia das missões, José Tiaraiú (Cepé) em lugar de Nicolau Nheenguiru. No ano de 1769 este apresentava todos os elementos para chamar a atenção de um homem culto: fora o comandante-geral dos índios resistentes, dirigindo nesta qualidade a batalha suprema; mais ainda, tinha certa notoriedade na Europa, pois havia sido transformado, com base nalgum equívoco inicial, no lendário Nicolau I, rei do Paraguai e imperador dos mamelucos (isto é, de São Paulo). Em 1757 saíra o péssimo romance *Histoire de Nicolas I*, fabricação ordinária de um anônimo, contando patranhas que nada tinham a ver com o pobre Nheenguiru, mas que deram ao seu nome um halo de notoriedade. Entretanto, movido pelo discernimento poético, Basílio preferiu o mais obscuro Sepé (ou Cepé, como escreve), que fora subordinado do outro, mas ia caminhando surdamente na imaginação popular rumo à canonização espontânea, à glória dos *romances*, a uma existência mitológica que chegou aos nossos dias.

4

Tudo indica, portanto, um encontro peculiar do poeta com o assunto, levando a um deslocamento de foco. Havia um general português a celebrar, havia os jesuítas a denegrir; e havia um elemento que servia de pretexto, o índio. Foi este que acabou vindo a primeiro plano e salvando o poema.

Mostrá-lo como vítima dos padres seria normal e aumentaria o efeito da polêmica; o poeta não deixa de fazer isto. Mas vai adiante e o mostra como vítima de uma situação mais complexa, na qual os intuitos declarados viram do avesso, na medida em que o militar invasor acaba se equiparando virtualmente ao jesuíta como agente de perturbação da ordem natural.

Se lermos *O Uraguai* de acordo com aqueles intuitos, ele será principalmente uma verrina antijesuítica, na qual o herói, Gomes Freire, não passa de pretexto. Foi assim que o poeta apresentou a sua obra, foi assim que apareceu ao público. Ainda assim foi tomada pelos jesuítas, que contra-atacaram mormente na *Resposta apologética*; mais tarde, foi assim que a encararam Capistrano de Abreu e outros na sua trilha. Mesmo José Veríssimo, que a defende, é assim que a considera. Em suma, todos se colocaram numa posição estritamente partidária e focalizaram o seu aspecto mais contingente.

Mas se utilizarmos este modo de ver para analisar a estrutura, veremos que ele funciona como um eixo excêntrico e faz o poema desconjuntar-se aos solavancos, pois as partes principais seriam o material em prosa ou os trechos poeticamente piores, o que é um contrassenso. A análise adequada mostra de fato que o material da polêmica antijesuítica é sempre esteticamente ruim, tendendo a adquirir significado periférico. Ora surge em intercalações sem poesia nem grandeza, quando não são as tolas palhaçadas do irmão Patusca; ora se separa do corpo narrativo para formar notas em prosa, onde se concentra o chumbo grosso, tirado das publicações pombalinas; afinal é o mau Canto V, verdadeira extensão das notas, colocado estruturalmente do lado de fora. Seja isto devido ou não à falta de convicção profunda e à frialdade do trabalho de encomenda, o certo é que o senso poético fez Basílio constrangido com o que não acendesse a sua imaginação.

Portanto, se encararmos o poema objetivamente, e não como ilustração de um desígnio externo, a polêmica antijesuítica fica secundária e surge um outro eixo, que funciona como princípio estrutural: o mencionado encontro de culturas, definido no Canto II pelo debate entre Gomes Freire e os dois caciques, Cepé e Cacambo.

São estes que falam com a razão natural e mesmo a razão pura e simples, enquanto aquele (apesar da dignidade compassiva de que é revestido pelo poeta) argumenta com as conveniências da razão de Estado. A posição dos índios resulta mais forte, mesmo logicamente, significando talvez que no fundo o poeta estava menos interessado no invasor e no padre que na ordem natural do mundo americano, verdadeiro modelo da ordem racional para os *ilustrados* do século XVIII. Não tendo a forte convicção religiosa nem a rígida visão histórica de Durão, Basílio se deixou envolver liricamente pela beleza plástica e o destino melancólico dos guaranis missioneiros, suspirando com o valente Cacambo:

[...] Ah! não debalde
Estendeu entre nós a natureza
Todo esse plano espaço imenso de águas.

Uma escarpa, um deserto, montanhas inacessíveis, mas sobretudo o mar, sempre foram obstáculos utilizados pelos autores de utopias para subtrair os seus mundos perfeitos à brutalidade da História. Quem os transpõe fere de morte a ordem ideal, como teriam feito os jesuítas mas, sobretudo, os soldados portugueses e espanhóis (paradoxalmente numa verrina antijesuítica, a ordem do índio parece ter permanecido sob o alegado engodo dos padres, no qual tanto insiste o poeta). E há uma nota de maior força nos argumentos dos caciques do que nos de Gomes Freire:

> [...] o vosso mundo
> Se nele um resto houver de humanidade,
> Julgará entre nós; se defendemos
> Tu a injustiça, e nós o Deus e a Pátria.

O Uraguai é belo e mal composto. Uma obra pode ter mais de um eixo de ordenação e frequentemente extrair disso a sua riqueza. Mas neste caso a dualidade, mesmo que tenha sido deliberada, foi nociva, resultando um poema cuja harmonia é perturbada pela má integração do material, a hesitação dos propósitos e, portanto, a falta de coerência. Noutras palavras, a possibilidade de duas leituras nada tem de mau em si, pois é frequentemente, no plano da estrutura, manifestação da polivalência da expressão literária. É, todavia, negativa quando representa desconexão e uma leitura atrapalha a outra, como pode acontecer n'*O Uraguai*.

Por isso, a que permite uma visão mais de acordo com os melhores momentos do poema é, conforme foi sugerido, a que desloca o eixo da verrina para o encontro de culturas, base da civilização brasileira, que seria elaborado no *Caramuru* com maior amplitude, mas com menos graça, tornando os dois poemas momentos importantes na tomada de consciência do Brasil pela literatura e lançando as bases do indianismo. Basílio da Gama, mais dramático e menos convencional, veria no processo principalmente os elementos de choque; Durão, compreensivo e conciliador, a acomodação das raças e dos costumes.

Este princípio estrutural se manifesta não apenas na formulação das ideias e na fisionomia geral do poema, mas em certas constantes da composição, como a técnica de contraponto. Os oficiais se opõem aos caciques; os pelotões fardados de azul e amarelo se opõem aos guerreiros guaranis, enfeitados de penas amarelas e azuis; ao uniforme vermelho dos granadeiros responde a plumagem rubra dos tapes de Caitetu; os cavaleiros de Tatu-Guaçu, cobertos de "peles de monstros os seguros peitos", ecoam os "fortes dragões de duros peitos", comandados por Almeida; o "tropel dos magnânimos cavalos", no passo cadenciado dos esquadrões, se desmancha do outro lado no "tropel confuso de cavalaria"; se de uma parte "se eleva aos céus a curva e grave bomba", de outra as setas "arrebatam/ Ao verde papagaio o curvo bico,/ Voando pelo ar". Assim, através de todo o poema, o contraponto passa do nível dos princípios ao dos antagonismos, e deste ao pormenor dos atos e das coisas.

O sentimento da beleza deve ter influenciado a posição de Basílio da Gama, que intuiu no mundo indígena uma riqueza de formas, uma novidade de aspectos que o levaram a preferi-lo às pompas habituais do mundo civilizado ou à secura monocrômica do jesuíta. *O Uraguai* é um poema onde o que mais prende a atenção é um jogo de linhas, ritmos e matizes, com uma gratuidade brilhante que empurra para segundo plano certas discursividades da argumentação. Como nos quadros bem pintados, tudo nele é cor, volume, movimento virtual, antes de ser soldado ou índio, ribeiro ou morro.

É significativo a este respeito o fato (já mencionado) de não haver no corpo do poema nomes de lugares nem de acidentes (que abundarão de maneira indiscreta no *Quitúbia*); mas, topograficamente vagos, "o campo armado", um "arrebatado e caudaloso rio", "uma larga/ Ventajosa colina", "a doce pátria", uma "escalvada montanha" e assim por diante. O sertão gaúcho das missões é dissolvido na imprecisão e pode mais facilmente tornar-se espaço poético arbitrário, encarnando quase simbolicamente os quatro elementos do mundo, matéria predileta da imaginação de Basílio, ao lado da cor e do movimento que são seus atributos. Sob certos aspectos, *O Uraguai* é uma tessitura da terra, água, fogo e ar.

O elemento sólido é aparente no peso estático das imagens e descrições que amarram a nossa imaginação a vários morros, um dos quais "a terra oprime"; às baixadas cobertas de capim e taquara seca; às encostas verdes de bucólica; ao bosque cerrado e escuro onde morre Lindoia. São ainda mais evidentes as que provêm do sentimento da água, movendo o mundo a cada instante, na enchente que eleva aos galhos o acampamento português; nos rios grossos que se opõem ao branco e, "dando um jeito à urna", acolhem paternalmente o índio autóctone; nos olhos d'água da serra; nas lagoas encaniçadas da planície.

O movimento se acentua e sutiliza com o fogo, que é o instrumento de Cacambo contra o acampamento, vingando o efeito daquele que as granadas espalham; arma dos padres para talar aldeias e dar um cunho de auto de fé ao suplício da velha Tanajura; recurso dos agricultores para fertilizar; matéria de sonho, quer no brandão punitivo de Cepé, quer na cólera do céu contra Lisboa.

Desprendendo-se da aparência, a imaginação fica imponderável e ascensional com o ar, que no poema pode ser a zona onde as nuvens escondem ou revelam a face das coisas; a levitação contida nas excursões do olhar, que descortina o horizonte; a "região do vento", onde moram os "leves passarinhos"; o lugar ideal da inspiração, "espaço azul, onde não chega o raio"; ou, mais simplesmente, aquele onde se arqueiam as balas calculadas por Alpoim e as setas que obedecem à mera intuição. Misturados, combinados, os quatro elementos estão por toda a parte, embora o poeta manifeste preferência pela água e o fogo, princípios purificadores nos quais se irmanam contraditoriamente a ternura melancólica e as paixões abrasadoras que movem o poema.

É preciso não esquecer que este começa pela água e de certo modo acaba pelo fogo (se considerarmos que o importuno Canto V é uma espécie de apêndice): água da enchente que detém Gomes Freire na primeira expedição; fogo com que os jesuítas procuram detê-lo, na segunda.

A presença dos quatro elementos denota um fascínio pelas formas naturais, pela realidade exterior do mundo, que é recomposto como sistema de percepções no verso de Basílio. Por exemplo, um trecho do Canto IV, que vai do verso 22 ("Pisaram finalmente os altos riscos") ao verso 109 ("Peles de monstros os seguros peitos").[1]

Estamos no prelúdio dos fatos decisivos, que serão a queda das aldeias missioneiras e a morte de Lindoia. O trecho é construído em torno das impressões sensoriais, que não apenas constituem a percepção do mundo, mas são o elemento estético que determina a estrutura ao se tornar elemento de composição. Tais percepções são visuais e estabelecem uma sequência onde o poeta deixa insensivelmente a tropa portuguesa, chegada ao alto da montanha e, como observador ideal, segue com os versos o rumo do olhar, à maneira de uma filmagem panorâmica, até chegar ao outro lado, a aldeia guarani, onde assistimos à parada em honra do casamento de Lindoia com o ridículo Baldeta.

Lendo o trecho com atenção, verificamos que a sua estrutura é constituída por uma sucessão de quatro movimentos, ou quatro ondas de impressões visuais, cada qual mais ampla que a anterior, formando pulsações sempre mais carregadas de colorido, a partir da ausência inicial de cor.

Quatro versos (de "Pisaram finalmente" a "não perturba o vento") formam a primeira pulsação, que registra a chegada ao alto do morro e assinala a grande altura deste, transformando-o num posto ideal de observação. A segunda pulsação

[1] Transcrito em apêndice a este estudo.

abrange sete versos (mais ou menos o dobro da primeira), que descrevem um mundo cinzento, anterior às revelações da luz, coberto pela

[...] tarda e fria névoa, escura e densa,

verso que termina o segmento. Bruscamente o sol rompe e cria as cores naturais, desvendando o mundo numa sequência ampla de matizes atenuados, que se harmonizam com o cinza anterior:

Mas quando o sol de lá do eterno e fixo
Purpúreo encosto do dourado assento,
Co'a a criadora mão desfaz, e corre
O véu cinzento de ondeadas nuvens,
Que alegre cena para os olhos! [...]

A designação dos coloridos não é feita; são descritos os aspectos da paisagem vista do alto da montanha, em notações como "longas campinas", "engraçados outeiros", "fundos vales", "arvoredos copados e confusos", que pressupõem uma gama de tonalidades e são pintados bruscamente pela cor, quando esta explode numa imagem de síntese (grifo meu):

Verde teatro, onde se admira
Quanto produziu a supérflua natureza.

Por isso, quando lemos:

[...] longas campinas retalhadas
De trêmulos ribeiros, claras fontes
E lagos cristalinos, onde molha
As leves asas o lascivo vento.

imediatamente enxergamos o verde cortado de tons prateados que o poeta nos quer sugerir. Apenas uma cor mais quente no ocre das lavouras que assinalam o trabalho:

> A terra sofredora de cultura
> Mostra o rasgado seio [...].

Mas a vista flutua no espaço, continua a avançar no panorama revelado pelo sol e bate em manchas claras — primeiro o gado, depois as casas da aldeia. Acaba aí o terceiro segmento, que tem 22 versos, isto é, três vezes o anterior, e começa o quarto, formado pela pulsação mais ampla, de 55 versos, a começar de:

> Ajuntavam-se os índios entretanto
> No lugar mais vizinho [...].

Numa mudança de posição preparada imperceptivelmente pelo caminhar da vista, que foi trazendo consigo o observador, ao qual nos identificamos, deixamos as tropas aliadas que contemplam o mundo missioneiro e vamos cair no meio deste, na praça central da aldeia; e nos identificamos de tal modo aos guaranis que aí estão, que, mais tarde, quando Gomes Freire chegar com a tropa, seremos assaltados pela mesma surpresa que eles. As ondas de amplitude crescente nos puseram no próprio movimento da quarta pulsação, no torvelinho do desfile e seu gritante jogo de cores, que turbilhonam na descrição das plumas, tintas, ornatos, animais, graças à maestria do verso. Estamos organicamente integrados no movimento dos bandos descritos que não olhamos mais de longe, e sim na proximidade absoluta a que nos trouxe o movimento da parábola visual.

Trata-se, pois, de uma construção feita pela fusão da cor e do movimento. Pode-se mesmo dizer que a cor é a lei do movimento, gerado pela sua modulação; mas que o movimento, por sua vez, revela a cor, ao associá-la, em crescendo, do cinza neutro à explosão de vermelhos, azuis, amarelos, verdes, passando pela tonalidade fria das paisagens vistas de longe.

Se decompusermos o todo na singularidade de cada verso, ou sequência de versos, constataremos que também estes são plásticos, graças a valores sutis de vogais e consoantes ou, ainda, à combinação de uma maioria de versos com cesura mais ou menos fixa a outros de cesura variável. Daí a diversidade e a fluidez desse verso solto que podemos quase ver, como se fosse um arabesco, ao mesmo tempo que ouvimos a sua musicalidade contida. O jogo dos enjambements, que por vezes se sucedem imediatamente, formando sequências longas, e da pontuação que represa o fluxo sonoro para deixá-lo espraiar-se adiante mantém o espírito num movimento continuado e o faz esposar as formas do mundo. Tais recursos produzem os arabescos referidos, como nesta pequena unidade formada por quatro versos e meio, que podemos reordenar irregularmente assim:

> A terra sofredora de cultura mostra o rasgado seio,
> E as várias plantas
> Dando as mãos entre si
> Tecem compridas ruas,
> Por onde a vista saudosa se estende e perde.

Quando as tropas de Caitetu são descritas, é como se em lugar de decassílabos fossem três versos irregulares de dez, onze e catorze, cortados de repente por um curto, de seis:

> Não muito fortes são os que ele conduz,
> Mas são tão dextros no exercício da frecha,
> Que arrebatam ao verde papagaio o curvo bico,
> Voando pelo ar.

Note-se aqui um belo efeito consonantal, o que aliás é frequente no poema, denotando relação íntima entre o significado e a sonoridade: a ação dos frecheiros, evidenciada pelo encurvamento sugerido no sintagma "curvo bico" e no verbo "voar", que evocam a curvatura do arco, o voo da ave e a trajetória da seta, com apoio de tudo no fonema "v". Em disposição normal:

> [...] que arrebatam
> Ao verde papagaio o curvo bico,
> Voando pelo ar.

Basílio da Gama é chamado várias vezes "papagaio do Brasil" pelo indignado Lourenço Kaulen, para dizer que é um mentiroso tagarela, repetidor maquinal dos ditames de Sebastião José de Carvalho. Aceitemos a ofensa, que é um modo europeu de caçoar desse caipira irrequieto do Rio das Mortes; mas não pensemos em psitacismo, e sim na capacidade de adaptação e na plumagem brilhante do nosso irmão pássaro. Assim, a imagem agressiva se transforma em símbolo propício, através do qual sentimos certas qualidades do poeta, grande artífice que percebeu o diálogo das culturas, do ângulo americano. Por isso identificou-se à realidade física da terra e do índio; e indo muito além dos intuitos ostensivos da campanha antijesuítica, transformou-os em significados capazes de levar à mentalidade dos homens cultos da Europa o peso específico do mundo natural, estraçalhado pela ambição colonizadora.

(1966)

O URAGUAI, CANTO IV, VERSOS 22-109

(Para facilitar o relacionamento com a análise, vão aqui separadas por números as quatro divisões feitas.)

1. (quatro versos)
Pisaram finalmente os altos riscos
De escalvada montanha, que os infernos
Co'o peso oprime e a testa altiva esconde
Na região, que não perturba o vento.

2. (sete versos)
5   Qual vê quem foge à terra pouco a pouco
Ir crescendo o horizonte, que se encurva,
Até que com os céus o mar confina,
Nem tem à vista mais que o ar e as ondas:
Assim quem olha do escarpado cume
10 Não vê mais do que o céu, que o mais lhe encobre
A tarda e fria névoa, escura e densa.

3. (22 versos)
Mas quando o sol de lá do eterno e fixo
Purpúreo encosto do dourado assento,
Co'a criadora mão desfaz, e corre
15 O véu cinzento de ondeadas nuvens,
Que alegre cena para os olhos! Podem
Daquela altura, por espaço imenso,
Ver as longas campinas retalhadas
De trêmulos ribeiros, claras fontes,
20 E lagos cristalinos, onde molha
As leves asas o lascivo vento.
Engraçados outeiros, fundos vales,

E arvoredos copados e confusos,
Verde teatro, onde se admira quanto
25 Produziu a supérflua natureza.
A terra sofredora de cultura
Mostra o rasgado seio; e as várias plantas,
Dando as mãos entre si, tecem compridas
Ruas, por onde a vista saudosa
30 Se estende e perde. O vagaroso gado
Mal se move no campo, e se divisam
Por entre as sombras da verdura, ao longe,
As casas branquejando e os altos templos.

    4. (55 versos)
Ajuntavam-se os índios entretanto
35 No lugar mais vizinho, onde o bom Padre
Queria dar Lindoia por esposa
Ao seu Baldeta, e segurar-lhe o posto
E a régia autoridade de Cacambo.
Estão patentes as douradas portas
40 Do grande templo, e na vizinha praça
Se vão dispondo de uma, e de outra banda
As vistosas esquadras diferentes.
Co'a chata frente de urucu tingida,
Vinha o índio Cobé disforme e feio,
45 Que sustenta na mão pesada maça
Com que abate no campo os inimigos
Como abate a seara o rijo vento.
Traz consigo os selvagens da montanha,
Que comem os seus mortos; nem consentem
50 Que jamais lhes esconda a dura terra
No seu avaro seio e frio corpo
Do doce pai, ou suspirado amigo.
Foi o segundo, que de si fez mostra,
O mancebo Pindó, que sucedera
55 A Cepé no lugar: inda em memória

Do não vingado irmão, que tanto amava,
Leva negros penachos na cabeça.
São vermelhas as outras penas todas,
Cor que Cepé usara sempre em guerra.
60 Vão com ele os seus tapes, que se afrontam,
E que têm por injúria morrer velhos.
Segue-se Caitetu de régio sangue,
E de Lindoia irmão. Não muito fortes
São os que ele conduz; mas são tão destros
65 No exercício da frecha, que arrebatam
Ao verde papagaio o curvo bico
Voando pelo ar. Nem dos seus tiros
O peixe prateado está seguro
No fundo do ribeiro. Vinham logo
70 Alegres guaranis de amável gesto.
Esta foi de Cacambo a esquadra antiga.
Penas de cor do céu trazem vestidas,
Com cintas amarelas: e Baldeta
Desvanecido a bela esquadra ordena
75 No seu Jardim: até o meio a lança
Pintada de vermelho, e a testa, e o corpo
Todo coberto de amarelas plumas.
Pendente a rica espada de Cacambo;
E pelos peitos ao través lançada
80 Por cima do ombro esquerdo a verde faixa,
De donde ao lado oposto a aljava desce.
Num cavalo da cor da noite escura
Entrou na grande praça derradeiro
Tatu-Guaçu feroz, e vem guiando
85 Tropel confuso de cavalaria,
Que combate desordenadamente.
Trazem lanças nas mãos, e lhes defendem
Peles de monstros os seguros peitos.

(Edição fac-similar da Academia Brasileira de Letras)

APOIO BIBLIOGRÁFICO

AMARAL, Prudêncio; MELO, José Rodrigues de. *Geórgicas brasileiras: Cantos sobre as coisas rústicas do Brasil.* Versão em linguagem de João Gualberto Ferreira dos Santos Reis. Biografias e notas de Regina Pirajá da Silva. Rio de Janeiro: Academia Brasileira de Letras, 1941.

BEIRÃO, Caetano. *D. Maria I, 1777-1792.* Subsídios para a revisão da história do seu reinado. 3. ed. Lisboa: Empresa Nacional de Publicidade, 1944.

BRAGA, Teófilo. *Filinto Elísio e os dissidentes da Arcádia.* Porto: Lello & Irmão, 1901.

CANDIDO, Antonio. *Formação da literatura brasileira: Momentos decisivos.* 2 v. 3. ed. São Paulo: Martins, 1969, v. 1.

GAMA, José Basílio da. *O Uraguai.* Edição fac-similar. Intr. de Afrânio Peixoto, notas de Rodolfo Garcia e Osvaldo Braga. Rio de Janeiro: Academia Brasileira de Letras, 1941.

_____. *Obras poéticas de José Basílio da Gama.* Precedidas de uma biografia crítica e estudo literário do poeta por José Veríssimo. Rio de Janeiro; Paris: Garnier, [1920].

HISTOIRE de Nicolas I, Roy du Paraguai, et Empereur des Mamelus, A Saint Paul, 1756. Ed. fac-similar, anotações de Rubens Borba de Moraes e Augusto Meyer. Rio de Janeiro: Zélio Valverde, 1944.

KAULEN, Lourenço. *Reposta* [sic] *apologética ao poema intitulado* "O Uraguai". Lugano: [S.l.], 1786.

LIMA, Henrique de Campos Ferreira. "José Basílio da Gama, alguns novos subsídios para a sua biografia", *Brasília*, Coimbra, v. II. pp. 15-32, 1943.

LUGON, C. *La République communiste chrétienne des guaranis.* Paris: Ouvrières, 1949.

MEYER, Augusto. "Nota sobre lendas do Sul". In: LOPES NETO, J. Simões. *Contos gauchescos e lendas do Sul.* Ed. crítica etc.. Porto Alegre: Globo, 1950, pp. 262-273. "O lunar de Sepé" se encontra às pp. 347-353.

_____. *Guia do folclore gaúcho.* Rio de Janeiro: Aurora, 1951.

PINHEIRO, José Feliciano Fernandes. *Anais da província de São Pedro.* Rio de Janeiro: Imprensa Nacional, 1946.

PORTO, Aurélio. *História das missões orientais do Uruguai*. Rio de Janeiro: Publicações do Serviço do Patrimônio Histórico e Artístico Nacional, n. 9, v. I, 1943.

RATTON, Jácome. *Recordações sobre ocorrências do seu tempo, de maio de 1747 a setembro de 1810*. 2. ed., por J. M. Teixeira de Carvalho. Coimbra: Imprensa da Universidade, 1920.

SILVA, Joaquim Norberto de Sousa. "Notícia e notas". In: PEIXOTO, Alvarenga. *Obras poéticas de Inácio José de Alvarenga Peixoto*. Rio de Janeiro: Garnier, 1865.

SILVA, José Seabra da. *Dedução cronológica e analítica: Parte primeira* etc. 2 v. Lisboa: Oficina de Miguel Manescal da Costa, 1768 (sobretudo a "Petição de recurso", v. II).

_____. *Provas da parte primeira da Dedução cronológica* etc. 2 v. Lisboa: Oficina de Miguel Manescal da Costa, 1768 (sobretudo a "Relação abreviada da República que os religiosos jesuítas das províncias de Portugal e Espanha estabeleceram nos domínios ultramarinos das duas monarquias" etc.).

VARNHAGEN, Francisco Adolfo de. "Notícia de José Basílio da Gama". In: *Épicos brasileiros*. [S.l.]: [s.n.], 1845, pp. 387-398.

VIEGAS, Artur (Padre Antunes Vieira). *O poeta Santa Rita Durão: Revelações históricas da sua vida e do seu século*. Bruxelas; Paris: L'Édition d'Art Gaudio, 1914.

Os ultramarinos

A minha palestra não corresponde exatamente ao título proposto, porque o meu intuito não é falar apenas dos três poetas inconfidentes nem estudar o seu papel no movimento de 1789, mas fazer algumas observações mais amplas abrangendo todos os poetas mineiros de relevo do tempo da Inconfidência, em número de pelo menos sete, um dos quais participante da Inconfidência Carioca.* Além disso, não pretendo analisar a sua obra, mas sugerir que a sua posição intelectual e as relações entre eles configuram um modo de ser e de pensar que pode ser visto como caminho possível para atitudes de inconformismo e, portanto, para a Inconfidência. Na verdade, o assunto desta palestra poderia ser o seguinte: importância da sociabilidade dos escritores e dos intelectuais em geral, tanto na criação quanto nas posições ideológicas. Para expô-lo, adotarei um ângulo que é mais de historiador da literatura do que de crítico literário, isto é, não me preocuparei com os textos nem com avaliações, mas com comportamentos e com significados históricos e culturais.

Para isso, falarei sucessivamente dos seguintes itens: relações pessoais dos escritores; formas sistemáticas de associação de que participaram; relacionamento virtual deles com a cultura do Ocidente; concepções literárias que favoreceram a articulação da literatura com o momento histórico; significado das concepções e atitudes literárias dos poetas mineiros.

1. Chamo escritores de Minas os que nasceram ou viveram aqui na segunda metade do século XVIII. Tomados no conjunto eles formam um grupo impressionante e representam uma vida

---

* Eu fora convidado a falar sobre "Os poetas da Inconfidência".

literária articulada, com força suficiente para dar nascimento a uma tradição que influiu nas gerações posteriores, construindo uma continuidade que assegurou teor novo à literatura brasileira. Como tentarei sugerir, o conjunto formado por eles não é apenas virtual ou simbólico, construído a posteriori; foi uma realidade histórica e estética atuante, que definiu uma espécie de rede. Mesmo quando não estavam em contato direto, os escritores de Minas na segunda metade do século XVIII se ligavam por fios variados e de grande atuação, de maneira a constituírem a referida *vida literária*, que se define de maneira tangível pelo relacionamento pessoal, pela interinfluência, pela oposição polêmica, pela comunidade da consciência estética. Por enquanto, registremos neste sentido apenas o seguinte: Cláudio, Alvarenga e Gonzaga conviveram em Minas e partilharam experiência literária, sob a égide do primeiro; Basílio da Gama e Silva Alvarenga conviveram em Portugal e formaram um par estética e ideologicamente afim; Durão, que parece não ter tido contato com nenhum dos outros, tomou conhecimento d'*O Uraguai*, de Basílio, e se opôs aos seus pontos de vista, escrevendo o *Caramuru* em parte como reação polêmica. Além disso, viveram em Minas mais ou menos ao mesmo tempo que os três poetas inconfidentes homens de cultura como Luís Vieira da Silva, Diogo de Vasconcelos, o jovem médico formado em Montpellier, Domingos Vidal Barbosa, José Álvares Maciel, formado em filosofia natural na Universidade de Coimbra e outros.

Quanto aos poetas, excluindo Santa Rita Durão os demais estavam ligados por um vínculo de grande importância: o fato de serem ou se considerarem árcades. Na medida em que o eram, participavam de uma forma de sociabilidade que permite falar em vida literária, cujo ponto de referência era a Arcádia Romana, que funcionava como padrão das tendências literárias modernas para o tempo.

2. Mas aqui surge um problema: teria existido em Minas uma Arcádia enquanto associação, não apenas enquanto tendência estética? Os críticos e estudiosos do tempo do Romantismo, ainda próximos do período colonial, achavam que sim. Joaquim Norberto, o mais importante no caso, fala de uma Arcádia Ultramarina funcionando em Vila Rica e mesmo de uma Arcádia do Rio das Mortes, em São João del Rei, apurando de outro lado que só Basílio da Gama fora membro da Arcádia Romana. No entanto, houve tanta lenda e imprecisão a respeito, e nenhum documento comprobatório, que os estudiosos posteriores acabaram por duvidar e afinal negar a existência de tais sociedades. João Ribeiro (que costumava errar com engenhosa elegância) diz que os poetas se proclamavam árcades, não porque pertencessem a alguma Arcádia, mas para indicar a orientação estética, como quem se declara parnasiano ou simbolista.

Uma opinião drástica que resume este ponto de vista negativo é a de Afrânio Coutinho, no volume 2 da sua monumental *A literatura no Brasil*:

> Os brasileiros foram, no dizer de Alberto Faria, "árcades sem Arcádia", pois parece fora de dúvida que jamais existiu uma Arcádia brasileira e que a designação de *árcades* e *Arcádia Ultramarina*, que tanto ocupou nossos historiadores, é um problema definitivamente superado, desde que nenhum documento idôneo até hoje apareceu que comprovasse a sua existência, o que leva a crer tratar-se de designação genérica, ideal, geográfica ou domiciliar, com referência aos poetas arcádicos brasileiros ou que viviam no Brasil, ou uma das muitas "reuniões acadêmicas" ou academias comuns no século XVIII. (3. ed., p. 208)

No entanto, Cláudio Manuel da Costa não apenas se declarava em 1768 nas *Obras* "árcade ultramarino, chamado Glauceste Satúrnio", mas incluía nelas uma "Saudação à Arcádia

Ultramarina", onde menciona quatro confrades: Termindo, que sabemos desde sempre ser Basílio da Gama, e mais três cuja identidade tem sido objeto de várias interpretações: Ninfeu, Eureste e Driário; este, deformado para Briareu por evidente erro de revisão na edição de João Ribeiro. No mesmo livro, Cláudio publica um poema de Eureste Fenício e outro de Ninfejo Calístide, qualificando cada um como "pastor árcade, romano, ultramarino", sendo evidente que se trata dos que aparecem com o nome encurtado na "Saudação".

Em 1931, Caio de Mello Franco publicou no livro *O inconfidente Cláudio Manuel da Costa: O parnaso obsequioso e as "Cartas chilenas"* alguns escritos inéditos do poeta. Num deles este se declara "criado pela Arcádia Romana Vice Custode da Colônia Ultramarina com o nome de Glauceste Satúrnio"; e explica, num discurso dirigido ao conde de Valadares, que a Arcádia Romana decidira criar uma sucursal americana, instalada oficialmente naquele dia, 5 de dezembro de 1768. Caio de Mello Franco entendeu que assim ficava provada a existência da controvertida associação, de cuja existência, lembra, Sílvio Romero não duvidava. Mas as suas considerações a respeito são bastante fracas, não bastando para convencer que a sessão daquele dia em Vila Rica fosse mais do que um *ato acadêmico*, alcandorado pela expressão hiperbólica de Cláudio.

Quem tirou melhor partido da publicação de Caio de Mello Franco foi Sérgio Buarque de Holanda, nos escritos inacabados sobre literatura colonial, redigidos no decênio de 1950 e publicados em 1991, depois de localizados por sua viúva e colaboradora Maria Amélia. Mediante pesquisa feita em Roma, Sérgio havia comprovado documentalmente a informação de Norberto, que dos brasileiros só Basílio está registrado como membro da Arcádia Romana. Sem afirmar taxativamente a existência de uma associação arcádica regular no Brasil, levanta nesses escritos a hipótese que talvez Basílio tenha conseguido do grêmio romano o estabelecimento de um galho brasileiro. Apesar de achar possível a existência dessa filial, por causa das declarações peremptórias de Cláudio, admite que na falta de documento decisivo *Colônia Ultramarina* possa ter sido designação de um mero ato isolado (como *academia*), e que *árcade romano* fosse maneira de dizer, indicando filiação estética.

Devo confessar que pessoalmente sempre duvidei da existência da Ultramarina, aceitando ponderações como as de João Ribeiro, apesar de meio intrigado pelo fato de Cláudio e Silva Alvarenga se qualificarem como árcades ultramarinos. Só muito recentemente as coisas se esclareceram para mim, em face de um documento adquirido pelo erudito José Mindlin, que dele me deu conhecimento e autorizou que o mencionasse nesta palestra. Trata-se do diploma de membro da Arcádia Romana, concedido no "ano II da Olimpíada DCXXXV", que segundo um estudioso deve ser 1764, ao brasileiro Joaquim Inácio de Seixas Brandão, recebido com o nome pastoral de Driásio Erimanteu por indicação de dois consócios, um dos quais Termindo Sipílio, isto é, o nosso Basílio da Gama. O diploma é assinado com as iniciais M. R., indicando Mireo Rofeático, presidente ou, como se dizia, custódio da Arcádia Romana e nome pastoral de Michele Giuseppe Morei, que recebeu Basílio e a cuja memória este dirigiu a comovente peroração d'*O Uraguai* em 1769 (Morei morrera em 1766). Examinando o documento, verifiquei (imagine-se o meu alvoroço) que se tratava de algo mais importante, pois uma nota marginal diz: "*Per la Fondazione della Colonia Oltremarina*". Como nos documentos revelados por Caio de Mello Franco, Cláudio diz que em dezembro de 1768 esta estava sendo instalada, podemos admitir que houve largo intervalo entre criação e instalação. E supor que, tratando-se de formar um grupo, devem ter sido indicados outros membros ao mesmo tempo, além de Seixas, como Eureste Fenício, Ninfejo Calístide e Glauceste

Satúrnio, pelo menos. Por isso, este último, nas *Obras* (1768), declinava a condição de árcade antes da inauguração oficial do ramo brasileiro. Mais tarde Basílio deve ter promovido a indicação do amigo Silva Alvarenga, que pelo menos a partir de 1774 se declarava nos escritos publicados: "na Arcádia Ultramarina Alcino Palmireno".

A intuição de Sérgio Buarque de Holanda era certeira: Basílio foi o promotor da criação da Ultramarina. E é natural que Cláudio tenha sido o seu chefe, por ser mais velho e o único já mais ou menos eminente, sendo provável que os sócios deviam como requisito ser brasileiros natos, embora não necessariamente moradores da pátria, como é claro no caso de Seixas, segundo veremos. E assim, graças à aquisição de José Mindlin já é possível afirmar que houve em Minas uma filial da Arcádia Romana, resolvendo uma questão que vinha causando embaraços e polêmicas há um século e meio.

Agora, uma palavra sobre o pastor Driário, a cujo respeito Joaquim Norberto indagava perplexo: "Quem seria?". Tudo leva a crer que seja a forma tipograficamente errada do Driásio do diploma de 1764, isto é, Joaquim Inácio de Seixas Brandão, médico formado em Montpellier, natural do Rio de Janeiro, segundo Rubens Borba de Moraes, e que pelo nome deve ser parente de Marília. Os pouquíssimos dados sobre ele mostram que viveu sobretudo em Portugal e publicou um livro a respeito das virtudes medicinais das águas de Caldas da Rainha. Que era amigo de Basílio da Gama fica evidente pelo soneto que lhe dedicou e foi incluído no fim d'*O Uraguai*. Nele, Seixas manifesta a esperança de passar à posteridade graças a esta presença no livro do amigo:

> Ah! consente que o meu junto ao teu verso
> Qual fraca vide, que se arrima a um tronco,
> Também vá discorrer pelo Universo.

Foi o que aconteceu, mas antes Basílio já tinha cuidado da glória de Seixas, fazendo-o entrar como membro da Arcádia Romana com vistas ao estabelecimento da Colônia Ultramarina. E por que não teria feito o mesmo com Alvarenga Peixoto, do qual há também um soneto laudatório no mesmo fim d'*O Uraguai*? Alvarenga era naquela altura um jovem tão principiante quanto Seixas, e se era também amigo de Basílio, poderia ter sido igualmente levado à Arcádia para encorpar a nascente Ultramarina. Neste caso, é provável que seja o Eureste Fenício da "Saudação" e do poema transcrito nas *Obras*, como supunham Varnhagen e Norberto, numa hipótese que foi rejeitada em seguida mas pode agora ser objeto de consideração, inclusive porque Rodrigues Lapa via nela certa probabilidade.

Deste modo, dos poetas importantes de Minas só Tomás Antônio Gonzaga fica por enquanto desligado de participação num grêmio arcádico, embora árcade esteticamente falando, ligado a Cláudio e a Alvarenga pela mais íntima convivência literária. No seu caso, Dirceu pode ter sido um nome designando apenas a orientação estética; e mesmo que a Arcádia Ultramarina ainda funcionasse quando veio para cá, é possível que não pudesse ser admitido por ter nascido em Portugal, embora este argumento seja fraco. De qualquer modo, é fora de dúvida que a Arcádia foi padrão de uma sociabilidade literária que extravasou dos quadros associativos.

3. Esta questão da sociabilidade literária é o principal objetivo da minha palestra, e o que ficou dito deve ser considerado subsídio para a reflexão sobre a sua ocorrência nas Minas do século XVIII, pois ela foi elemento de grande significado estético e social na história da nossa literatura. Além disso, manifesta um hábito de debate e circulação de ideias que com certeza contribuiu para difundir os pontos de vista da Ilustração

e assim favoreceu a passagem das preocupações literárias para as políticas, desfechadas nas Inconfidências Mineira e Carioca.

A Colônia Ultramarina, além de ser um laço entre os seus membros, residentes ou não no Brasil, e com outros intelectuais do tempo, vinculava os poetas de Minas, de maneira orgânica, ao universo cultural do Ocidente europeu. E isto, de maneira curiosa, pois não se ligaram à Arcádia Lusitana, mais próxima sob todos os aspectos, e da qual um dos fundadores viveu muito tempo aqui, o desembargador Antonio Diniz da Cruz e Silva, cujo nome pastoral era Elpino Nonacriense, e teve papel tão lamentável nos processos de Minas e do Rio. Ligaram-se diretamente à grande matriz, ao modelo supremo do Arcadismo, que foi a de Roma; e isso sancionava a sua qualidade de participantes de uma vida cultural mais prestigiosa do que a portuguesa. Lembremos que tanto Glauceste Satúrnio quanto Eureste Fenício e Ninfejo Calístide escreveram poemas em italiano.

Ser membro da Arcádia Romana, diretamente ou pela mediação da Ultramarina, significava ser reconhecido como participante em pé de igualdade da alta cultura do Ocidente, isto é, a cultura de que participava também o colonizador. Deste modo, o Brasil se equiparava a ele, pois praticava o mesmo tipo de literatura e podia ser identificado pela mesma convenção pastoral, que valia por um certificado de civilização. Ser membro da comunidade arcádica era ter status cultural e social equivalente, em princípio, ao do colonizador e, por extensão, ao de toda a Europa culta.

Ora, isto gerava com certeza uma *consciência de equivalência*, de *paridade* (digamos assim), que podia encaminhar o intelectual para a aplicação social da literatura, de um modo especial que teria consequências políticas e seria relevante para o processo de autoconsciência do Brasil. Por quê? Porque ela podia gerar um modo de ser e de pensar que podemos imaginar expresso mais ou menos do seguinte modo: se sou equivalente no plano cultural, por que não posso ser também no plano político?

Para reforçar a noção dessa importância de ser árcade, isto é, membro de um grêmio ligado à Arcádia Romana, pensemos que tinha sido árcade ninguém menos que o rei d. João V, admitido como pastor por ter doado a ela o prédio da sede, que não tinha. Pela Europa afora eram árcades romanos personagens ilustres ou pitorescos, como Casanova, recebido em 1771 com o nome de Eupolemo Pantaxeno... Portanto, através dos mineiros o Brasil se ligou a uma instituição europeia de projeção, levando o país colonizado a se integrar por assim dizer oficialmente no universo da cultura dominante. Ao contrário do que se veio a pensar mais tarde, inclusive em nossos dias, ser árcade não era adotar um comportamento frívolo, embora houvesse muita frivolidade nas agremiações e modas literárias daquele tempo: era participar de um poderoso ritual de iniciação e incorporação cultural.

Nesse processo de notória importância histórica houve duas figuras centrais. Primeiro, Basílio da Gama, que, tendo conseguido ingressar na Arcádia Romana durante a sua estadia na Itália, intermediou com apreciável espírito de iniciativa o estabelecimento da Colônia Ultramarina e deve ter indicado os sócios brasileiros. Segundo, Cláudio Manuel da Costa, que liderou a associação mineira como vice-custódio ("custode", escrevia ele conservando a forma italiana), influenciou Alvarenga e Gonzaga e estabeleceu vínculos intelectuais com outras partes do Brasil, contribuindo para a comunicação literária entre elas. De fato, tinha sido em 1759 membro correspondente da Academia dos Esquecidos, sediada na Bahia, e se relacionou com frei Gaspar da Madre de Deus e Pedro Taques, lançando uma ponte para o lado de São Paulo, pois estava interessado em colher material para o seu poema *Vila Rica*, cujo "Fundamento histórico" é não apenas a primeira história de Minas, mas, como também o poema, uma das sementes do paulistismo, isto é, da prosápia bandeirante.

4. A indicação dessa sociabilidade, que confere à literatura do Brasil um cunho de atividade regular e esboça a sua ligação, mesmo virtual, com os grandes centros da cultura matriz, deve ser completada pela de um traço do discurso literário arcádico, que converge com o anterior para configurar uma atividade de acentuado teor social, no sentido amplo: o seu caráter tópico, isto é, a presença marcada, nos textos arcádicos, do lugar-comum, que era naquele tempo um timbre de autenticidade e funcionava como instrumento privilegiado de comunicação e inteligibilidade.

Os árcades se baseavam, com efeito, no que é possível chamar uma estética do lugar-comum, que leva a utilizar o temário, os torneios, a linguagem tidos como padrões de civilização, e que portanto deviam ser usados a fim de conferir ao discurso a sua viabilidade na república das letras e junto ao público. Para compreender bem este fato, é preciso não recuar os nossos conceitos atuais e estar bem consciente de que no século XVIII a poesia era uma atividade discursiva e imitativa, destinada a exprimir de maneira clara as emoções, a realidade natural e social, a história, as ideias. Clara (é óbvio) para a pequena comunidade dos homens cultos, iniciada nos grandes lugares-comuns da civilização. Esta tendência chegou a extremos de pragmatismo, didaticismo e intelectualismo que acabaram comprometendo, quando não paralisando a poesia, que nas literaturas neolatinas se despoetizou bastante. Mas, bom ou mau grado nosso, assim era ela, e assim a praticaram os poetas mineiros, que foram todavia suficientemente criativos para exprimir dentro da tópica as condições próprias da sua época e do seu país.

Essa originalidade aparece inclusive no que se poderia chamar a nacionalização dos tópicos, como a passagem do pastor ao índio em Basílio da Gama, ou a leitura da natureza local em termos de mitologia clássica, como fez por exemplo Cláudio na "Fábula do Ribeirão do Carmo". Não só nesses níveis mais ostensivos, mas também no mais sutil das intenções, é frequente os mineiros usarem tópicos como o da idade de ouro para sugerir a necessidade de transformar o estatuto colonial. Ou, ainda, aproveitarem a lisonja aos grandes a fim de pôr sutilmente em primeiro plano os problemas e aspirações do país, como fizeram Alvarenga Peixoto no "Canto genetlíaco" ou Cláudio no "Epicédio" à memória de Gomes Freire de Andrada.

Deste modo, em diversos níveis a linguagem convencionalizada, as imagens tradicionais, as atitudes e temas arraigados foram desviados para criar uma expressão embebida de realidade e aspirações locais. E não esqueçamos que *ler* a natureza mineira em termos de lenda ou mitologia clássica significava, por outro lado, incorporar o Brasil ao universo expressional do Ocidente, dando-lhe dignidade por meio da sua qualificação literária adequada, a mesma que caracterizava as literaturas europeias, constituindo uma espécie de língua geral dos homens cultos, nutrida pela tradição unificadora da Antiguidade greco-latina, mas ajustada às concepções do tempo. O resultado foi que os mineiros deram à sua obra um cunho acentuado de cosmopolitismo, o que era eminentemente um ato de civilização, porque (repito) equiparava a produção local ao que se fazia nas metrópoles culturais.

A convenção pastoral facilitou esse processo, porque pressupunha a dignificação do pastor, isto é, o homem rústico, o homem apartado da civilização urbana. Ora, sendo Minas Gerais em particular, o Brasil em geral, lugares rústicos e atrasados, a convenção pastoral permitia transformar a falha em mérito, valorizando esteticamente a rusticidade. Ao deixar implícito que o poeta brasileiro podia se equiparar ao europeu por meio da rusticidade (mesmo teórica), pois eram ambos árcades, isto é, pastores, a convenção arcádica foi fator de consciência e afirmação social. Por outro lado, graças a uma transferência sutil, permitiu que eles efetuassem o aproveitamento *ilustrado* do mito da idade de ouro, usando estrategicamente o conceito de rusticidade como correspondendo a um estado que devia ser redimido pela civilização, no plano real da vida econômica e política.

Este tema é obsessivo na obra de Cláudio Manuel da Costa, que escreveu o *Vila Rica*, nos anos de 1770, para celebrar a entrada da civilidade nos sertões mineiros, e que em 1768 dizia num discurso ao conde de Valadares:

> [...] mas oh que este mesmo desalinho, este mesmo desmancho é em que mais nos afiançamos para devermos conceber a ideia de ver algum dia em melhor sorte trocada a rudeza que nos é tão natural.

Como se vê, a ideia de rusticidade era extremamente ambígua e funcionava tanto como metáfora positiva, para justificar o tipo de literatura graças ao qual o brasileiro se equiparava ao europeu (reduzido à rusticidade convencional do pastor arcádico), quanto como verificação prática negativa da realidade econômica e social a ser superada pela liberdade e a civilização, da qual a literatura é parte. Portanto, a literatura era ao mesmo tempo expressão idealizada da moda pastoral comum à Europa, e era desmascaramento alegórico de uma realidade a ser transformada pelo progresso. No caso mineiro, era apelo e denúncia de uma situação economicamente grave, que Cláudio Manuel da Costa aponta numa ode ao conde de Valadares, onde compara Minas a um navio decadente, que espera salvação do bom governo, encarnado no esclarecido governador. Neste caso, a lisonja se torna reivindicação, como ocorre também no "Canto genetlíaco".

Mais tarde, a crítica do tempo do Romantismo, apesar do apreço pelos árcades mineiros e a consciência do seu papel de fundadores, viu no cosmopolitismo deles um sintoma de servilismo cultural, que teria atrapalhado a formação da literatura brasileira. É que os românticos a concebiam como algo diferenciadamente nacional, e neste sentido preconizaram a busca da originalidade, vista como expressão antitópica, voltada para o que era específico e tendo como alvo a inovação constante. Disso resultaria segundo eles uma literatura sui generis, só brasileira e mais nada, cuja dignidade estaria no desligamento das fontes europeias, o que é uma utopia e na prática nunca funcionou como categoria crítica realmente válida. Utopia compreensível, não apenas por corresponder à Independência, mas porque houve na época uma espécie de revolução no conceito de mimese, e o que se propôs ao escritor foi a reprodução idealizada do pitoresco diferenciador, na natureza e nos costumes, assim como na expressão dos sentimentos como experiência única, expressa de maneira única, não segundo moldes prefixados.

Ora, a tarefa histórica dos árcades foi outra, como podemos ver hoje: para eles, imitar era também reproduzir ao máximo as soluções transmitidas pela tradição, tendo sempre como padrão máximo o passado greco-latino. Com isso, o escritor estaria se esforçando para obter uma expressão equivalente em natureza (mesmo se não em qualidade) às das fontes clássicas. Eles tinham em grau elevado o sentimento de dignidade da sua terra e da sua tarefa, mas procuravam exprimi-lo por meio da equiparação à cultura da Europa, não pela sua impossível rejeição, pois estavam no mesmo universo cultural. Neste sentido, foi como se estivessem comprovando a justeza das formulações de Antônio Joaquim de Sousa Nunes, jovem carioca que afirmava a paridade intelectual de brasileiros e reinóis, nos seus *Discursos político-morais* (1758), apreendidos e destruídos pela censura.

5. Isto nos traz ao último item da palestra. O meu ponto de vista é que o Arcadismo, ou mais precisamente, os árcades mineiros foram a solução ideal (na medida em que há soluções ideais) para dar conta das tarefas intelectuais do momento histórico em que viveram. Os motivos já foram indicados acima, mas quero reforçá-los com uma reflexão sobre a eminência própria do Arcadismo como tendência estética. Digo eminência própria, porque ele costuma ser visto hoje como um Barroco prolongado ou um vago Pré-Romantismo, e com isso a sua natureza vai sendo obliterada, pois de fato ele não é uma coisa nem outra.

Em nossos dias, há na crítica latino-americana, inclusive a brasileira, uma espécie de tendência ao pan-barroquismo, que se explica pela necessidade que houve de chamar a atenção sobre o Barroco, tanto tempo menosprezado e desconhecido, a fim de sublinhar a sua importância fundamental em nossa cultura. Mas daí a transformá-lo em categoria dominante e excludente vai um abismo.

O Barroco é um fato histórico e estético delimitado, que tem as suas balizas temporais e como tal deve ser estudado. Foi importante restaurar a noção da sua valia, o que permitiu inclusive perceber o que havia de barroco como ingrediente do Arcadismo. Sérgio Buarque de Holanda encontrou a sua presença viva até no *Assunção*, de frei Francisco de São Carlos, já no começo do século XIX, e mais de um crítico assinalou a sua função redentora como ingrediente que, no Arcadismo, compensou o prosaísmo e o pragmatismo das tendências neoclássicas, naquele século sem grande poesia. Todos sabemos que Cláudio ainda era tributário do Barroco, como ele próprio disse em 1768 no prefácio das *Obras*, usando, é claro, os termos do tempo. E sabemos também que no amaneiramento encantador de Silva Alvarenga ainda há muito dele. Mas, repito, isso não deve levar a desconhecer a singularidade da fórmula arcádica, que precisa ser encarada como solução sincrética mas muito eficiente.

Do ponto de vista da sociabilidade, tema desta palestra, lembremos o seguinte: diferente do Cultismo barroco, o Arcadismo procedeu a uma relativa simplificação da linguagem literária, aumentando com isso a sua comunicabilidade. Não de modo absoluto, mas (penso no caso brasileiro) no âmbito de uma classe dominante que já manifestava sinais de inconformismo em relação ao estatuto colonial. Por isso, além da experiência literária, os poetas mineiros favoreceram uma certa consciência do valor e dos problemas do Brasil. Neste sentido, a mentalidade dos intelectuais de Minas é antibarroca, na medida em que assumiram certas posições avançadas do século, desenvolvendo um inconformismo que acabou em atitudes políticas de rebeldia, pois para eles tratava-se de pensar o contraste entre o estatuto colonial e as exigências de uma elite local no tocante à situação econômica e social do país. Um traço fundamental do espírito barroco é a reverência política e religiosa, mesmo quando ligada à irreverência no terreno da psicologia e dos costumes. Mas os árcades mineiros manifestaram em graus variáveis o espírito renovador do século XVIII, questionando a legitimidade do estatuto colonial tanto no caso da Inconfidência Mineira quanto no da Inconfidência Carioca, da qual foi figura central Silva Alvarenga. O Arcadismo como espírito associativo uniu intelectuais de inclinação pombalina, isto é, reformista, e, a seguir, de vocação inconformada em relação ao regime, fazendo com que a Arcádia desaguasse na rebeldia política. E aqui paro, no vestíbulo do tema que me foi proposto...

(1992)

Segunda parte

O direito à literatura

I

O assunto que me foi confiado nesta série é aparentemente meio desligado dos problemas reais: "Direitos humanos e literatura". As maneiras de abordá-lo são muitas, mas não posso começar a falar sobre o tema específico sem fazer algumas reflexões prévias a respeito dos próprios direitos humanos.

É impressionante como em nosso tempo somos contraditórios neste capítulo. Começo observando que em comparação a eras passadas chegamos a um máximo de racionalidade técnica e de domínio sobre a natureza. Isso permite imaginar a possibilidade de resolver grande número de problemas materiais do homem, quem sabe inclusive o da alimentação. No entanto, a irracionalidade do comportamento é também máxima, servida frequentemente pelos mesmos meios que deveriam realizar os desígnios da racionalidade. Assim, com a energia atômica podemos ao mesmo tempo gerar força criadora e destruir a vida pela guerra; com o incrível progresso industrial aumentamos o conforto até alcançar níveis nunca sonhados, mas excluímos dele as grandes massas que condenamos à miséria; em certos países, como o Brasil, quanto mais cresce a riqueza, mais aumenta a péssima distribuição dos bens. Portanto, podemos dizer que os mesmos meios que permitem o progresso podem provocar a degradação da maioria.

Ora, na Grécia antiga, por exemplo, teria sido impossível pensar numa distribuição equitativa dos bens materiais, porque a técnica ainda não permitia superar as formas brutais de exploração do homem, nem criar abundância para todos. Mas em nosso tempo é possível pensar nisso, e no entanto pensamos relativamente pouco. Essa insensibilidade nega uma das linhas mais promissoras da história do homem ocidental, aquela que se nutriu das ideias amadurecidas no correr dos séculos XVIII e XIX, gerando o liberalismo e tendo no socialismo a sua manifestação mais coerente. Elas abriram perspectivas que pareciam levar à solução dos problemas dramáticos da vida em sociedade. E de fato, durante muito tempo acreditou-se que, removidos uns tantos obstáculos, como a ignorância e os sistemas despóticos de governo, as conquistas do progresso seriam canalizadas no rumo imaginado pelos utopistas, porque a instrução, o saber e a técnica levariam necessariamente à felicidade coletiva. No entanto, mesmo onde estes obstáculos foram removidos a barbárie continuou entre os homens.

Todos sabemos que a nossa época é profundamente bárbara, embora se trate de uma barbárie ligada ao máximo de civilização. Penso que o movimento pelos direitos humanos se entronca aí, pois somos a primeira era da história em que teoricamente é possível entrever uma solução para as grandes desarmonias que geram a injustiça contra a qual lutam os homens de boa vontade, à busca, não mais do estado ideal sonhado pelos utopistas racionais que nos antecederam, mas do máximo viável de igualdade e justiça, em correlação a cada momento da história.

Mas esta verificação desalentadora deve ser compensada por outra, mais otimista: nós sabemos que hoje os meios materiais necessários para nos aproximarmos desse estágio melhor existem, e que muito do que era simples utopia se tornou possibilidade real. Se as possibilidades existem, a luta ganha maior cabimento e se torna mais esperançosa, apesar de tudo o que o nosso tempo apresenta de negativo. Quem acredita nos direitos humanos procura transformar a possibilidade teórica em realidade, empenhando-se em fazer coincidir uma com a outra. Inversamente, um traço sinistro do nosso tempo é saber que é possível a solução de tantos problemas e no entanto não se empenhar nela. Mas de qualquer modo, no meio da situação atroz em que vivemos há perspectivas animadoras.

É verdade que a barbárie continua até crescendo, mas não se vê mais o seu elogio, como se todos soubessem que ela é algo a ser ocultado e não proclamado. Sob este aspecto, os tribunais de Nuremberg foram um sinal dos tempos novos, mostrando que já não é admissível a um general vitorioso mandar fazer inscrições dizendo que construiu uma pirâmide com as cabeças dos inimigos mortos, ou que mandou cobrir as muralhas de Nínive com as suas peles escorchadas. Fazem-se coisas parecidas e até piores, mas elas não constituem motivo de celebração. Para emitir uma nota positiva no fundo do horror, acho que isso é um sinal favorável, pois se o mal é praticado, mas não proclamado, quer dizer que o homem não o acha mais tão natural.

No mesmo sentido eu interpretaria certas mudanças no comportamento cotidiano e na fraseologia das classes dominantes. Hoje não se afirma com a mesma tranquilidade do meu tempo de menino que haver pobres é a vontade de Deus, que eles não têm as mesmas necessidades dos abastados, que os empregados domésticos não precisam descansar, que só morre de fome quem for vadio, e coisas assim. Existe em relação ao pobre uma nova atitude, que vai do sentimento de culpa até o medo. Nas caricaturas dos jornais e das revistas o esfarrapado e o negro não são mais tema predileto das piadas, porque a sociedade sentiu que eles podem ser um fator de rompimento do estado de coisas, e o temor é um dos caminhos para a compreensão.

Sintoma complementar eu vejo na mudança do discurso dos políticos e empresários quando aludem à sua posição ideológica ou aos problemas sociais. Todos eles, a começar pelo presidente da República, fazem afirmações que até pouco tempo seriam consideradas subversivas e hoje fazem parte do palavreado bem-pensante. Por exemplo, que não é mais possível tolerar as grandes diferenças econômicas, sendo necessário promover uma distribuição equitativa. É claro que ninguém se empenha para que de fato isto aconteça, mas tais atitudes e pronunciamentos parecem mostrar que agora a imagem da injustiça social constrange, e que a insensibilidade em face da miséria deve ser pelo menos disfarçada, porque pode comprometer a imagem dos dirigentes. Esta hipocrisia generalizada, tributo que a iniquidade paga à justiça, é um modo de mostrar que o sofrimento já não deixa tão indiferente a média da opinião.

Do mesmo modo, os políticos e empresários de hoje não se declaram conservadores, como antes, quando a expressão *classes conservadoras* era um galardão. Todos são invariavelmente de *centro*, e até de *centro-esquerda*, inclusive os francamente reacionários. E nem poderiam dizer outra coisa, num tempo em que a televisão mostra a cada instante, em imagens cujo intuito é mero sensacionalismo, mas cujo efeito pode ser poderoso para despertar as consciências, crianças nordestinas raquíticas, populações inteiras sem casa, posseiros massacrados, desempregados morando na rua.

De um ângulo otimista, tudo isso poderia ser encarado como manifestação infusa da consciência cada vez mais generalizada de que a desigualdade é insuportável e pode ser atenuada consideravelmente no estágio atual dos recursos técnicos e de organização. Nesse sentido, talvez se possa falar de um progresso no sentimento do próximo, mesmo sem a disposição correspondente de agir em consonância. E aí entra o problema dos que lutam para que isso aconteça, ou seja: entra o problema dos direitos humanos.

2

Por quê? Porque pensar em direitos humanos tem um pressuposto: reconhecer que aquilo que consideramos indispensável para nós é também indispensável para o próximo. Esta me parece a essência do problema, inclusive no plano estritamente individual, pois é necessário um grande esforço de educação e autoeducação a fim de reconhecermos sinceramente este postulado. Na verdade, a tendência mais funda é achar que os nossos direitos são mais urgentes que os do próximo.

Nesse ponto as pessoas são frequentemente vítimas de uma curiosa obnubilação. Elas afirmam que o próximo tem direito, sem dúvida, a certos bens fundamentais, como casa, comida, instrução, saúde, coisas que ninguém bem formado admite hoje em dia que sejam privilégio de minorias, como são no Brasil. Mas será que pensam que o seu semelhante pobre teria direito a ler Dostoiévski ou ouvir os quartetos de Beethoven? Apesar das boas intenções no outro setor, talvez isto não lhes passe pela cabeça. E não por mal, mas somente porque quando arrolam os seus direitos não estendem todos eles ao semelhante. Ora, o esforço para incluir o semelhante no mesmo elenco de bens que reivindicamos está na base da reflexão sobre os direitos humanos.

A este respeito é fundamental o ponto de vista de um grande sociólogo francês, o padre dominicano Louis-Joseph Lebret, fundador do movimento Economia e Humanismo, com quem tive a sorte de conviver e que atuou muito no Brasil entre os anos de 1940 e 1960. Penso na sua distinção entre "bens compressíveis" e "bens incompressíveis", que está ligada a meu ver com o problema dos direitos humanos, pois a maneira de conceber a estes depende daquilo que classificamos como bens incompressíveis, isto é, os que não podem ser negados a ninguém.

Certos bens são obviamente incompressíveis, como o alimento, a casa, a roupa. Outros são compressíveis, como os cosméticos, os enfeites, as roupas supérfluas. Mas a fronteira entre ambos é muitas vezes difícil de fixar, mesmo quando pensamos nos que são considerados indispensáveis. O primeiro litro de arroz de uma saca é menos importante do que o último, e sabemos que com base em coisas como esta se elaborou em Economia Política a teoria da "utilidade marginal", segundo a qual o valor de uma coisa depende em grande parte da necessidade relativa que temos dela. O fato é que cada época e cada cultura fixam os critérios de incompressibilidade, que estão ligados à divisão da sociedade em classes, pois inclusive a educação pode ser instrumento para convencer as pessoas de que o que é indispensável para uma camada social não o é para outra. Na classe média brasileira, os da minha idade ainda lembram o tempo em que se dizia que os empregados não tinham necessidade de sobremesa nem de folga aos domingos, porque não estando acostumados a isso, não sentiam falta... Portanto, é preciso ter critérios seguros para abordar o problema dos bens incompressíveis, seja do ponto de vista individual, seja do ponto de vista social. Do ponto de vista individual, é importante a consciência de cada um a respeito, sendo indispensável fazer sentir desde a infância que os pobres e desvalidos têm direito aos bens materiais (e que portanto não se trata de exercer caridade), assim como as minorias têm direito à igualdade de tratamento. Do ponto de vista social é preciso haver leis específicas garantindo este modo de ver.

Por isso, a luta pelos direitos humanos pressupõe a consideração de tais problemas, e chegando mais perto do tema eu lembraria que são bens incompressíveis não apenas os que asseguram a sobrevivência física em níveis decentes, mas os que garantem a integridade espiritual. São incompressíveis certamente a alimentação, a moradia, o vestuário, a instrução, a saúde, a liberdade individual, o amparo da justiça pública, a resistência à opressão etc.; e também o direito à crença, à opinião, ao lazer e, por que não, à arte e à literatura.

Mas a fruição da arte e da literatura estaria mesmo nesta categoria? Como noutros casos, a resposta só pode ser dada se pudermos responder a uma questão prévia, isto é, elas só poderão ser consideradas bens incompressíveis segundo uma organização justa da sociedade se corresponderem a necessidades profundas do ser humano, a necessidades que não podem deixar de ser satisfeitas sob pena de desorganização pessoal, ou pelo menos de frustração mutiladora. A nossa questão básica, portanto, é saber se a literatura é uma necessidade deste tipo. Só então estaremos em condições de concluir a respeito.

3

Chamarei de literatura, da maneira mais ampla possível, todas as criações de toque poético, ficcional ou dramático em todos os níveis de uma sociedade, em todos os tipos de cultura, desde o que chamamos folclore, lenda, chiste, até as formas mais complexas e difíceis da produção escrita das grandes civilizações.

Vista deste modo a literatura aparece claramente como manifestação universal de todos os homens em todos os tempos. Não há povo e não há homem que possa viver sem ela, isto é, sem a possibilidade de entrar em contato com alguma espécie de fabulação. Assim como todos sonham todas as noites, ninguém é capaz de passar as 24 horas do dia sem alguns momentos de entrega ao universo fabulado. O sonho assegura durante o sono a presença indispensável deste universo, independentemente da nossa vontade. E durante a vigília a criação ficcional ou poética, que é a mola da literatura em todos os seus níveis e modalidades, está presente em cada um de nós, analfabeto ou erudito, como anedota, causo, história em quadrinhos, noticiário policial, canção popular, moda de viola, samba carnavalesco. Ela se manifesta desde o devaneio amoroso ou econômico no ônibus até a atenção fixada na novela de televisão ou na leitura seguida de um romance.

Ora, se ninguém pode passar 24 horas sem mergulhar no universo da ficção e da poesia, a literatura concebida no sentido amplo a que me referi parece corresponder a uma necessidade universal, que precisa ser satisfeita e cuja satisfação constitui um direito.

Alterando um conceito de Otto Ranke sobre o mito, podemos dizer que a literatura é o sonho acordado das civilizações. Portanto, assim como não é possível haver equilíbrio psíquico sem o sonho durante o sono, talvez não haja equilíbrio social sem a literatura. Deste modo, ela é fator indispensável de humanização e, sendo assim, confirma o homem na sua humanidade, inclusive porque atua em grande parte no subconsciente e no inconsciente. Neste sentido, ela pode ter importância equivalente à das formas conscientes de inculcamento intencional, como a educação familiar, grupal ou escolar. Cada sociedade cria as suas manifestações ficcionais, poéticas e dramáticas de acordo com os seus impulsos, as suas crenças, os seus sentimentos, as suas normas, a fim de fortalecer em cada um a presença e atuação deles.

Por isso é que nas nossas sociedades a literatura tem sido um instrumento poderoso de instrução e educação, entrando nos currículos, sendo proposta a cada um como equipamento intelectual e afetivo. Os valores que a sociedade preconiza, ou os que considera prejudiciais, estão presentes nas diversas manifestações da ficção, da poesia e da ação dramática. A literatura confirma e nega, propõe e denuncia, apoia e combate, fornecendo a possibilidade de vivermos dialeticamente os problemas. Por isso é indispensável tanto a literatura sancionada quanto a literatura proscrita; a que os poderes sugerem e a que nasce dos movimentos de negação do estado de coisas predominante.

A respeito destes dois lados da literatura, convém lembrar que ela não é uma experiência inofensiva, mas uma aventura que pode causar problemas psíquicos e morais, como acontece com a própria vida, da qual é imagem e transfiguração. Isto significa que ela tem papel formador da personalidade, mas não segundo as convenções; seria antes segundo a força indiscriminada e poderosa da própria realidade. Por isso, nas mãos do leitor o livro pode ser fator de perturbação e mesmo de risco. Daí a ambivalência da sociedade em face dele, suscitando por vezes condenações violentas quando ele veicula noções ou oferece sugestões que a visão convencional gostaria de proscrever. No âmbito da instrução escolar o livro chega a gerar conflitos, porque o seu efeito transcende as normas estabelecidas.

Numa palestra feita há mais de quinze anos em reunião da Sociedade Brasileira para o Progresso da Ciência sobre o papel da literatura na formação do homem, chamei a atenção entre outras coisas para os aspectos paradoxais desse papel, na medida em que os educadores ao mesmo tempo preconizam e temem o efeito dos textos literários. De fato (dizia eu), há

> conflito entre a ideia convencional de uma literatura que *eleva e edifica* (segundo os padrões oficiais) e a sua poderosa força indiscriminada de iniciação na vida, com uma variada complexidade nem sempre desejada pelos educadores. Ela não *corrompe* nem *edifica*, portanto; mas, trazendo livremente em si o que chamamos o bem e o que chamamos o mal, humaniza em sentido profundo, porque faz viver.

4

A função da literatura está ligada à complexidade da sua natureza, que explica inclusive o papel contraditório mas humanizador (talvez humanizador porque contraditório). Analisando-a, podemos distinguir pelo menos três faces: (1) ela é uma construção de objetos autônomos como estrutura e significado; (2) ela é uma forma de expressão, isto é, manifesta emoções e a visão do mundo dos indivíduos e dos grupos; (3) ela é uma forma de conhecimento, inclusive como incorporação difusa e inconsciente.

Em geral pensamos que a literatura atua sobre nós devido ao terceiro aspecto, isto é, porque transmite uma espécie de conhecimento, que resulta em aprendizado, como se ela fosse um tipo de instrução. Mas não é assim. O efeito das produções literárias é devido à atuação simultânea dos três aspectos, embora costumemos pensar menos no primeiro, que corresponde à *maneira* pela qual a mensagem é construída; mas esta *maneira* é o aspecto, se não mais importante, com certeza crucial, porque é o que decide se uma comunicação é literária ou não. Comecemos por ele.

Toda obra literária é antes de mais nada uma espécie de objeto, de objeto construído; e é grande o poder humanizador desta construção, *enquanto construção*.

De fato, quando elaboram uma estrutura, o poeta ou o narrador nos propõem um modelo de coerência, gerado pela força da palavra organizada. Se fosse possível abstrair o sentido e pensar nas palavras como tijolos de uma construção, eu diria que esses tijolos representam um modo de organizar a matéria, e que enquanto organização eles exercem papel ordenador sobre a nossa mente. Quer percebamos claramente ou não, o caráter de coisa organizada da obra literária torna-se um fator que nos deixa mais capazes de ordenar a nossa própria mente e sentimentos; e, em consequência, mais capazes de organizar a visão que temos do mundo.

Por isso, um poema hermético, de entendimento difícil, sem nenhuma alusão tangível à realidade do espírito ou do mundo, pode funcionar neste sentido, pelo fato de ser um tipo de ordem, sugerindo um modelo de superação do caos. A produção literária tira as palavras do nada e as dispõe como todo articulado.

Este é o primeiro nível humanizador, ao contrário do que geralmente se pensa. A organização da palavra comunica-se ao nosso espírito e o leva, primeiro, a se organizar; em seguida, a organizar o mundo. Isto ocorre desde as formas mais simples, como a quadrinha, o provérbio, a história de bichos, que sintetizam a experiência e a reduzem a sugestão, norma, conselho ou simples espetáculo mental.

"Mais vale quem Deus ajuda do que quem cedo madruga." Este provérbio é uma frase solidamente construída, com dois membros de sete sílabas cada um, estabelecendo um ritmo que realça o conceito, tornado mais forte pelo efeito da rima toante: "aj-U-d-A", "madr-U-g-A". A construção consistiu em descobrir a expressão lapidar e ordená-la segundo meios técnicos que impressionam a percepção. A mensagem é inseparável do código, mas o código é a condição que assegura o seu efeito.

Mas as palavras organizadas são mais do que a presença de um código: elas comunicam sempre alguma coisa, que nos toca porque obedece a certa ordem. Quando recebemos o impacto de uma produção literária, oral ou escrita, ele é devido à fusão inextricável da mensagem com a sua organização. Quando digo que um texto me impressiona, quero dizer que ele impressiona porque a sua possibilidade de impressionar foi determinada pela ordenação recebida de quem o produziu. Em palavras usuais: o conteúdo só atua por causa da forma, e a forma traz em si, virtualmente, uma capacidade de humanizar devido à coerência mental que pressupõe e que sugere. O caos originário, isto é, o material bruto a partir do qual o produtor escolheu uma forma, se torna ordem; por isso, o meu caos interior também se ordena e a mensagem pode atuar. Toda obra literária pressupõe esta superação do caos, determinada por um arranjo especial das palavras e fazendo uma proposta de sentido.

Pensemos agora num poema simples, como a "Lira" de Gonzaga que começa com o verso "Eu, Marília, não fui nenhum vaqueiro". Ele a escreveu no calabouço da ilha das Cobras e se põe na situação de quem está muito triste, separado da noiva. Então começa a pensar nela e imagina a vida que teriam tido se não houvesse ocorrido a catástrofe que o jogou na prisão. De acordo com a convenção pastoral do tempo, transfigura-se no pastor Dirceu e transfigura a noiva na pastora Marília, traduzindo o seu drama em termos da vida campestre. A certa altura diz:

> Propunha-me dormir no teu regaço
> As quentes horas da comprida sesta;
> Escrever teus louvores nos olmeiros,
> Toucar-te de papoulas na floresta.

A extrema simplicidade desses versos remete a atos ou devaneios dos namorados de todos os tempos: ficar com a cabeça no colo da namorada, apanhar flores para fazer uma grinalda, escrever as respectivas iniciais na casca das árvores. Mas na experiência de cada um de nós esses sentimentos e evocações são geralmente vagos, informulados, e não têm consistência que os torne exemplares. Exprimindo-os no enquadramento de um estilo literário, usando rigorosamente os versos de dez sílabas, explorando certas sonoridades, combinando as palavras com perícia, o poeta transforma o informal ou o inexpresso em estrutura organizada, que se põe acima do tempo e serve para cada um representar mentalmente as situações amorosas deste tipo. A alternância regulada de sílabas tônicas e sílabas átonas, o poder sugestivo da rima, a cadência do ritmo — criaram uma ordem definida que serve de padrão para todos e, deste modo, a todos humaniza, isto é, permite que os sentimentos passem do estado de mera emoção para o da forma construída, que assegura a generalidade e a permanência. Note-se, por exemplo, o efeito do jogo de certos sons expressos pelos fonemas T e P no último verso, dando transcendência a um gesto banal de namorado:

Toucar-Te de PaPoulas na floresTa.

Tês no começo e no fim, cercando os Pês do meio e formando com eles uma sonoridade mágica que contribui para elevar a experiência amorfa ao nível da expressão organizada, figurando o afeto por meio de imagens que marcam com eficiência a transfiguração do meio natural. A forma permitiu que o conteúdo ganhasse maior significado e ambos juntos aumentaram a nossa capacidade de ver e sentir.

Digamos que o conteúdo atuante graças à forma constitui com ela um par indissolúvel que redunda em certa modalidade de conhecimento. Este pode ser uma aquisição consciente de noções, emoções, sugestões, inculcamentos; mas na maior parte se processa nas camadas do subconsciente e do inconsciente, incorporando-se em profundidade como enriquecimento difícil de avaliar. As produções literárias, de todos os tipos e todos os níveis, satisfazem necessidades básicas do ser humano, sobretudo através dessa incorporação, que enriquece a nossa percepção e a nossa visão do mundo. O que ilustrei por meio do provérbio e dos versos de Gonzaga ocorre em todo o campo da literatura e explica por que ela é uma necessidade universal imperiosa, e por que fruí-la é um direito das pessoas de qualquer sociedade, desde o índio que canta as suas proezas de caça ou evoca dançando a lua cheia, até o mais requintado erudito que procura captar com sábias redes os sentidos flutuantes de um poema hermético. Em todos esses casos ocorre humanização e enriquecimento, da personalidade e do grupo, por meio de conhecimento oriundo da expressão submetida a uma ordem redentora da confusão.

Entendo aqui por *humanização* (já que tenho falado tanto nela) o processo que confirma no homem aqueles traços que reputamos essenciais, como o exercício da reflexão, a aquisição do saber, a boa disposição para com o próximo, o afinamento das emoções, a capacidade de penetrar nos problemas da vida, o senso da beleza, a percepção da complexidade do mundo e dos seres, o cultivo do humor. A literatura desenvolve em nós a quota de humanidade na medida em que nos torna mais compreensivos e abertos para a natureza, a sociedade, o semelhante.

Isso posto, devemos lembrar que além do conhecimento por assim dizer latente, que provém da organização das emoções e da visão do mundo, há na literatura níveis de conhecimento intencional, isto é, planejados pelo autor e conscientemente assimilados pelo receptor. Estes níveis são os que chamam imediatamente a atenção e é neles que o autor injeta as suas intenções de propaganda, ideologia, crença, revolta, adesão etc. Um poema abolicionista de Castro Alves atua pela eficiência da sua organização formal, pela qualidade do sentimento que exprime, mas também pela natureza da sua posição política e humanitária. Nestes casos a literatura satisfaz, em outro nível, à necessidade de conhecer os sentimentos e a sociedade, ajudando-nos a tomar posição em face deles. É aí que se situa a *literatura social*, na qual pensamos quase exclusivamente quando se trata de uma realidade tão política e humanitária quanto a dos direitos humanos, que partem de uma análise do universo social e procuram retificar as suas iniquidades.

Falemos portanto alguma coisa a respeito das produções literárias nas quais o autor deseja expressamente assumir posição em face dos problemas. Disso resulta uma literatura empenhada, que parte de posições éticas, políticas, religiosas ou simplesmente humanísticas. São casos em que o autor tem convicções e deseja exprimi-las; ou parte de certa visão da realidade e a manifesta com tonalidade crítica. Daí pode surgir um perigo: afirmar que a literatura só alcança a verdadeira função quando é deste tipo. Para a Igreja católica, durante muito tempo, a *boa literatura* era a que mostrava a verdade da sua doutrina, premiando a virtude, castigando o pecado. Para o regime soviético, a literatura autêntica era a que descrevia as lutas do povo, cantava a construção do socialismo ou celebrava a classe operária. São posições falhas e prejudiciais à verdadeira produção literária, porque têm como pressuposto que ela se justifica por meio de finalidades alheias ao plano estético, que é o decisivo. De fato, sabemos que em literatura uma mensagem ética, política, religiosa ou mais geralmente social só tem eficiência quando for reduzida a estrutura literária, a forma ordenadora. Tais mensagens são válidas como quaisquer outras, e não podem ser proscritas; mas a sua validade depende da forma que lhes dá existência como um certo tipo de objeto.

5

Feita esta ressalva, vou me demorar na modalidade de literatura que visa a descrever e eventualmente a tomar posição em face das iniquidades sociais, as mesmas que alimentam o combate pelos direitos humanos.

Falei há pouco de Castro Alves, exemplo brasileiro que geralmente lembramos nesses casos. A sua obra foi em parte um poderoso libelo contra a escravidão, pois ele assumiu posição de luta e contribuiu para a causa que procurava servir. O seu efeito foi devido ao talento do poeta, que fez obra autêntica porque foi capaz de elaborar em termos esteticamente válidos os pontos de vista humanitários e políticos. Animado pelos mesmos sentimentos e dotado de temperamento igualmente generoso foi Bernardo Guimarães, que escreveu o romance *A escrava Isaura* também como libelo. No entanto, visto que só a intenção e o assunto não bastam, esta é uma obra de má qualidade e não satisfaz os requisitos que asseguram a eficiência real do texto. A paixão abolicionista estava presente na obra de ambos os autores, mas um deles foi capaz de criar a organização literária adequada e o outro não. A eficácia humana é função da eficácia estética, e portanto o que na literatura age como força humanizadora é a própria literatura, ou seja, a capacidade de criar formas pertinentes.

Isso não quer dizer que só serve a obra perfeita. A obra de menor qualidade também atua, e em geral um movimento literário é constituído por textos de qualidade alta e textos de qualidade modesta, formando no conjunto uma massa de significados que influi em nosso conhecimento e nos nossos sentimentos.

Para exemplificar, vejamos o caso do romance humanitário e social do começo do século XIX, por vários aspectos uma resposta da literatura ao impacto da industrialização que, como se sabe, promoveu a concentração urbana em escala nunca vista, criando novas e mais terríveis formas de miséria, inclusive a da miséria posta diretamente ao lado do bem-estar, com o pobre vendo a cada instante os produtos que não poderia obter. Pela primeira vez a miséria se tornou um espetáculo inevitável e todos tiveram de presenciar a sua terrível realidade nas imensas concentrações urbanas, para onde eram conduzidas ou enxotadas as massas de camponeses destinados ao trabalho industrial, inclusive como exército faminto de reserva. Saindo das regiões afastadas e dos interstícios da sociedade, a miséria se instalou nos palcos da civilização e foi se tornando cada vez mais odiosa, à medida que se percebia que ela era o quinhão injustamente imposto aos verdadeiros produtores da riqueza, os operários, aos quais foi preciso um século de lutas para verem reconhecidos os direitos mais elementares. Não é preciso recapitular o que todos sabem, mas apenas lembrar que naquele tempo a condição de vida sofreu uma deterioração terrível, que logo alarmou as consciências mais sensíveis e os observadores lúcidos, gerando não apenas livros como o de Engels sobre a condição da classe trabalhadora na Inglaterra, mas uma série de romances que descrevem a nova situação do pobre.

Assim, o pobre entra de fato e de vez na literatura como tema importante, tratado com dignidade, não mais como delinquente, personagem cômico ou pitoresco. Enquanto de um lado o operário começava a se organizar para a grande luta secular na defesa dos seus direitos ao mínimo necessário, de outro lado os escritores começavam a perceber a realidade desses direitos, iniciando pela narrativa da sua vida, suas quedas, seus triunfos, sua realidade desconhecida pelas classes bem aquinhoadas. Este fenômeno é em grande parte ligado ao Romantismo, que, se teve aspectos francamente tradicionalistas e conservadores, teve também outros messiânicos e humanitários de grande generosidade, bastando lembrar que o socialismo, que se configurou naquele momento, é sob muitos aspectos um movimento de influência romântica.

Ali pelos anos de 1820-1830 nós vemos o aparecimento de um romance social, por vezes de corte humanitário e mesmo certos toques messiânicos, focalizando o pobre como tema literário importante. Foi o caso de Eugène Sue, escritor de segunda ordem mas extremamente significativo de um momento histórico. Nos seus livros ele penetrou no universo da miséria, mostrou a convivência do crime e da virtude, misturando os delinquentes e os trabalhadores honestos, descrevendo a persistência da pureza no meio do vício, numa visão complexa e mesmo convulsa da sociedade industrial no seu início.

Talvez o livro mais característico do humanitarismo romântico seja *Os miseráveis*, de Victor Hugo. Um dos seus temas básicos é a ideia de que a pobreza, a ignorância e a opressão geram o crime, ao qual o homem é por assim dizer condenado pelas condições sociais. De maneira poderosa, apesar de declamatória e prolixa, ele retrata as contradições da sociedade do tempo e focaliza uma série de problemas graves. Por exemplo, o da criança brutalizada pela família, o orfanato, a fábrica, o explorador — o que seria um traço frequente no romance do século XIX. N'*Os miseráveis* há a história da pobre mãe solteira Fantine, que confia a filha a um par de sinistros malandros, de cuja tirania brutal ela é salva pelo criminoso regenerado, Jean Valjean.

Victor Hugo manifestou em vários outros lugares da sua obra a piedade pelo menor desvalido e brutalizado, inclusive de maneira simbólica n'*O homem que ri*, história do filho de um nobre inglês proscrito, que é entregue a uma quadrilha de bandidos especializados em deformar crianças para vendê-las como objetos de divertimento dos grandes. No caso, o pequeno é operado nos lábios e músculos faciais de maneira a ter um ríctus permanente que o mantém como se estivesse sempre rindo. É Gwymplaine, cuja mutilação representa simbolicamente o estigma da sociedade sobre o desvalido.

Dickens tratou do assunto em mais de uma obra, como *Oliver Twist*, onde narra a iniquidade dos orfanatos e a utilização dos meninos pelos ladrões organizados, que os transformam no que hoje chamamos trombadinhas. Leitor de Eugène Sue e Dickens, Dostoiévski levou a extremos de patético o problema da violência contra a infância, até chegar à violação sexual confessada por Stavróguin em *Os demônios*.

Muito da literatura messiânica e humanitária daquele tempo (não estou incluindo Dostoiévski, que é outro setor) nos parece hoje declamatória e por vezes cômica. Mas é curioso que o seu travo amargo resiste no meio do que já envelheceu de vez, mostrando que a preocupação com o que hoje chamamos direitos humanos pode dar à literatura uma força insuspeitada. E reciprocamente, que a literatura pode incutir em cada um de nós o sentimento da urgência de tais problemas. Por isso, creio que a entrada do pobre no temário do romance, no tempo do

Romantismo, e o fato de ser tratado nele com a devida dignidade, é um momento relevante no capítulo dos direitos humanos através da literatura.

A partir do período romântico a narrativa desenvolveu cada vez mais o lado social, como aconteceu no Naturalismo, que timbrou em tomar como personagens centrais o operário, o camponês, o pequeno artesão, o desvalido, a prostituta, o discriminado em geral. Na França, Émile Zola conseguiu fazer uma verdadeira epopeia do povo oprimido e explorado, em vários livros da série dos *Rougon-Macquart*, retratando as consequências da miséria, da promiscuidade, da espoliação econômica, o que fez dele um inspirador de atitudes e ideias políticas. Sendo ele próprio inicialmente apolítico, interessado apenas em analisar objetivamente os diversos níveis da sociedade, esta consequência da sua obra nada tinha a ver com suas intenções. Mas é interessante que a força política latente dos seus textos acabou por levá-lo à ação e torná-lo um dos maiores militantes na história da inteligência empenhada. Isto se deu quando ele assumiu posição contra a condenação injusta do capitão Alfred Dreyfus, cujo processo, graças ao seu famoso panfleto *J'Accuse*, entrou em fase de revisão, terminada pela absolvição final. Mas antes desse desfecho (que não chegou a ver, porque já morrera), Zola foi julgado e condenado à prisão por ofensa ao Exército, o que o obrigou a se refugiar na Inglaterra. Aí está um exemplo completo de autor identificado com a visão social da sua obra, que acaba por reunir produção literária e militância política.

Tanto no caso da literatura messiânica e idealista dos românticos, quanto no caso da literatura realista, na qual a crítica assume o cunho de verdadeira investigação orientada da sociedade, estamos em face de exemplo de literatura empenhada numa tarefa ligada aos direitos humanos. No Brasil isto foi claro nalguns momentos do Naturalismo, mas ganhou força real sobretudo no decênio de 1930, quando o homem do povo com todos os seus problemas passou a primeiro plano e os escritores deram grande intensidade ao tratamento literário do pobre.

Isso foi devido sobretudo ao fato do romance de tonalidade social ter passado da denúncia retórica, ou da mera descrição, a uma espécie de crítica corrosiva, que podia ser explícita, como em Jorge Amado, ou implícita, como em Graciliano Ramos, mas que em todos eles foi muito eficiente naquele período, contribuindo para incentivar os sentimentos radicais que se generalizaram no país. Foi uma verdadeira onda de desmascaramento social, que aparece não apenas nos que ainda lemos hoje, como os dois citados e mais José Lins do Rego, Rachel de Queiroz ou Erico Verissimo, mas em autores menos lembrados, como Abguar Bastos, Guilhermino Cesar, Emil Farhat, Amando Fontes, para não falar de tantos outros praticamente esquecidos, mas que contribuíram para formar o batalhão de escritores empenhados em expor e denunciar a miséria, a exploração econômica, a marginalização, o que os torna, como os outros, figurantes de uma luta virtual pelos direitos humanos. Seria o caso de João Cordeiro, Clovis Amorim, Lauro Palhano etc.

6

Acabei de focalizar a relação da literatura com os direitos humanos de dois ângulos diferentes. Primeiro, verifiquei que a literatura corresponde a uma necessidade universal que deve ser satisfeita sob pena de mutilar a personalidade, porque pelo fato de dar forma aos sentimentos e à visão do mundo ela nos organiza, nos liberta do caos e portanto nos humaniza. Negar a fruição da literatura é mutilar a nossa humanidade. Em segundo lugar, a literatura pode ser um instrumento consciente de desmascaramento, pelo fato de focalizar as situações de restrição dos direitos, ou de negação deles, como a miséria, a servidão, a mutilação espiritual. Tanto num nível quanto no outro ela tem muito a ver com a luta pelos direitos humanos.

A organização da sociedade pode restringir ou ampliar a fruição deste bem humanizador. O que há de grave numa sociedade como a brasileira é que ela mantém com a maior dureza a estratificação das possibilidades, tratando como se fossem compressíveis muitos bens materiais e espirituais que são incompressíveis. Em nossa sociedade há fruição segundo as classes na medida em que um homem do povo está praticamente privado da possibilidade de conhecer e aproveitar a leitura de Machado de Assis ou Mário de Andrade. Para ele, ficam a literatura de massa, o folclore, a sabedoria espontânea, a canção popular, o provérbio. Estas modalidades são importantes e nobres, mas é grave considerá-las como suficientes para a grande maioria que, devido à pobreza e à ignorância, é impedida de chegar às obras eruditas.

Nessa altura é preciso fazer duas considerações: uma relativa à difusão possível das formas de literatura erudita em função da estrutura e da organização da sociedade; outra, relativa à comunicação entre as esferas da produção literária.

Para que a literatura chamada erudita deixe de ser privilégio de pequenos grupos, é preciso que a organização da sociedade seja feita de maneira a garantir uma distribuição equitativa dos bens. Em princípio, só numa sociedade igualitária os produtos literários poderão circular sem barreiras, e neste domínio a situação é particularmente dramática em países como o Brasil, onde a maioria da população é analfabeta, ou quase, e vive em condições que não permitem a margem de lazer indispensável à leitura. Por isso, numa sociedade estratificada deste tipo a fruição da literatura se estratifica de maneira abrupta e alienante.

Pelo que sabemos, quando há um esforço real de igualitarização há aumento sensível do hábito de leitura, e portanto difusão crescente das obras. A União Soviética (que neste capítulo é modelar) fez um grande esforço para isto, e lá as tiragens editoriais alcançam números para nós inverossímeis, inclusive de textos inesperados, como os de Shakespeare, que em nenhum outro país é tão lido, segundo vi registrado nalgum lugar. Como seria a situação numa sociedade idealmente organizada com base na sonhada igualdade completa, que nunca conhecemos e talvez nunca venhamos a conhecer? No entusiasmo da construção socialista, Trótski previa que nela a média dos homens seria do nível de Aristóteles, Goethe e Marx... Utopia à parte, é certo que quanto mais igualitária for a sociedade, e quanto mais lazer proporcionar, maior deverá ser a difusão humanizadora das obras literárias, e, portanto, a possibilidade de contribuírem para o amadurecimento de cada um.

Nas sociedades de extrema desigualdade, o esforço dos governos esclarecidos e dos homens de boa vontade tenta remediar na medida do possível a falta de oportunidades culturais. Nesse rumo, a obra mais impressionante que conheço no Brasil foi de Mário de Andrade no breve período em que chefiou o Departamento de Cultura da Cidade de São Paulo, de 1935 a 1938. Pela primeira vez entre nós viu-se uma organização da cultura com vista ao público mais amplo possível. Além da remodelação em larga escala da Biblioteca Municipal, foram criados: parques infantis nas zonas populares; bibliotecas ambulantes, em furgões que estacionavam nos diversos bairros; a discoteca pública; os concertos de ampla difusão, baseados na novidade de conjuntos organizados aqui, como quarteto de cordas, trio instrumental, orquestra sinfônica, corais. A partir de então a cultura musical média alcançou públicos maiores e subiu de nível, como demonstram as fichas de consulta da Discoteca Pública Municipal e os programas de eventos, pelos quais se observa diminuição do gosto até então quase exclusivo pela ópera e o solo de piano, com incremento concomitante do gosto pela música de câmara e a sinfônica. E tudo isso concebido como atividade destinada a todo o povo, não apenas aos grupos restritos de amadores.

Ao mesmo tempo, Mário de Andrade incrementou a pesquisa folclórica e etnográfica, valorizando as culturas populares, no pressuposto de que todos os níveis são dignos e que a ocorrência deles é função da dinâmica das sociedades. Ele entendia a princípio que as criações populares eram fonte das eruditas, e que de modo geral a arte vinha do povo. Mais tarde, inclusive devido a uma troca de ideias com Roger Bastide, sentiu que na verdade há uma corrente em dois sentidos, e que a esfera erudita e a popular trocam influências de maneira incessante, fazendo da criação literária e artística um fenômeno de vasta intercomunicação.

Isto faz lembrar que, envolvendo o problema da desigualdade social e econômica, está o problema da intercomunicação dos níveis culturais. Nas sociedades que procuram estabelecer regimes igualitários, o pressuposto é que todos devem ter a possibilidade de passar dos níveis populares para os níveis eruditos como consequência normal da transformação de estrutura, prevendo-se a elevação sensível da capacidade de cada um graças à aquisição cada vez maior de conhecimentos e experiências. Nas sociedades que mantêm a desigualdade como norma, e é o caso da nossa, podem ocorrer movimentos e medidas, de caráter público ou privado, para diminuir o abismo entre os níveis e fazer chegar ao povo os produtos eruditos. Mas, repito, tanto num caso quanto no outro está implícita como questão maior a correlação dos níveis. E aí a experiência mostra que o principal obstáculo pode ser a falta de oportunidade, não a incapacidade.

A partir de 1934 e do famoso Congresso de Escritores de Karkov, generalizou-se a questão da *literatura proletária*, que vinha sendo debatida desde a vitória da Revolução Russa, havendo uma espécie de convocação universal em prol da produção socialmente empenhada. Uma das alegações era a necessidade de dar ao povo um tipo de literatura que o interessasse realmente, porque versava os seus problemas específicos de um ângulo progressista. Nessa ocasião, um escritor francês bastante empenhado, mas não sectário, Jean Guéhenno, publicou na revista *Europe* alguns artigos relatando uma experiência simples: ele deu para ler a gente modesta, de pouca instrução, romances populistas, empenhados na posição ideológica ao lado do trabalhador e do pobre. Mas não houve o menor interesse da parte das pessoas a que se dirigiu. Então, deu-lhes livros de Balzac, Stendhal, Flaubert, que os fascinaram. Guéhenno queria mostrar com isto que a boa literatura tem alcance universal, e que ela seria acolhida devidamente pelo povo se chegasse até ele. E por aí se vê o efeito mutilador da segregação cultural segundo as classes.

Lembro ainda de ter ouvido nos anos de 1940 que o escritor e pensador português Agostinho da Silva promoveu cursos noturnos para operários, nos quais comentava textos de filósofos, como Platão, que despertaram o maior interesse e foram devidamente assimilados.

Maria Victoria Benevides narra a este respeito um caso exemplar. Tempos atrás foi aprovada em Milão uma lei que assegura aos operários certo número de horas destinadas a aperfeiçoamento cultural em matérias escolhidas por eles próprios. A expectativa era que aproveitariam a oportunidade para melhorar o seu nível profissional por meio de novos conhecimentos técnicos ligados à atividade de cada um. Mas para surpresa geral, o que quiseram na grande maioria foi aprender bem a sua língua (muitos estavam ainda ligados aos dialetos regionais) e conhecer a literatura italiana. Em segundo lugar, queriam aprender violino.

Este belo exemplo leva a falar no poder universal dos grandes clássicos, que ultrapassam a barreira da estratificação social e de certo modo podem redimir as distâncias impostas pela desigualdade econômica, pois têm a capacidade de interessar a todos e portanto devem ser levados ao maior número.

Para ficar na Itália, é o caso assombroso da *Divina comédia*, conhecida em todos os níveis sociais e por todos eles consumida como alimento humanizador. Mais ainda: dezenas de milhares de pessoas sabem de cor os 34 cantos do "Inferno"; um número menor sabe de cor não apenas o "Inferno", mas também o "Purgatório"; e muitos mil sabem além deles o "Paraíso", num total de cem cantos e mais de 13 mil versos... Lembro de ter conhecido na minha infância, em Poços de Caldas, o velho sapateiro italiano Crispino Caponi que sabia o "Inferno" completo e recitava qualquer canto que se pedisse, sem parar de bater as suas solas.

Os italianos são hoje alfabetizados e a Itália é um país saturado da melhor cultura. Mas noutros países, mesmo os analfabetos podem participar bem da literatura erudita quando lhes é dada a oportunidade. Se for permitida outra lembrança pessoal, contarei que quando eu tinha doze anos, na mesma cidade de Poços de Caldas, um jardineiro português e sua esposa brasileira, ambos analfabetos, me pediram para lhes ler o *Amor de perdição*, de Camilo Castelo Branco, que já tinham ouvido de uma professora na fazenda onde trabalhavam antes e que os havia fascinado. Eu atendi e verifiquei como assimilavam bem, com emoção inteligente.

O *Fausto*, o *Dom Quixote*, *Os Lusíadas*, Machado de Assis podem ser fruídos em todos os níveis e seriam fatores inestimáveis de afinamento pessoal, se a nossa sociedade iníqua não segregasse as camadas, impedindo a difusão dos produtos culturais eruditos e confinando o povo a apenas uma parte da cultura, a chamada popular. A este respeito o Brasil se distingue pela alta taxa de iniquidade, pois como é sabido temos de um lado os mais altos níveis de instrução e de cultura erudita, e de outro a massa numericamente predominante de espoliados, sem acesso aos bens desta, e aliás aos próprios bens materiais necessários à sobrevivência.

Nesse contexto, é revoltante o preconceito segundo o qual as minorias que podem participar das formas requintadas de cultura são sempre capazes de apreciá-las, o que não é verdade. As classes dominantes são frequentemente desprovidas de percepção e interesse real pela arte e a literatura ao seu dispor, e muitos dos seus segmentos as fruem por mero esnobismo, porque este ou aquele autor está na moda, porque dá prestígio gostar deste ou daquele pintor. Os exemplos que vimos há pouco sobre a sofreguidão comovente com que os pobres e mesmo analfabetos recebem os bens culturais mais altos mostram que o que há mesmo é espoliação, privação de bens espirituais que fazem falta e deveriam estar ao alcance como um direito.

7

Portanto, a luta pelos direitos humanos abrange a luta por um estado de coisas em que todos possam ter acesso aos diferentes níveis da cultura. A distinção entre cultura popular e cultura erudita não deve servir para justificar e manter uma separação iníqua, como se do ponto de vista cultural a sociedade fosse dividida em esferas incomunicáveis, dando lugar a dois tipos incomunicáveis de fruidores. Uma sociedade justa pressupõe o respeito dos direitos humanos, e a fruição da arte e da literatura em todas as modalidades e em todos os níveis é um direito inalienável.

(1988)

Radicalismos

1

O meu intuito é mostrar a ocorrência de ideias radicais no Brasil e tentar caracterizá-las por meio de alguns exemplos, tendo como ponto de referência três autores significativos. Para isso, é bom começar mencionando o seu oposto, o pensamento conservador, pois à medida que o tempo corre verifica-se que um dos traços fundamentais da mentalidade e do comportamento político no Brasil é a persistência das posições conservadoras, formando uma barreira quase intransponível. Já se tornou lugar-comum dizer que só temos conseguido formular pontos de vista enquadrados por elas, mas quase ninguém lembra o seguinte: o escritor que disse isso pela primeira vez, de modo talvez insuperado até hoje, foi Manoel Bomfim, cujo pensamento pode ser considerado plenamente radical. Outra coisa a ser mencionada: investigar os traços de pensamento radical é condição indispensável para o exercício adequado e eficiente das ideias de transformação social, inclusive as de corte revolucionário.

2

Pode-se chamar de radicalismo, no Brasil, o conjunto de ideias e atitudes formando contrapeso ao movimento conservador que sempre predominou. Este conjunto é devido a alguns autores isolados que não se integram em sistemas, pois aqui nunca floresceu em escala apreciável um corpo próprio de doutrina politicamente avançada, ao contrário do que se deu em países como o Uruguai, o Peru, o México e Cuba. Digo que o radicalismo forma contrapeso porque é um modo progressista de reagir ao estímulo dos problemas sociais prementes, em oposição ao modo conservador. Gerado na classe média e em setores esclarecidos das classes dominantes, ele não é um pensamento revolucionário, e, embora seja fermento transformador, não se identifica senão em parte com os interesses específicos das classes trabalhadoras, que são o segmento potencialmente revolucionário da sociedade.

De fato, o radical se opõe aos interesses de sua classe apenas até certo ponto, mas não representa os interesses finais do trabalhador. É fácil ver isso observando que ele pensa os problemas na escala da nação, como um todo, preconizando soluções para a nação, como um todo. Deste modo, passa por cima do antagonismo entre as classes; ou por outra, não localiza devidamente os interesses próprios das classes subalternas, e assim não vê a realidade à luz da tensão entre elas e as dominantes. O resultado é que tende com frequência à harmonização e à conciliação, não às soluções revolucionárias.

Quando o duque de La Rochefoucauld-Liancourt deu a notícia da tomada da Bastilha a Luís XVI, este perguntou atônito: "Mas então é uma revolta?". E o outro: "Não, Senhor, é uma revolução". Glosando os termos desse diálogo célebre, dir-se-ia que o radical é sobretudo um revoltado, e embora o seu pensamento possa avançar até posições realmente transformadoras, pode também recuar para posições conservadoras. Mesmo que o *pensamento* chegue a um teor de ousadia equivalente à do pensamento revolucionário, em geral ele não produz um *comportamento* revolucionário. O revolucionário, mesmo de origem burguesa, é capaz de sair da sua classe; mas o radical, quase nunca. Assim, o revolucionário e o radical podem ter *ideias* equivalentes, mas enquanto o primeiro chega até a ação adequada a elas, isto não acontece com o segundo, que em geral contemporiza na hora da ruptura definitiva.

No entanto, em países como o Brasil o radical pode ter papel transformador de relevo, porque é capaz de avançar realmente, embora até certo ponto. Deste modo pode atenuar o imenso arbítrio das classes dominantes e, mais ainda, abrir caminho para soluções que além de abalar a rija cidadela conservadora contribuem para uma eventual ação revolucionária. Isso porque nos países subdesenvolvidos, marcados pela extrema desigualdade econômica e social, o nível de consciência política do povo não corresponde à sua potencialidade revolucionária. Nessas condições o radical pode assumir papel relevante para suscitar e desenvolver esta consciência e para definir as medidas progressistas as mais avançadas *possíveis*. Digamos que ele pode tornar-se um agente do possível mais avançado.

Portanto, no que tem de positivo o radical serve à causa das transformações viáveis em sociedades conservadoras como a nossa, cheias de sobrevivências oligárquicas, sujeitas ainda por muito tempo à interferência periódica dos militares. O radicalismo seria um corretivo da tendência predominante nessas sociedades, que consiste em canalizar as reivindicações e as reformas, deformando-as por meio de soluções de tipo populista, isto é, as que manipulam o dinamismo popular a fim de contrariar os interesses do povo e manter o máximo possível de privilégios e vantagens das camadas dominantes.

Mas o radical pode também ser fator negativo, na medida em que traz consigo elementos de atenuação, e mesmo de oportunismo inconsciente, que podem desviar o curso das transformações. Ele tem de fato um toque de ambiguidade, mas por isso mesmo pode ser conduzido para o seu lado melhor e contribuir para políticas realmente transformadoras, em termos adequados à realidade social e histórica do país, e não segundo tentativas mais ou menos frágeis de transpor fórmulas elaboradas para outros contextos.

Neste sentido pode-se lembrar o destino histórico do marxismo, que é sempre apresentado como a doutrina em estado de pureza por todos os regimes que o adotam, mas que no entanto só tem funcionado quando se combina às tradições radicais de cada lugar, propiciando combinações que permitem o seu êxito. É o caso da Rússia, onde o encontro com a tradição local produziu o marxismo-leninismo, fórmula que só vale integralmente para ela. É o caso do maoismo, que foi o encontro do marxismo com as tradições da revolta agrária da China, dando lugar a uma fórmula que só para ela funciona. Perto de nós é o caso de Cuba, onde o que se chama oficialmente marxismo-leninismo é na verdade uma combinação feliz do marxismo com a tradição radical do país, sobretudo o pensamento de José Martí e a prática guerrilheira que veio desde as lutas pela independência política no século passado.

Resumindo: os radicalismos de cada país podem ser a condição de êxito do pensamento revolucionário, inclusive o que se inspira no marxismo. Daí ser conveniente investigar quais são os tipos e mesmo os simples fermentos ocasionais de radicalismo no passado brasileiro, a fim de que se possa não apenas por meio deles combater o pensamento e a prática conservadora, maciço central da nossa tradição política, mas também usá-los como ingrediente para a transposição e eventual criação de posições revolucionárias.

3

Como ficou dito, o radicalismo é essencialmente um fenômeno ligado às classes médias, mas no Brasil tem se manifestado também, curiosamente, como desvio ocasional da mentalidade das classes dominantes, inclusive as oligarquias tradicionais. Por outras palavras, nos interstícios do pensamento e da ação dos conservadores ligados às oligarquias, ou exprimindo os seus interesses, às vezes brotam traços inesperados de radicalidade, que podem inclusive motivar formulações e medidas progressistas. Um conservador como Gonçalves de Magalhães, por exemplo, diz a certa altura de *Fatos do espírito humano*, para mostrar que, mesmo sendo possível, a satisfação completa das necessidades materiais não apagaria a inquietação que leva o homem a especular filosoficamente:

> [...] se esses milhares de escravos de raça branca, a que na linguagem culta da Europa dá-se o nome de povo, trabalhador ou proletário, deixassem de comparar com olhos esfaimados os belos produtos de suas mãos com a sua nudez e miséria, e o escasso pão amargo que repartem com seus filhos, com as sobras dos festins dos ricos, lançadas todos os dias aos cães; se pudessem participar um pouco dos benefícios desta decantada civilização, que, bem como o raio de sol, não penetra o horror das suas esquálidas espeluncas [...].

Outro conservador, já em nosso século, Alberto Torres, opôs argumentos fortes ao preconceito pseudocientífico que no seu tempo desqualificava a mestiçagem e aceitava a desigualdade mental das raças, do mesmo modo que uma geração mais tarde Gilberto Freyre fazia algo de acentuada radicalidade, sem prejuízo do cunho aristocrático de sua obra, ao propor como tema obrigatório o papel do negro na sociedade brasileira. Esses seriam casos de radicalidade intersticial, e no fundo incoerente em relação aos corpos de doutrina nos quais se manifestam. Com efeito, vindo das classes dominantes o radicalismo parece uma aberração.

Por outro lado, vindo do povo trabalhador pareceria uma diminuição, levando em conta os seus interesses próprios e sua potencialidade política, que é revolucionária. Mas em relação à classe média o radicalismo é normal, talvez a única atitude transformadora possível dentro do seu destino, da sua posição na estrutura da sociedade e da função histórica dos seus setores esclarecidos.

Quando surge a necessidade inevitável de mudança, as classes dominantes procuram fazer concessões mínimas que não alterem o statu quo, enquanto a classe trabalhadora tende às transformações profundas de cunho revolucionário, porque só isso pode alterar a sua posição. Ora, se a revolução não for possível, o meio de superar o disfarce da concessão mínima é tentar a modificação mais funda, presente nas concepções radicais. Por isso, em certas conjunturas o radicalismo pode ser não apenas o caminho viável, mas conveniente. Conhecer as suas manifestações na história do Brasil é adquirir instrumentos que permitem a consciência clara do rumo que as transformações podem e devem tomar. É o que pretendo sugerir pelo comentário de algumas posições significativas, num período que cobre pouco mais de meio século; digamos, do movimento abolicionista ao golpe de Estado de 1937. Esse período corresponde à crise da Monarquia, à consolidação da República oligárquica, e depois à sua crise; e os pensadores escolhidos são Joaquim Nabuco, Manoel Bomfim e Sérgio Buarque de Holanda. Como pressuposto do comentário a ser feito sobre eles, tenho em mente algumas indagações sobre a maneira pela qual, nesse período, os intelectuais e políticos encaravam certos problemas cruciais, cuja resposta valia por teste ideológico. Por exemplo: o que é povo; como encarar o trabalho; como encarar a oligarquia; como avaliar as raças humanas; o que pensar do imperialismo; como conceber a estrutura da sociedade. Tem havido respostas conservadoras, liberais e radicais e, a partir do começo do século XX, também respostas revolucionárias. As respostas radicais que veremos mostram que no Brasil o radicalismo dos políticos e intelectuais pode ser ocasional, passageiro ou permanente.

4

Começando por Nabuco, é preciso dizer que a primeira estudiosa a ressaltar de maneira sistemática o seu radicalismo deve ter sido Paula Beiguelman, desde os anos de 1950. É notável a história desse aristocrata que conseguiu sair por algum tempo do círculo de interesses da sua classe, e a quem o movimento abolicionista deu uma clarividência assombrosa, que durou cerca de dez anos. Durante esse lapso ele enxergou além do seu tempo e teve uma noção correta da sociedade brasileira real, percebendo de maneira talvez única naquele momento qual era a condição do trabalhador e, como decorrência, qual era a natureza verdadeira do povo brasileiro.

Nabuco sentiu que, sendo produtor de riqueza, e portanto esteio da sociedade, o escravo era um trabalhador submetido à espoliação máxima; e que os interesses da oligarquia levavam não apenas a querer manter o regime escravista, mas a transformá-lo numa espécie de modelo permanente do trabalho. Esta verdadeira descoberta levou-o a sentir que os projetos de imigração, sobretudo chinesa, ou os de recrutamento do homem livre para trabalho rural a prazo fixo, eram manifestações de uma mentalidade que procurava extrapolar o sistema escravista e estender as suas características a todo trabalhador, considerado como máquina humana à disposição integral do senhor, ou do patrão.

Ele viu que, sendo a massa produtora, o trabalhador escravo era o grosso do povo, e portanto tinha direito de atuar na vida política. Ora, este direito lhe era negado, não só porque ele estava excluído da cidadania, mas porque mesmo o trabalhador livre, portanto um cidadão, ficava excluído do voto pelos requisitos censitários, que restringiam ao máximo o alistamento eleitoral. Segundo Nabuco, o trabalhador não era nada, mas deveria ser tudo no futuro.

Essa visão lúcida e avançada correspondia a uma concepção realista da sociedade brasileira, que era então composta na maioria de negros e mestiços, isto é, escravos, antigos escravos, descendentes totais ou parciais de escravos. É verdade que Nabuco manifesta traços de racismo que eu chamaria inevitável, porque na sua época o racismo era baseado em noções dadas como científicas sobre a desigualdade das raças. Apesar disso, percebeu que, numa sociedade onde predominavam as pessoas chamadas *de cor*, querer excluí-las da vida política era um traço não apenas de injustiça, mas de irrealismo. Mais ainda: é visível que encarava a escravidão como sistema econômico regido pela forma mais extrema de exploração de classe, com a formação de privilégios para as mais altas. Segundo ele, a oligarquia (da qual se originara) era uma classe espoliadora, e os escravos, uma classe espoliada. Mas não chegou a definir a relação entre elas em termos de luta.

A sua concepção econômica e social do regime escravista levou-o a pôr em segundo plano os habituais argumentos humanitários e a ressaltar os aspectos econômicos e sociais. Afirmou que o regime da escravidão atrofiava a produção e concentrava anormalmente a riqueza, comprometendo a ética do trabalho em favor das tendências parasitárias. Neste sentido denunciou o latifúndio como fator negativo, mostrando que ele entregava não apenas o escravo, mas o trabalhador livre ao arbítrio do proprietário de terras, tendo como consequência a restrição da iniciativa econômica e política a pequenos grupos.

Com base em tais concepções, assumiu a posição drástica de preconizar a Abolição imediata sem indenização, rejeitando a eterna desculpa dos oligarcas (que hoje renasce a propósito da reforma agrária), segundo a qual a Abolição arruinaria a produção e prejudicaria os próprios escravos. Mas Joaquim Nabuco dizia que o escravo, ou era nascido no cativeiro e nada custara ao proprietário, que assim obtinha dele um lucro quase total; ou fora comprado, e em alguns anos já cobrira e ultrapassara o seu preço, gerando apenas lucro a partir daí; e que aliás a maioria dos escravos era propriedade ilegal, porque posterior à proibição do tráfico em 1831.

Mais importante ainda: para ele a Abolição seria apenas o começo de uma grande reforma social, porque deveria criar condições para o escravo se tornar cidadão pleno, a fim de que a sociedade mestiça e plurirracial assumisse a sua realidade. Só o povo, assim concebido e atuando na sua totalidade, livre da tirania das classes dominantes, poderia realizar o nosso destino histórico.

No entanto (e aqui tocamos numa fraqueza do radicalismo) Joaquim Nabuco via todo esse processo de libertação como algo regido pela harmonização, a reconciliação e o entendimento de opressores e oprimidos, no quadro de uma sociedade finalmente integrada. Sabemos que a realidade foi outra: o ex-escravo foi marginalizado e ficou privado dos meios de assumir plenamente a cidadania. Mas isso não invalida a lucidez de Nabuco naquele intervalo de dez anos, de 1879 a 1888, quando o contato com as massas e o diálogo com o público estimularam a radicalização do seu pensamento e da sua sensibilidade, registrada no livro *O abolicionismo* (1883) e nas conferências e discursos pronunciados durante a campanha. Depois do 15 de novembro ficou marginalizado politicamente como monarquista e, durante outros dez anos, se retirou para escrever a vida do pai sobre o pano de fundo da Monarquia. Aí agiram os atavismos de classe e ele passou ao liberalismo atenuador de *Um estadista do Império*, elaborado longe do povo, em diálogo tácito com as sombras de um passado que interferiu nas suas ideias. Depois de 1899 entrou para a diplomacia e foi servir no exterior, acabando por tornar-se instrumento fiel do pan-americanismo, disfarce do objetivo real, que era subordinar a América Latina ao predomínio dos Estados Unidos. Nabuco se entusiasmou por isso, como se fosse a solução para o Brasil e todo o subcontinente, segundo a mesma ótica de Rio

Branco, Rui Barbosa e outros. O radical de 1883 não percebeu, nos últimos dez anos de vida, que o imperialismo norte-americano era tão grave no plano externo quanto fora a escravidão no plano interno.

Portanto, Nabuco foi um radical temporário, no decênio da militância abolicionista. Esta lhe abriu os olhos e o fez conceber de maneira mais ampla e democrática o conceito de povo, que deve a ele o primeiro enfoque realmente moderno e avançado no Brasil. E um dos critérios para avaliar a radicalidade de um político ou intelectual brasileiro é averiguar o que ele considera povo, num país de tão grande variedade cultural e racial.

A ideia de *país* implicava a ideia de unidade política soberana, organizada politicamente, com seu hino, sua bandeira, seu brio nacional, configurando uma *nação*. A partir daí se construía a imagem ideológica e retórica de povo. E o que era o povo, nos documentos oficiais, nos discursos, nos livros didáticos, nas obras de reflexão? O que era essa entidade à qual se atribuíam virtudes e defeitos, para a qual se planejavam sistemas de instrução e modos de cobrar imposto? Seria toda a população, a classe média ou a elite dominante? Seria o trabalhador livre, ou também o escravo?

Na famosa circular de 1860 Teófilo Ottoni deixa claro que o povo para o qual deseja o gozo dos direitos políticos não abrange os humildes: "[...] ainda na agitação e devaneio da luta o redator da *Sentinela do Serro*" (ele próprio) "nunca sonhou senão com a democracia pacífica, a democracia da classe média, a democracia da gravata lavada [...]". Quando Campos Sales, no livro *Da propaganda à República*, de 1908, fala na vontade do povo, está se referindo ao grupo reduzido de eleitores recrutados segundo critérios restritivos, e sobretudo às elites que os dirigem. Assim, afirma que a decisão tomada por um pequeno número é mais correta, porque parte de gente qualificada, capaz de compreender os interesses da nação (ou seja, os interesses da gente mais qualificada...).

Ora, em Joaquim Nabuco o conceito de povo é longamente debatido como correspondendo à totalidade da população, branca ou negra, livre ou escrava, rica ou pobre, com o direito de se manifestar e de fazer as leis adequadas aos seus interesses, que são os interesses gerais. Daí o empenho em considerar a Abolição como vestíbulo da cidadania, devendo esta ser de natureza a dar ao Brasil uma situação correspondente ao que de fato era a sua realidade social e racial. Se um dos critérios para avaliar a radicalidade é a amplitude do grupo que se considera representativo da nacionalidade, pode-se dizer que ao formular semelhante critério para definir o povo brasileiro, englobando um universo muito mais abrangente do que o concebido em seu tempo, ele foi um grande radical, enquanto durou a campanha abolicionista.

5

Ao contrário de Joaquim Nabuco, Manoel Bomfim é um pensador pouco conhecido e não teve a consagração merecida. Nabuco, homem de enorme prestígio (em vida e depois) foi um radical provisório que acabou plenamente integrado ao establishment, do qual divergira um momento, de modo que mesmo as suas ideias mais incômodas acabaram dissolvidas no conjunto tranquilizador da sua obra e da sua ação. Manoel Bomfim foi um radical permanente, que analisou com dureza, além do regime de trabalho, as bases da sociedade brasileira e latino-americana. Mas como não tinha a personalidade fulgurante nem a escrita admirável de Nabuco, foi fácil deixá-lo em segundo plano. E deve ter contribuído para isso o fato de haver sido contestado com abundante (e falaciosa) veemência por Sílvio Romero, cuja palavra tinha muita força naquele tempo. O fato é que ficou na sombra até bem pouco, apesar de ter produzido livros didáticos que formaram várias gerações de meninos, inclusive um de êxito vasto e durável, *Através do Brasil*, feito em colaboração com Olavo Bilac.

Quem primeiro lhe fez justiça de modo satisfatório foi Dante Moreira Leite, em *O caráter nacional brasileiro* (1965). Depois veio o estudo de Aluizio Alves Filho, *Pensamento político no Brasil: Manoel Bomfim: um ensaísta esquecido* (1979). Em 1984 surgiu finalmente o estudo mais sólido e penetrante até o momento, devido a Flora Süssekind e Roberto Ventura: "Uma teoria biológica da mais-valia? (Análise da obra de Manoel Bomfim)", introdução à antologia que organizaram: *História e dependência: Cultura e sociedade em Manoel Bomfim*. No mesmo ano Darcy Ribeiro publicou no número 2 da nova *Revista do Brasil* o ensaio "Manoel Bomfim antropólogo", seguido de pequena seleção de trechos do autor. Parece portanto que ele está entrando na circulação, o que é merecido, porque foi dos pensadores mais originais e clarividentes que o Brasil teve em relação a problemas que no seu tempo eram propostos e estudados de maneira insatisfatória, como a nossa formação histórica, o teor do nosso povo, a questão racial, a tendência conservadora das elites, o imperialismo norte-americano etc.

O maciço central da sua obra é formado por quatro livros publicados em dois momentos distantes no tempo: no ano de 1905, *A América Latina*; vinte e tantos anos depois, uma série de três: *O Brasil na América* em 1929; *O Brasil na História* e *O Brasil nação*, ambos de 1931. O primeiro é o melhor e o que realmente conta. Os outros são declamatórios, prolixos e cheios de banalidades patrioteiras, embora contenham ideias notáveis e mesmo algum avanço ideológico, além da indignação generosa que os anima.

É provável que *A América Latina* tenha nascido da experiência ocasional de Manoel Bomfim como relator no julgamento de um concurso, realizado em 1898 a fim de escolher o melhor compêndio de história da América para as escolas do então Distrito Federal, nas quais seria ensinada por determinação de Medeiros e Albuquerque, diretor de Instrução Pública, tendo sido premiado o único concorrente, Rocha Pombo. O parecer de Manoel Bomfim estufa demais a parte relativa à flora e à fauna, que, embora secundárias na economia do livro, eram mais chegadas à sua formação de médico. Mas fez sobre a parte histórica considerações interessantes, algumas das quais foram depois aprofundadas no seu livro. O de Rocha Pombo, editado em 1900 pela Laemmert, do Rio, é bem-feito e parece ter sido, além de estímulo, a principal fonte de Manoel Bomfim sobre a América espanhola, pois ele chega a repetir alguns dos seus erros. De Oliveira Martins tomou não apenas a visão calamitosa da decadência ibérica e da colonização espanhola e portuguesa, mas também o tom justiceiro com que a aborda. Sílvio Romero acusou-o (com injustiça apenas parcial neste tópico) de não ter tido outra bibliografia, o que Aluizio Alves Filho contesta, lembrando que o próprio Bomfim menciona a influência recebida de um livro de Bagehot. Seja como for, as suas bases são poucas e a impregnação de Oliveira Martins é avassaladora; mas vendo pelo lado favorável, o que impressiona é justamente o fato de ter ele chegado a tantas conclusões originais a partir de base insuficiente e restrita. A sua imaginação histórica e a retidão dos seus pontos de vista foram o elemento principal na descoberta que fez de muitas relações entre os fatos e na elaboração de novas interpretações.

Darcy Ribeiro o considera o "grande intérprete do processo de formação do povo brasileiro". Por que então ficou esquecido? Penso que por causa de seu método de analogias biológicas, superadas em seguida por outras correntes da sociologia; e também porque manifestava pontos de vista politicamente incômodos para as ideologias dominantes. Flora Süssekind e Roberto Ventura propõem uma explicação mais complexa, achando para começar que as analogias com o mundo animal foram positivas, porque serviram para Manoel Bomfim interpretar de maneira metaforicamente iluminadora muitos aspectos do nosso processo histórico. Em seguida dizem que o seu texto ficou na obscuridade porque não ajuda a compreensão do leitor, devido aos seguintes motivos: referência simultânea ao biológico e ao histórico-social; crítica ao biologismo em sociologia, mas ao mesmo tempo sua utilização como sistema de conceitos; oscilação entre a linguagem apaixonada e a tentativa de rigor científico. Portanto, há na obra de Manoel Bomfim ambiguidades e contradições que dificultam o entendimento.

Creio que essas razões são válidas, mas continuo dando importância ao motivo político. Além disso Manoel Bomfim não atrai o leitor, porque é prolixo, redundante, abusa das transcrições e generaliza demais. Mas o certo é que se tudo isso explica, certamente não justifica a pouca importância que lhe foi dada, pois o seu livro de 1905 é dos mais notáveis que o pensamento social produziu no Brasil.

O título é complexo. No alto da página de rosto há uma espécie de pré-título: *O parasitismo social e a evolução*, que corresponde aos pressupostos teóricos: trata-se de um estudo sobre a exploração econômica sufocante das metrópoles sobre as colônias e, nestas, das classes dominantes sobre as classes dominadas, processos sociais que Manoel Bomfim denomina "parasitismo", por concebê-los como algo análogo ao que ocorre no mundo animal e vegetal. No meio da página o título propriamente dito, *A América Latina*, define o âmbito em que será localizado este fenômeno, isto é, o subcontinente latino-americano. Abaixo, o subtítulo, *Males de origem*, sugere uma avaliação e um método, pois deixa perceber que há em nossa formação histórica defeitos essenciais, responsáveis pelos graves problemas que nos afligem e serão analisados do ponto de vista genético.

O livro foi escrito em Paris no ano de 1903 e impresso lá em 1904, como registra o colofão, mas só apareceu em 1905, data marcada na folha de rosto.* Era o momento em que a República já estava consolidada, a Abolição ainda era recente e havia muita fraseologia liberal. No plano filosófico estava em moda o evolucionismo, com sua confiança nas explicações de cunho biológico nos estudos sociais e a convicção de que havia raças humanas superiores e inferiores. No plano ideológico deve-se registrar a entrada do socialismo e do anarquismo. No plano da política internacional era o começo da fase agressiva do imperialismo norte-americano na América Latina. As posições de Manoel Bomfim sofreram com certeza influência direta dessas circunstâncias, mas os seus pontos de vista discrepam da opinião dominante pelo arrojo e a lucidez, fazendo dele um verdadeiro radical, por vezes próximo do socialismo. Creio que foi o primeiro a elaborar um modo inconformado e desmistificador de ver a nossa Independência, assim como a natureza e o papel das classes dominantes, que estudou à luz da sua tradição irremediavelmente conservadora. E terá sido dos primeiros a rejeitar a noção pseudocientífica de superioridade das raças, atribuindo as diferenças e os graus de progresso a fatores de ordem social e cultural.

6

O ponto de partida e de referência para Manoel Bomfim é o que ele chama "parasitismo", exercido pelos países colonizadores, Espanha e Portugal, sobre as colônias, que eles contaminaram

* Em outubro de 1982 fiz no Instituto de Relações Latino-Americanas (Irla) da Pontifícia Universidade Católica de São Paulo uma palestra que foi a primeira versão deste texto. Um dos ouvintes, o historiador Leon Pomer, observou na discussão subsequente que na mesma ocasião estava em Paris o pensador argentino Manuel Ugarte, cujas ideias parecem com as de Manoel Bomfim, segundo ele. E indagou: teria havido contato entre ambos?

com os seus males. Os males derivam essencialmente da desqualificação que estigmatiza o trabalho, pois este é imposto ao escravo e portanto se torna atividade indigna do homem livre. Ora, o trabalho produz o excedente, que se transforma em lucro, transformando o possuidor do capital em parasita, isto é, alguém que não trabalha e vive do esforço alheio. Este parasita acaba sofrendo as consequências da situação, pois se torna egoísta e ocioso, decaindo socialmente e cedendo o lugar a outros mais capazes, que vão subindo. Notemos que na primeira parte do raciocínio Manoel Bomfim se aproxima de Marx, ao definir praticamente a mais-valia, como viram Flora Süssekind e Roberto Ventura, que falam em "teoria biológica da mais-valia". Mas na segunda se afasta dele, aproximando-se de algo parecido com a teoria da circulação das elites, de Vilfredo Pareto, que por meio dela procurou descartar a concepção da luta de classes, vendo a mobilidade vertical da sociedade como mecanismo de renovação dos grupos dirigentes.

Manoel Bomfim diz que o processo de exploração econômica pode ser tão brutal, que destrói o explorado. Foi o caso da escravidão africana no Brasil, onde o escravo destruído fisicamente pela brutalidade do sistema é substituído por novos escravos fornecidos pelo tráfico. Além disso, há outra consequência dramática: o explorado é constrangido a assegurar a sobrevivência do explorador, não apenas cedendo-lhe o fruto do seu trabalho, mas defendendo-o e apoiando-o, como capanga, soldado ou eleitor, quando liberto. Nas guerras da América Latina, índios e negros asseguraram como soldados o domínio dos seus exploradores, e foi o que aconteceu conosco na Guerra do Paraguai. Este paradoxo cruel mostra a extensão do parasitismo exercido pelas classes espoliadoras. Portanto, a base real das nossas sociedades é a exploração econômica de tipo ferozmente parasitário, e seus efeitos atuam sobre toda a vida social, gerando uma estrutura que comporta essencialmente três categorias: o escravo; os que viviam à custa do seu trabalho; a massa amorfa e frequentemente desocupada entre ambos. Portanto, um estado negativo de coisas, uma sociedade muito imperfeita.

Politicamente, o estado colonial se torna o inimigo, o espoliador, que só inspira ódio e desconfiança. Socialmente, forma-se uma população heterogênea e instável, quase dividida em castas, opondo abruptamente a classe privilegiada, de origem europeia, às populações quase sempre mestiças, ignorantes, mantidas na miséria pela espoliação, rejeitando o trabalho, que nivelava com o escravo. Daí a tendência à desordem e à turbulência, frequentes na América Latina.

A análise de Manoel Bomfim sobre as consequências deste estado de coisas é notável. A situação descrita se torna uma tradição, forma um passado, que plasma o presente como herança funesta, porque implanta automatismos, hábitos, modos de ser dos quais não temos consciência, mas segundo os quais agimos. Nesta herança colonial, o traço mais funesto é

> um *conservantismo*, não se pode dizer obstinado, por ser, em grande parte, inconsciente, mas que se pode chamar propriamente — um *conservantismo essencial*, mais afetivo que intelectual.

Esta é uma das ideias fundamentais de Manoel Bomfim, talvez a que seja politicamente mais importante do seu livro, e sem dúvida uma das mais fecundas e esclarecedoras para analisar a sociedade brasileira tradicional, assim como as suas sobrevivências até os nossos dias. O brasileiro seria um homem tornado conservador pela herança social e cultural derivada da mentalidade espoliadora da colônia, baseada no trabalho escravo, pois esta mentalidade pressupunha a continuação indefinida de um statu quo favorável à oligarquia, já que qualquer alteração poderia comprometer a sua capacidade espoliadora.

Por isso, segundo Manoel Bomfim, as nossas classes dirigentes aceitam e proclamam a ideia de progresso, mas em sentido apenas retórico, pois elas não sabem na prática relacionar o progresso com as circunstâncias, nem se adaptar a ele, quando ele se impõe e se torna necessidade. Os membros das nossas classes dirigentes "não suportam que as coisas mudem em torno deles", porque são escravos da tradição. Por isso, são e se dizem conservadores. Ora, escreve Manoel Bomfim com muita graça, ser conservador nos países que têm o que conservar é funesto; mas nos países novos, é absurdo e criminoso. A história da América Latina é um rol de crimes e abusos, porque as suas classes dirigentes são visceralmente conservadoras, e o conservantismo é incompatível com as nossas necessidades. No entanto, predomina em todo o subcontinente.

Como a lei das sociedades modernas é a evolução (diz ele), esse conservantismo das classes dominantes é grave, seja quando vem dos "teóricos da estagnação", seja quando vem dos que agem, recorrendo à violência. Estes já mataram mais gente do que todos os revolucionários de todos os tempos. É tão poderosa a natureza do conservantismo, como produto estrutural da sociedade predatória baseada no escravismo, que na América Latina todos são conservadores, até os revolucionários. Quando fala em revolucionários, Manoel Bomfim está pensando nos protagonistas das múltiplas revoluções latino-americanas, inclusive as ligadas ao processo das independências nacionais, como a nossa em 1822. Ele diz que esses revolucionários só o são

> até a hora exata de fazer a revolução, enquanto a reforma se limita a palavras; no momento da execução, o sentimento conservador os domina e o proceder de amanhã é a contradição formal às ideias.

Por isso, todos aderem *depois* da revolução, e acabam conservando o máximo possível do estado anterior de coisas.

As independências nacionais na América Latina foram exemplo disso segundo Manoel Bomfim, e neste tópico a sua análise é pioneira, tendo sido, ao menos no Brasil, o primeiro e até hoje um dos mais lúcidos e precisos a definir a verdadeira natureza desse fato, tão transfigurado pelo patriotismo. Diz ele que os naturais do país tomaram o poder, mas mantiveram a estrutura colonial, continuando o Estado como corpo estranho imposto de fora, não nascido da realidade e das necessidades locais. Os homens da Independência fizeram constituições liberais de fachada, mas deixaram a situação inalterada, com escravidão e tudo, destruindo "a ilusão dos radicais, que acreditavam nas virtudes da letra das leis". "Soberania do povo" e "democracia" são máscaras para o domínio do Estado em poder dos oligarcas, com exclusão do povo. Num raciocínio que se aproxima do de Joaquim Nabuco, diz que os membros das classes dominantes, formados no regime da escravidão, transmitem aos seus sucessores a atitude de domínio sobre o escravo, transpondo-o para o povo formalmente livre. Não sabem relacionar-se de outro modo, e as revoluções na América Latina acabam sempre em conservação do statu quo, na sua essência, porque os próprios radicais possuem um conservantismo espontâneo, inconsciente. Acabam achando que a independência formal basta, porque em matéria de política se contentam com as fórmulas e as reformas no papel.

Isto é agravado pelo fato de na América Latina, e no Brasil em particular, não haver tipos políticos extremados, que se oponham e forcem soluções a fundo; mas sim a imperceptível gradação entre um extremo e outro. (Notemos entre parênteses que Manoel Bomfim estava falando no começo do século, antes dos grandes movimentos revolucionários e da guerrilha em grande parte do subcontinente, gerando um estado de coisas diverso em países como o México, Cuba, Nicarágua.) Manoel Bomfim estabelece então, para os movimentos latino-americanos de independência no começo do século XIX, uma tipologia muito justa e pitoresca, de um extremo a outro, reconhecendo os seguintes tipos políticos: radicais, que desejavam a alteração essencial do sistema colonial; adiantados, que reconheciam esta necessidade mas queriam esperar o momento exato, pois são "intransigentes, mas cordatos"; liberais, que querem a liberdade, mas como isto é vago, se acomodam com diversas modalidades de soluções e situações; moderados, que são pacíficos, cautelosos ou neutros, conforme as necessidades; conservadores, que ficam entre os moderados e os reacionários dissimulados; reacionários, que são os irredutíveis, desejando manter tal e qual o estado de coisas.

Esta gama extensa quebra as oposições, embota as arestas e aproxima um tipo do outro, de modo que os extremos acabam se tocando em benefício de uma acomodação final. Por isso, diz ele com muito espírito e de maneira lapidar, que na América Latina os verdadeiros conservadores são os moderados, porque trabalham para impedir as medidas extremas dos dois lados e acabam conservando o máximo possível. E o Brasil foi o caso mais flagrante, ao fazer a independência mas mantendo a dinastia portuguesa.

Foi este o processo de formação das sociedades modernas da América Latina, marcadas pela desordem, a opressão, o atraso. No tempo de Manoel Bomfim a moda era atribuir tudo isso à raça, porque a ciência antropológica e a biologia afirmavam que havia raças inferiores e raças superiores, que a mestiçagem era uma forma de degradação e que nós estávamos condenados, porque éramos na maioria países mestiços. Manoel Bomfim, ainda aqui, demonstra extraordinária lucidez e uma visão antecipadora, contestando este ponto de vista. Ele afirma que o que se atribui de negativo ao índio e ao negro é na verdade fruto de circunstâncias histórico-sociais, não biológicas. Rebate inclusive o aproveitamento errado da teoria da seleção natural pela luta das espécies, de Darwin, que segundo ele não se referia às sociedades humanas, nas quais são decisivas a solidariedade e a cooperação, sendo curioso que neste passo adota sem citar o ponto de vista de Kropotkin, no livro *O auxílio mútuo*, uma das grandes bases teóricas do anarquismo. Manoel Bomfim diz também que a mestiçagem não é fator de inferioridade, pois não há nela degenerescência de raças pseudopuras.

Para ele, portanto, as explicações são de ordem social. O que houve na América Latina depois da Independência foi o que chama uma "deturpação da revolução", sempre com vitória dos conservadores sobre os radicais, gerando-se assim toda sorte de obstáculos ao progresso. No Brasil, a própria República, recente quando escreveu o livro, foi empalmada pelos conservadores e moderados, descartando o povo mais uma vez.

Uma consequência dramática da persistência das atitudes e da mentalidade conservadora (diz ele) é a desqualificação dos movimentos radicais e das personalidades inovadoras da América Latina, em benefício de uma visão favorável às oligarquias. Talvez tenha sido o primeiro brasileiro a protestar contra o fato da nossa historiografia apresentar Rosas, Francia e López como tiranos, quando na verdade eram (segundo ele) patriotas voltados para o interesse do povo.

Atitude equivalente teve em relação ao imperialismo, cuja aceitação pelas classes dominantes na América Latina atribui à persistência do domínio conservador. O seu livro foi ainda aí radical, lúcido e precursor, sendo em grande parte uma tomada de posição contra o predomínio norte-americano, no momento em que este se estendia sobre o subcontinente latino sob a forma sutil do pan-americanismo, perigosa canoa na qual embarcaram quase todos os políticos e intelectuais brasileiros do tempo, como Rio Branco, Rui Barbosa, Joaquim Nabuco e até inconformados como Sílvio

Romero. Manoel Bomfim percebeu que o pan-americanismo era um instrumento usado pelos Estados Unidos para descartar a influência econômica europeia e estabelecer a sua própria hegemonia.

As suas ideias constituem, portanto, um sólido projeto radical, que não teve eco no tempo, nem depois. Nenhum outro pensador brasileiro daquela época foi tão lúcido e avançado em face de temas cruciais, como a natureza da sociedade na América Latina, e no Brasil em particular, mostrando a persistência do colonialismo através do predomínio das oligarquias, a marginalização do povo, o perigo imperialista, a mentalidade espoliadora em relação ao trabalho, visto como prolongamento da escravidão. Por isso, esperava-se uma conclusão mais forte. Mas aí entrou em cena o que chamei a ambiguidade do radicalismo, e as consequências revolucionárias se atenuaram em benefício de uma visão *ilustrada*, segundo a qual a instrução seria remédio suficiente para redimir as massas. Deixando de lado um eventual projeto político-social realmente transformador, a conclusão discrepa do radicalismo da argumentação precedente. E de fato só bem mais tarde, no livro *O Brasil nação*, de 1931, Manoel Bomfim chegaria ao termo lógico das suas ideias e preconizaria a transformação revolucionária para resolver a marginalização histórica do povo. Com isso, a mentalidade radical se aproximou das suas consequências lógicas mais avançadas.

7

O terceiro autor que quero abordar é Sérgio Buarque de Holanda, mas vou fazê-lo rapidamente, porque na sua obra o pensamento político não tem o vulto das que analisei antes.

O seu escrito mais importante neste sentido é *Raízes do Brasil*, de 1936, onde faz uma análise da nossa formação histórica, contrariando os pontos de vista dominantes no tempo em que foi publicado.

Com efeito, os pensadores de corte conservador, como Oliveira Viana, tinham supervalorizado o papel das elites e a excelência da grande propriedade como fator de civilização e como unidade mais significativa da sociedade. Naquele tempo, reinava no Brasil uma espécie de romantismo tradicionalista que valorizava a herança colonial em sentido senhorial e ufanista, destacando as alegadas virtudes morais, econômicas e políticas do que se chamava a *aristocracia rural*. Sem remontar a uma obra involuntariamente caricatural como a *Decadência da sociedade brasileira*, de Elísio de Carvalho, que é de 1912, lembremos que o livro-chave nessa ordem de ideias era *Populações meridionais do Brasil*, de Oliveira Viana, publicado em 1920. Somada ao pensamento de Alberto Torres e mais tarde ao de Azevedo Amaral, esta tendência favorecia as concepções conservadoras e autoritárias de governo, incluindo nem sempre conscientemente o que se pode chamar "dever de tutela", a ser exercida pelas elites sobre o povo ignorante, incapaz de perceber os próprios interesses, e que precisaria ser encaminhado no rumo mais conveniente à nação. Frequentemente esses pontos de vista se associavam a um acentuado racismo, como o de Oliveira Viana, que via nas elites agrárias a presença do ariano, dominando necessariamente a "plebe rural" (expressão dele), mestiça e portanto inferior.

Mas Sérgio Buarque de Holanda afirmou com decisão que o sentido agrário da sociedade brasileira era uma etapa superada a partir da Abolição, que ele considerava a única revolução brasileira, pois destruiu as bases nas quais a oligarquia que vinha da colônia assentava a sua hegemonia política e econômica. Com este pressuposto, criticou o tradicionalismo e mostrou que o Brasil moderno era de tendência urbana e se desprendera da tradição portuguesa, para entrar num tipo de civilização que ele propunha fosse chamada de americana, porque era caracterizada por traços específicos da América, inclusive a presença e o papel da imigração de outras origens. Nos termos da discussão de *Raízes do Brasil*, isso implicava passagem de uma ética da aventura para uma ética do trabalho.

Para implementar essa grande transformação em processo, Sérgio Buarque de Holanda pesava a alternativa entre um governo autoritário de elite e um governo popular. O momento era de valorização dos regimes de força, que pareciam mostrar o caminho seguro de uma firmeza impossível nos regimes democráticos, os quais seriam necessariamente fracos. Como modelo perigoso e para muitos sedutor, o fascismo, cuja encarnação brasileira, o integralismo, se apresentava como solução nacional transformadora, sendo na verdade uma forma de manter o passado em termos de pensamento pequeno-burguês. Sérgio rejeitou esta alternativa, negando as soluções autoritárias, sem contudo afastar as medidas de força quando fossem necessárias para instaurar uma situação de avanço político. Só que este, para ele, estava no polo oposto, e avanço político em *Raízes do Brasil* significa o atendimento às reivindicações populares, por meio de um regime onde o próprio povo tomasse as rédeas.

É sabido que os intelectuais brasileiros mais liberais viam a solução dos nossos problemas através da atividade esclarecida de elites conscientes do seu papel social, cabendo a elas a grande tarefa de educar o povo, destacada por Manoel Bomfim no seu livro de 1905. Creio que Sérgio Buarque de Holanda foi o primeiro intelectual brasileiro de peso que fez uma franca opção pelo povo no terreno político, deixando claro que ele deveria assumir o seu próprio destino, por ser, inclusive, portador de qualidades eventualmente mais positivas que as da elite. Nesse momento, em 1936, rompia-se discretamente a tradição elitista do nosso pensamento social, inclusive porque Sérgio reconhecia a necessidade, para isso, de uma revolução cujos traços não sugere, mas que situa no horizonte da sua reflexão.

Com certo otimismo, ele indicava que o Brasil tinha elementos positivos para estabelecer uma democracia popular. Seriam: repulsa pela hierarquia, falta de base para o preconceito de cor e um argumento que parece mais sólido: a impossibilidade de fechar o caminho às tendências sociais de modernização, como o predomínio da cultura urbana e o cosmopolitismo, que são mais favoráveis às formas democráticas de convivência do que a herança agrária e o nacionalismo tradicionalista, muito vivo no tempo em que escreveu *Raízes do Brasil*.

(1988)

Uma palavra instável

Quando a minha geração estava na escola primária, a palavra *nacionalismo* tinha conotação diferente da de hoje. Nos livros de leitura e na orientação das famílias, correspondia em primeiro lugar a um orgulho patriótico de fundo militarista, nutrido de expulsão dos franceses, guerra holandesa e sobretudo do Paraguai. Em segundo lugar vinha a extraordinária grandeza do país, com o território imenso, o maior rio do mundo, as paisagens mais belas, a amenidade do clima. No Brasil não havia frios nem calores demasiados, a terra era invariavelmente fértil, oferecendo um campo fácil e amigo ao homem, generoso e trabalhador. Finalmente, não havia aqui preconceitos de raça nem religião, todos viviam em fraternidade, sem lutas nem violências, e ninguém conhecia a fome, pois só quem não quisesse trabalhar passaria necessidade. O famoso livro do conde Afonso Celso, *Por que me ufano do meu país* (1900), exprimia no grau de máxima exaltação e máxima ingenuidade esta visão tola e perigosa, que só mais tarde seria ironizada com o nome de *ufanismo*.

Nós, meninos, ainda sentíamos os últimos contragolpes da Campanha Nacionalista dos anos da Primeira Grande Guerra, quando homens como Olavo Bilac (autor da letra do Hino à Bandeira) lideravam movimentos cívicos a favor do serviço militar obrigatório e da instrução também compulsória (num país onde não se criavam escolas e os fazendeiros proibiam os trabalhadores de aprenderem a ler). Os Tiros de Guerra, fundados então, alinhavam os moços fardados de cáqui, entoando hinos exaltantes: "Nós somos da pátria a guarda, Fiéis soldados por ela amada", advertindo no fim:

> A paz queremos com fervor,
> A guerra só nos causa dor,
> Porém, se a Pátria amada
> For um dia ultrajada,
> Lutaremos com valor.

O "amor febril pelo Brasil" (no mesmo hino) elevava a temperatura dos escritos e dos discursos, num tempo em que a retórica empolava o tom da vida intelectual e os oradores eram a sua expressão mais vasta e popular. Foi um tempo em que o patriotismo ficou propriamente nacionalista no sentido mais agressivo da palavra, gerando o sentimento (compensatório) de superioridade e o toque de xenofobia, que costuma acompanhá-lo, cobrindo uma certa belicosidade infusa. Nos anos de 1920 esta onda gerou o último arranco do vigoroso sentimento antiportuguês que vinha da Independência, em livros como *As razões da Inconfidência* (1925), de Antônio Torres, combativo reacionário que não tinha freios na língua.

Mas Antônio Torres era também um sólido pessimista. E o pessimismo formava a outra face da moeda nacionalista: a de Sílvio Romero, a de Euclides da Cunha. O livro deste, *Os sertões*, revelou em 1902 uma imagem bem diversa do país: o interior miserável e esmagado, submetido a uma cruenta repressão militar, que no fundo refletia o desnorteio das classes dirigentes e as desmoralizava como guias do país. Era como se as estampas ingênuas do conde Afonso Celso fossem de repente dilaceradas pela garra da verdade soturna e deprimente. A partir de Euclides da Cunha, deveria ter ficado pelo menos constrangedor o ângulo eufórico, que recobria a incompetência e o egoísmo das classes dirigentes.

Que nem tudo eram rosas mostraram também certas pesquisas e descobertas científicas. Ao revelarem o estado calamitoso das populações rurais, elas comprometeram a possibilidade de uma visão tranquilamente otimista. Se de um lado o saneamento do Rio de Janeiro (1902-1906), por obra de Oswaldo Cruz, parecia redimir o país dos seus males mais humilhantes para o olho estrangeiro, a realidade explodia nas pesquisas sobre o estado catastrófico da saúde na maioria do interior, corroído por doenças como a que tomou o nome do cientista que descobriu o seu causador em 1909, Carlos Chagas. De 1915 é o discurso notável de Miguel Pereira, procurando rasgar o véu da retórica patrioteira e mostrando o outro modo de ser nacionalista: não disfarçar os fatos.

Nesse discurso, dizia ele que sob muitos aspectos "o Brasil ainda é um vasto hospital". A frase ficou, mas sem o contexto, muito mais importante. Referindo-se à campanha pelo serviço militar obrigatório, dizia o grande médico que se a pátria não dá a seus filhos saúde, alimento e instrução, não tem o direito de lhes pedir que morram por ela de armas na mão; mesmo porque, no estado em que se encontrava, a maioria da população não tinha condições para isto. Este quadro sombrio desencadeou a reação indignada dos partidários da visão eufórica, mas a frase se tornou proverbial. Logo a seguir, Monteiro Lobato (é verdade que com certa amargura desagradável de patrão decepcionado) traria a imagem do caipira desvitalizado e retrógrado, abandonado ao seu destino triste. Com isto, deu uma estocada firme no regionalismo idílico, ou pelo menos pitoresco, da maioria dos escritores do gênero.

Portanto, neste século a palavra *nacionalismo* apresentou pelo menos duas faces, opostas e complementares: a exaltação patrioteira, que hoje parece disfarce ideológico, e o contrapeso de uma visão amarga, mas real. Pela altura das comemorações do primeiro centenário da Independência (1922), houve um esforço para pensar os dois lados e extrair uma linha ponderada. Mas continuou a exacerbação patrioteira, como se vê, por exemplo, na curiosa produção de Elísio de Carvalho, que, desde 1910 e o livro *Esplendor e decadência da sociedade brasileira*, vinha elaborando uma visão fantástica, arianista, aristocrática, nativista e ao mesmo tempo fascinada pelos requintes europeus. Esse egresso do anarquismo desenvolveu um nacionalismo triunfalista, que via na grandeza do país (hipertrofiada retoricamente) o fruto dos esforços das elites arianas e fidalgas... O nacionalismo ornamental atinge aqui um dos seus limites implícitos, ao excluir tacitamente da nacionalidade o pobre, o negro, o mestiço, o chagásico, o maleitoso, o subnutrido, o escravizado, como se fossem acidentes, manchas secundárias no brasão das oligarquias, idealizadas numa espécie de leitura delirante da nossa história.

Com mais sobriedade e inegável poder de análise, Oliveira Viana traria água para a roda desse moinho em 1920, com *Populações meridionais do Brasil*. E daria argumentos para o nacionalismo autoritário e conservador dos anos de 1920 e 1930, que teria derivantes para o lado do fascismo e alimentaria a ideologia do Estado Novo a partir de 1937. Neste caso, o nacionalismo mostrava a sua faceta mais desagradável e perigosa, que é a posição política reacionária, caldo de cultura do militarismo, do provincianismo e da obtusidade cultural.

Ao mesmo tempo, os anos de 1920 viram atitudes mais fecundas e construtivas no campo da literatura, das artes e do pensamento, a começar pelas posições do Modernismo, eclodido na Semana de Arte Moderna. E também com o contraponto de tendências, a exemplo dos ensaístas (inclusive Oliveira Viana) reunidos no livro coletivo *À margem da história da República* (1924), leque de orientações que vão do tradicionalismo a certas visões lúcidas sobre o presente. Para José Antônio Nogueira, no ensaio "O ideal brasileiro desenvolvido na República", "nacionalismo é sinônimo de patriotismo", mas com um traço próprio: "O patriotismo é um sentimento profundo. O nacionalismo é acima de tudo uma atitude intelectual", que deveria se opor como tal ao socialismo, ao anarquismo, tendências antipatrióticas e internacionalistas.

Pontes de Miranda situa o problema com uma penetração que o torna precursor de tendências dos nossos dias. No estudo "Preliminares para a revisão constitucional", diz que

> *o socialismo dos proletários dos povos exploradores pode ser universalista e não patriótico; mas o dos povos explorados tem de atender ao duplo problema:* o da submissão do trabalho ao capital e o do corpo social aos outros corpos sociais. Portanto, seria errôneo não associar ao movimento trabalhista de tais países o cuidado e o interesse pelos assuntos *nacionais*, pelo que poderíamos denominar o *socialismo dos povos*. Enquanto existir opressão econômica e política entre Estados, entre nações, o socialismo dos oprimidos tem de ser *nacionalista*. (Os grifos são de Pontes de Miranda.)

Não se poderia definir com maior inteligência um problema que ia ser crucial em nossos dias, quando o nacionalismo se tornou sinônimo de luta anti-imperialista e de libertação dos países colonizados e explorados pelas nações predatórias do Primeiro Mundo.

No terreno da cultura esse período foi cheio de debates e tentativas destinadas a definir uma teoria e uma prática nacionalista nas artes e na literatura. Em tais domínios não deixa de haver certa inversão do ponto de vista de Pontes de Miranda, pois se os países de velha civilização podem prescindir relativamente de empréstimos culturais, bastando a si mesmos, os novos dependem basicamente deles. Haveria portanto uma situação meio paradoxal: no terreno social e político, o país atrasado e novo precisa ser nacionalista, no sentido de preservar e defender a sua autonomia e a sua iniciativa; mas no terreno cultural, precisa receber incessantemente as contribuições dos países ricos, que economicamente o dominam. Daí uma dialética extremamente complexa, que os modernistas brasileiros sentiram e procuraram resolver ao seu modo. É fundamental todo o seu movimento de valorização dos temas nacionais, a consciência da mestiçagem, a reabilitação dos grupos e valores marginalizados (índio, negro, proletário). Mas, curiosamente, fizeram isto recorrendo aos instrumentos libertadores da vanguarda europeia, isto é, dos países de cujo império cultural procuravam ao mesmo tempo se livrar.

Esta dialética é nítida na obra de Mário de Andrade, o pensador do Modernismo, que lutou pelo nacionalismo em todas as dimensões, desde a língua (que ele desejava marcadamente diversa da de Portugal, não apenas na fala, mas em todos os níveis da escrita), até as concepções estéticas mais abstratas. Homem de requintada cultura europeia, e ao mesmo tempo conhecedor profundo das nossas tradições populares, erudito e polígrafo, não trepidou em adotar certo exagero nativista deformador, que comprometeria parte do que escreveu, mas que ele assumiu conscientemente, como arma de choque e ao mesmo tempo rigorosa instauração. O Modernismo foi um momento crucial no processo de constituição da cultura brasileira, afirmando o particular do país em termos tomados aos países adiantados. Mais do que ninguém, os modernistas fizeram sentir a verdade segundo a qual só o particular se universaliza, ou, como disse Mário de Andrade com relação à música: "Não há música internacional e muito menos música universal; o que existe são gênios que se universalizam por demasiado fundamentais". Oswald de Andrade exprimiu brilhantemente na teoria da Antropofagia todo esse movimento, ao sugerir que a nossa maneira de fazer cultura era devorar a europeia, a fim de transformá-la em carne e sangue nossos.

Com os modernistas ficou bastante desmoralizado o *ufanismo* dos decênios anteriores, a ótica deformante do otimismo patrioteiro. Mas eis que um lado do movimento se destaca e recai ao seu modo no vinco que parecia desfeito, criando um hipernacionalismo sentimental, romântico e pátria-amada: o do grupo Verde-Amarelo. Assim ficou evidente como nas variações do nosso nacionalismo se cruzam a cada instante a atitude crítica e a obnubilação afetiva. Os líderes verde-amarelos se definiram no terreno político segundo várias gamas da direita, até a versão local do fascismo, com o Integralismo de Plínio Salgado. Nessa altura, isto é, o começo dos anos de 1930, nacionalismo foi principalmente lenha na fogueira da reação política. Mas também era, aos trancos e barrancos, uma grande aspiração de pesquisar e definir a identidade do país.

Sob este aspecto o decênio de 1930 foi cheio de exemplos interessantes. O movimento revolucionário daquele ano marcou o amadurecimento do interesse dos brasileiros pelo Brasil, com extraordinário incremento dos estudos sobre a nossa história, organização política, problemas sociais e econômicos. Do seu lado, a literatura adquiriu dimensão nacional definitiva, superando os regionalismos e se afirmando como instrumento de uma visão das regiões enquanto partes subordinadas a um todo. Mas a palavra "nacionalismo" foi mais do que nunca um rótulo querido pelas concepções tradicionalistas e conservadoras, tendo na ponta as tendências de cunho autoritário (Azevedo Amaral, Oliveira Viana) ou francamente fascistas (Otávio de Faria, o Integralismo), que desaguaram em 1937 na ditadura do Estado Novo, através da qual Getúlio Vargas exprimiu e capitalizou as correntes antidemocráticas do momento, como forma de obstar as aspirações populares. Estas conotações predominavam e faziam do nacionalismo uma fórmula de salvação do statu quo.

No terreno estritamente cultural, houve depois de 1930 algo mais amplo, correspondente à nacionalização relativa dos mecanismos de transmissão do saber, o que permite discernir formas mais propícias de conceber o nacionalismo. A bibliografia escolar, por exemplo, teve acentuada inflexão neste sentido, com o estímulo ao livro didático de autores brasileiros para todas as disciplinas do nível secundário. Um grande empreendimento neste campo foi a Biblioteca Pedagógica Brasileira, ideada, organizada e dirigida por Fernando de Azevedo, um dos renovadores da educação. Ela não apenas desenvolveu esta atividade específica, mas criou com a série Brasiliana o maior acervo sistemático de conhecimento sobre o país que tínhamos conhecido até então. A capa dos seus volumes, onde se via, em cores que variavam, o mapa do país semeado de estrelas, era um programa. E o exemplo foi seguido por outras editoras, que aprofundaram o sentido de nacionalismo como pesquisa e conhecimento do Brasil, no passado e no presente.

Nesse mesmo decênio de 1930 ocorreu um fato que esclarece os mecanismos do nosso nacionalismo cultural: a fundação das escolas superiores de estudos sociais, filosóficos e literários. E de universidades que não fossem simples soma de escolas preexistentes, mas correspondessem a um projeto orgânico de instauração do saber por meio da reflexão e da investigação desinteressadas, isto é, não vinculadas imediatamente às exigências da formação profissional. Foi o que começou a ser realidade em São Paulo a partir de 1933 e 1934.

Ficando no caso paulista, que conheço melhor, aproveito para lembrar de que maneira um projeto de claro sentido nacional foi realizado com recurso quase total à contribuição estrangeira. Mais uma vez, no Brasil, a cultura voltada para a realidade local se construiu e desenvolveu por meio de pessoas, livros, ideias e métodos trazidos de fora e aclimados aqui na medida do possível. E o resultado foi bom. Se me reporto à experiência pessoal, lembro entre divertido e surpreso que os meus mestres brasileiros timbravam em citar autores europeus, em mostrar conhecimento minucioso da Europa e boa pronúncia do francês e do inglês, além de usarem categorias do pensamento europeu para construir imagens abstratas de uma realidade vaga. Enquanto os mestres franceses nos obrigavam a olhar o mundo circundante, recorrer às fontes locais, descobrir documentos, investigar a realidade próxima. Os brasileiros, patriotas e oradores de 7 de setembro, acabavam por nos tirar do Brasil e nos iniciarem num mundo inexistente. Os franceses, usando a sua língua, empregando os seus métodos, nos punham dentro do país. Mas eram combatidos pelos nacionalistas do tipo patrioteiro como elementos *alienígenas*, que vinham conspurcar a visão correta (isto é, fantástica) do país...

Nacionalismo tinha, pois, um primeiro significado, digamos positivo, que exprimia o patriotismo normal e correspondia ao grande esforço de conhecer o país. Mas quando apelava para palavras como *brasilidade*, começava a se alterar e adquirir o sentido negativo de conservadorismo político, social e cultural; de sentimento antipopular e simpatia pelas soluções do autoritarismo de direita. Por isso, era palavra suspeita aos democratas mais consequentes e a toda a esquerda. Com os seus toques de xenofobia, patriotada, autoritarismo e saudosismo, era um conceito e uma posição que desejavam prolongar o passado e usá-lo para envenenar o presente, opondo-se a concepções mais humanas, isto é, as que miravam o futuro e procuravam pensar os problemas da sociedade além do âmbito das nações, como o socialismo, mais atento ao conceito de luta das classes e de solidariedade internacional dos trabalhadores, do que aos estados nacionais se afirmando com vontade de poderio.

Eis senão quando, no começo dos anos de 1940, a Meca dos socialistas daquele tempo, a União Soviética, sente a ameaça e depois sofre a invasão alemã. Sob este impacto, começou a revalorizar o seu passado, os seus heróis nacionais (alguns dos quais execrados até então), tornando-os protagonistas de filmes patrióticos: Alexandre Nevski; Ivan, o Terrível; Pedro, o Grande; Suvorov; Kutuzov. Ao mesmo tempo pôs-se a cultuar a bandeira, o solo sagrado, e a verberar, não o inimigo de classe, mas o *inimigo tradicional*, que vinha das planícies ocidentais — *niemetz*, cavaleiro teutônico, nazista. O hino internacional dos trabalhadores cedeu lugar a hinos patrióticos, e Stálin recebeu como designativo obrigatório o de "guia genial dos povos" (da URSS). Sob o impacto da guerra, ressurgiu assim por toda a parte a ideologia nacionalista extremada, como mecanismo de luta e sobrevivência. E isto influiu no comportamento das esquerdas.

Na América Latina, depois da guerra, o combate contra as oligarquias acabou por identificá-las com seu patrono, o imperialismo, de maneira que houve, por parte das esquerdas, fusão da luta de classes com a afirmação nacional (através do anti-imperialismo). Por parte dos liberais, houve um novo sentimento de independência econômica, esposado por alguns governos, como, no Brasil, o mandato final de Getúlio Vargas (1951-1954). Neste contexto, nacionalismo começa a ser outra coisa. Ao se generalizar a noção da nossa dependência em relação ao imperialismo, modifica-se o patriotismo eufórico e ingênuo, substituído pelo sentimento de defesa contra a infiltração política e cultural, que segue quase sempre a dominação econômica. O ingresso das esquerdas nesse universo ideológico fez a palavra nacionalismo sofrer uma alteração semântica de 180 graus. De tal modo, que a direita passa a ser antinacionalista, e nacionalistas as tendências radicais...

À direita se associa a ideia de servilismo cultural, alienação, imitação, cosmopolitismo; as tendências radicais incorporam a valorização dos traços locais, a procura do genuíno brasileiro, com valorização nunca vista antes nesta escala da cultura popular, das componentes africanas, e uma espécie de reação contra fórmulas manipuladas fora. Um intelectual combativo, Alberto Guerreiro Ramos, forja para descrever a situação da sua disciplina a expressão "sociologia enlatada", a fim de contestar a transferência mecânica de métodos e teorias elaborados noutros países, e acentuar a necessidade de elaborá-los aqui mesmo.

A isto se associa como base condicionadora a luta pela defesa das riquezas nacionais, sobretudo o petróleo, objeto, nos anos de 1940 e 1950, de campanha memorável liderada pelas esquerdas, mas contando com apoios decisivos à direita, no Partido Republicano (Artur Bernardes) e na União Democrática Nacional (Gabriel Passos).

Estas tendências culminaram com os governos que tentaram resistir aos aspectos mais agressivos do imperialismo, no período final de Getúlio Vargas e na abertura popular de João Goulart. Todo o país viu então afirmações culturais muito vivas do sentimento nacional (sob a nova roupagem) no teatro participante, no Cinema Novo, na Música Popular Brasileira, culminando no grande esforço do governo Miguel Arraes, em Pernambuco, que patrocinou o método educacional transformador de Paulo Freire. Estes momentos e estes movimentos selaram a transferência semântica, consagrando a palavra *nacionalismo* como algo progressista, tanto na busca de uma cultura vinculada ao povo, quanto na politização da inteligência e da arte, tudo englobado na luta contra a servidão econômica em relação ao imperialismo (em nosso caso, sobretudo norte-americano), e a favor da incorporação efetiva à vida nacional das populações marginalizadas e espoliadas.

O objetivo deste artigo foi verificar por alto a flutuação da palavra *nacionalismo* (que é uma espécie de ímã atraindo limalhas diferentes conforme a hora), com preferência pelos aspectos culturais.

Recapitulando: na história brasileira deste século, têm sido ou podem ser considerados formas de nacionalismos o ufanismo patrioteiro, o pessimismo realista, o arianismo aristocrático, a reivindicação da mestiçagem, a xenofobia, a assimilação dos modelos europeus, a rejeição destes modelos, a valorização da cultura popular, o conservantismo político, as posições de esquerda, a defesa do patrimônio econômico, a procura de originalidade etc. etc. Tais matizes se sucedem ou se combinam, de modo que por vezes é harmonioso, por vezes, incoerente. Esta flutuação e esta variedade mostram que se trata de uma palavra arraigada na própria pulsação da nossa sociedade e da nossa vida cultural.

Hoje, nacionalismo é pelo menos uma estratégia indispensável de defesa, porque é na escala da nação que temos de lutar contra a absorção econômica do imperialismo. Ser nacionalista é ser consciente disto, mas também dos perigos complementares.

Ficando no terreno cultural, alguns lembretes. Se entendermos por nacionalismo a exclusão das fontes estrangeiras, caímos no provincianismo; mas se o entendermos como cautela contra a fascinação provinciana por estas fontes, estaremos certos. Se nacionalismo for aversão contra outros países, mesmo imperialistas, será um erro desumanizador; mas se for valorização dos nossos interesses e componentes, na sua pluralidade, além de defesa contra a dominação por parte desses países, será um bem. Se entendermos por nacionalismo o desconhecimento das raízes europeias, corremos o risco de atrapalhar o nosso desenvolvimento harmonioso; mas se o entendermos como consciência da nossa diferença e critério para definir a nossa identidade, isto é, o que nos caracteriza a partir das matrizes, estamos garantindo o nosso ser, que é não apenas "crivado de raças" (como diz um poema de Mário de Andrade), mas de culturas.

(1984)

A Faculdade no centenário da Abolição

A Faculdade de Filosofia, Ciências e Letras, da qual se destacou em 1969 a parte chamada Faculdade de Filosofia, Letras e Ciências Humanas, destinava-se na concepção dos seus fundadores a fornecer os quadros do magistério secundário, a unificar os cursos básicos da Universidade e a cultivar o saber desinteressado. Esta última expressão pode gerar certos equívocos, inclusive a noção errada de que teria por finalidade cultivar o conhecimento gratuito, desligado de implicações práticas e dos problemas da sociedade. "Desinteressado" queria dizer outra coisa. Queria dizer que era preciso estabelecer em certos setores um tipo de ensino superior desvinculado das injunções imediatas da formação profissional, porque esta já existia nas respectivas escolas; e criar, sem prejuízo do que havia, e era importantíssimo, um tipo de ensino ligado à pesquisa, que tivesse como finalidade maior a investigação, a descoberta, a inovação. Deste modo, o país teria uma fonte nova de conhecimentos, inclusive como reforço para a aplicação profissional.

Esta posição, aparentemente tão simples e óbvia, despertou oposições ferozes, que não permitiram organizar a Universidade de São Paulo segundo as intenções mais avançadas dos seus fundadores, acabando-se por estabelecer o compromisso possível.

Além desta, surgiu como outra grande inovação o alargamento do elenco de matérias, pois não apenas se conferiu na nossa escola um teor puramente científico a disciplinas que já faziam parte do currículo de outras, como física, biologia ou mineralogia, mas introduziram-se algumas que nunca haviam sido ensinadas no Brasil em nível superior, como filosofia, sociologia, história, estudos literários, isto é, as que cobrem o que se chama geralmente o campo humanístico. É deste que quero partir, começando por lembrar os lugares-comuns necessários, sobretudo porque alguns dados da nossa história institucional já estão sofrendo a deformação quase inevitável da memória.

A ideia a respeito da fundação de uma universidade em São Paulo era antiga, mas se configurou nos anos de 1920 na redação do jornal *O Estado de S. Paulo*, onde se reuniam semanalmente intelectuais e cientistas. O centro dessas conversas, no que toca à ideia de universidade, foi Júlio de Mesquita Filho, em estreita comunhão de vistas com Fernando de Azevedo. Este estava na quadra dos trinta anos, era professor da Escola Normal, articulista e crítico literário do jornal. Nessa atmosfera gerou a ideia de um inquérito sobre a instrução pública, as suas necessidades, a sua modernização, os seus caminhos. Fernando de Azevedo se encarregou da tarefa e entrevistou um certo número de pessoas representativas durante o ano de 1925, publicando os resultados por partes. Eles mostraram que vários intelectuais, cientistas e educadores desejavam a fundação da universidade, bem como o ensino das humanidades em nível superior, em Faculdades de Filosofia, Ciências e Letras, que foram em seguida previstas legalmente pela Reforma de Francisco Campos em 1930. As ideias estavam portanto maduras, e assim foi que em 1934 surgiram a Universidade de São Paulo e a sua Faculdade de Filosofia, Ciências e Letras.

Surgiram, porque era Interventor do Estado Armando de Salles Oliveira, cunhado de Júlio de Mesquita Filho, que exerceu sobre ele uma pressão amistosa mas firme, a fim de obter a concretização dos ideais do seu grupo, cujo principal intérprete foi Fernando de Azevedo, autor do texto inaugural, que se tornou decreto no dia 25 de janeiro de 1934. O mesmo Fernando de Azevedo e Antônio Ferreira de Almeida Júnior foram os autores do projeto de estatuto que deu vida orgânica à Universidade, tendo sido aprovado pelo Conselho Universitário depois de muita resistência por parte das escolas tradicionais e da supressão de tópicos considerados avançados demais, como a representação dos estudantes.

Júlio de Mesquita Filho e Fernando de Azevedo decidiram, também sob protestos e resistências, que seria preciso buscar no estrangeiro os professores da jovem Faculdade de Filosofia, e estabeleceram um critério importante para a sua seleção: como a Itália e a Alemanha estavam sob regimes totalitários, para as ciências humanas e a filosofia, que envolvem problemas de ideologia e visão do mundo, deveriam ser indicados professores franceses, pois a França era uma democracia atuante. À Itália, pediram-se professores de matemática, física, mineralogia, geologia, grego e literatura italiana, que vieram, como os franceses, em missão oficial do seu governo. Na Alemanha foram contratados professores de química e ciências naturais, mas em caráter individual, tendo a escolha recaído sobre cientistas incompatibilizados com o regime, portanto não apresentando o perigo de trazer as sementes contaminadas do nazismo. Creio que esse critério de escolha, cuja execução foi confiada ao professor Teodoro Ramos, não é conhecido por todos hoje em dia. Por isso chamo para ele a atenção dos mais moços, pois ele mostra o senso liberal dos criadores da Universidade, homens ligados à elite social e intelectual, mas infensos ao totalitarismo.

Quem organizou e deu vida institucional à nossa Faculdade, de 1934 a 1937, foi o segundo diretor, Antonio de Almeida Prado. Nela, nos anos de 1930 e 1940, os professores de filosofia e ciências humanas despertaram os estudantes para aspectos pouco estudados da sociedade e das ideias no Brasil, como já começara a fazer a Escola de Sociologia e Política desde 1933. Assim foi que ambas deslocaram o eixo dos estudos do plano mais ou menos senhorial em que eles se encontravam, nas mãos de estudiosos como Oliveira Viana e mesmo Gilberto Freyre, e incluíram no seu repertório a vida das camadas humildes, sem projeção social de relevo. Cito como exemplo as pesquisas orientadas por Samuel Lowrie, na Escola de Sociologia e Política, sobre o nível de vida dos lixeiros de São Paulo, ou, na mesma escola, a de Sérgio Milliet sobre a pequena propriedade. Na Faculdade de Filosofia, predominou inicialmente o interesse pela construção de um saber teórico o mais sólido possível, dentro da fraqueza cultural do meio. Mas desde o começo alguns professores efetuaram estudos concretos sobre realidades básicas da sociedade brasileira: habitat, moradia, zonas pioneiras, transporte, distribuição no espaço, crenças e práticas populares, populações ditas primitivas etc. Entre esses professores, menciono como exemplo os geógrafos Georges Deffontaines, Pierre Monbeig e, durante algum tempo, o famoso Emmanuel De Martonne; o antropólogo Claude Lévi-Strauss; o sociólogo Roger Bastide.

O que estou querendo dizer é que começou a haver naquela altura um interesse crescente pelo que se poderia chamar a realidade miúda do Brasil, isto é, não as estruturas político-sociais de dominação, não o modo de vida e o papel das classes dominantes, mas o homem comum no seu sítio de vida, com as suas práticas e a sua mesquinha condição. Caio Prado Júnior, aluno da seção de Geografia e História (aliás, o inscrito n. 1), autor da então recente *Evolução política do Brasil*, a primeira interpretação marxista da nossa história, atuava naquela altura sobretudo como geógrafo, secretariando a revista *Geografia*, preocupando-se com o meio físico e os grupos étnicos. Meio físico e grupos étnicos, isto é, as bases da sociedade, mereceram então um cuidado especial dos pesquisadores. Durante o ano de 1935 a revista tirou quatro números e acabou. Aliás, em dezembro foi preso Caio Prado Júnior, que era ao mesmo tempo o combativo presidente da Aliança Nacional Libertadora, seção de São Paulo. E preso ficou até 1937, quando foi para o exílio, só voltando em 1939.

Essas informações servem para lembrar que a Faculdade de Filosofia foi concebida pelos seus fundadores dentro de um espírito aberto, visando à formação de quadros auxiliares da elite dominante, mas evitando a infiltração das ideologias conservadoras mais agressivas, que naquele momento se encarnavam no fascismo. Como os professores franceses eram na maioria homens de pensamento democrático-radical, e como o momento histórico, isto é, o nosso decênio de 1930, foi marcado pelas radicalizações, houve desde logo condições implícitas para o advento de concepções mais avançadas do que as previstas, inclusive devido ao simples fato de serem ensinadas disciplinas que aguçam o espírito crítico, como a sociologia e a filosofia. Portanto, ao lado dos radicalismos da época, é preciso levar em conta como fator positivo de avanço ideológico, e da capacidade de analisar corretamente a realidade, o começo dos estudos sistemáticos sobre a sociedade, com preferência pela vida das classes subalternas, os grupos marginais, isolados ou oprimidos, segundo um espírito que superou a mera curiosidade ou o senso do pitoresco, que antes animavam a literatura e o ensaio voltados para esses temas. Sob este ponto de vista, as ciências sociais nos decênios de 1930 e 1940 correspondem ao que ocorreu no romance, que naquela altura se preocupava com a vida do pobre de um modo que superava o ângulo exótico ou paternalista, antes predominante de maneira quase absoluta, sobretudo no regionalismo, que podia levar à degradação folclórica do homem rural pelo pitoresco, a caricatura ou o sentimentalismo. A distância que vai de uma pesquisa de Gioconda Mussolini sobre a vida do caiçara à concepção de Oliveira Viana sobre o que ele chamava a "plebe rural" é a mesma que separa um romance como *Cacau*, de Jorge

Amado, ou *Os corumbas*, de Amando Fontes, do Jeca Tatu, de Monteiro Lobato, ou das canções de Catulo da Paixão Cearense. A pesquisa, implicando contato íntimo e compreensivo com o pesquisado, trouxe no seu movimento explicativo uma rotação ética e social de atitude, que mesmo sendo implícita era atuante.

Acostumados a falar em *sociologia burguesa* e a conceituar de maneira por vezes estreita o pensamento revolucionário, muitos intelectuais deixam de perceber a força progressista que as ciências humanas representaram numa sociedade atrasada, como era a brasileira dos anos 1930 e 1940, pelo simples fato de serem modos objetivos e sistemáticos de descrever a realidade. Por isso mesmo a sociologia foi tão combatida pela direita e apresentada como perigo para a tradição. Para encerrar esta parte, cito um caso interessante.

Em 1957 o Governo do Estado criou três Faculdades isoladas no interior, cada uma voltada para alguns setores do vasto conjunto que era então a nossa; e o eminente colega José Querino Ribeiro foi nomeado para organizar e dirigir a de Marília, cujo currículo abrangia a filosofia, as ciências sociais, a história e a educação. Recebido previamente numa festa pelas autoridades e figuras representativas da cidade, o professor Querino lhes disse mais ou menos o seguinte:

> É preciso os senhores saberem que, apoiando a criação destes cursos, estão concorrendo para começar um processo que vai modificar bastante a mentalidade das novas gerações. Com efeito, ao estudarem a família, o grupo econômico, o estado, a religião, os jovens vão adquirir conhecimentos que põem de lado as explicações tradicionais. Em consequência, vão ver a realidade de outro modo, questionando os princípios que aprenderam em casa e até aspirando a outros tipos de organização social. É mesmo provável que surjam brevemente conflitos internos nas famílias. Os senhores estão preparados para isso?

Os interrogados, apesar de um pouco perplexos, disseram que sim, e a Faculdade foi em frente.

Com este caso, quero ilustrar o que disse antes: pelo simples fato de serem praticadas, as ciências humanas corretamente orientadas constituem um fator de revisão crítica e, portanto, alteram a mentalidade em sentido moderno e mais avançado. Foi o que ocorreu em São Paulo com a nossa Faculdade, que, sem ter partido de um programa radical, e destinada a funcionar como reforço da mentalidade liberal dominante, propiciou a formação de atitudes avançadas, como decorrência da disposição de inquirir metodicamente e procurar construir da sociedade uma imagem mais compreensiva do que a vigente no seio das elites. Trata-se de uma espécie de politização implícita e pouco dirigida, tanto assim que os estudantes da Faculdade começaram a participar tardiamente na política acadêmica específica. Só em 1944 houve aqui uma verdadeira arregimentação democrática, em torno das eleições do Grêmio, promovida pela ação memorável de Paulo Emílio Sales Gomes, que naquele ano se formou em filosofia e foi o orador da sua turma, com um discurso intemerato e radical, que fazia prever durante a cerimônia, naquele fim de ditadura, um incidente que afinal não ocorreu.

Resumindo: estes dados e reflexões permitem dizer que a nossa Faculdade instaurou em São Paulo uma nova era, ao deslocar o objeto dos estudos sobre a sociedade brasileira da interpretação das camadas dominantes para as camadas oprimidas, pois independentemente de desígnio político este fato representou em si uma decisão progressista e o começo de uma atenção crítica às condições iníquas em que viviam essas últimas camadas. Querer desqualificar esse avanço, sob pretexto de que não correspondia a atitudes especificamente políticas, é um erro de avaliação e um desconhecimento das condições históricas em que se deu o processo que estou descrevendo. No Brasil, o mais grave problema ideológico é o peso das ideologias conservadoras, que têm apoiado o domínio das sucessivas oligarquias desde o século XVI. Portanto, todas as formas de estudo e pensamento que adotam perspectiva analítica adequada e optam pela investigação dos grupos oprimidos ou marginalizados são contribuições progressistas, que podem inclusive ser condição de eventuais atitudes revolucionárias.

Os estudos sociológicos, antropológicos, geográficos daquele tempo, nos quais estou pensando, foram, por exemplo, as pesquisas folclóricas do jovem Florestan Fernandes, as que Emílio Willems empreendeu sobre o caipira, as de Gioconda Mussolini sobre os pescadores, a de Nice Lecocq Müller sobre os sitiantes, as de Egon Schaden sobre grupos indígenas em decomposição cultural, as de Roger Bastide e discípulos sobre a vida do negro e suas crenças religiosas. Trabalhador rural, pescador, operário, índio destribalizado, negro são assim trazidos à primeira plana do interesse, em lugar de senhor de engenho, fazendeiro, chefe político, clãs dominantes, que eram o assunto preferido pelos nossos estudiosos. Através de métodos hoje algo menosprezados, devidos à influência da sociologia durkheimiana, da geografia humana francesa, da antropologia social inglesa, dos estudos norte-americanos sobre cultura, englobados sem muito critério pelos depreciadores sob o nome geral de *funcionalismo*, através de tais métodos operou-se uma silenciosa revolução intelectual que deslocou o eixo dos estudos sobre a sociedade brasileira. Desse importante complexo, quero destacar as investigações sobre o negro, e com isso entro na parte final e de fato principal desta aula.

O patriarca e grande praticante dos estudos sobre o negro em nossa Faculdade foi Roger Bastide, que inclusive penetrou na vida dos grupos chamados *de cor* com um respeito pelas suas crenças que o levou a não registrar nem comunicar os aspectos que se obrigava a manter secretos pelas exigências rituais da iniciação. Esta prova de respeito mostra como para o grande sociólogo, que foi um dos maiores mestres desta Casa, os direitos da humanidade podem estar, como de fato devem estar, acima do interesse pelo conhecimento. A Roger Bastide a Unesco solicitou no começo dos anos de 1950 que dirigisse uma ampla pesquisa sobre as relações raciais em São Paulo. Ele aceitou com a condição de associar Florestan Fernandes, pois este seu discípulo já se revelara desde moço o grande sociólogo e pensador que é.

Essa pesquisa da Unesco foi um momento decisivo no amadurecimento do processo que estou procurando sugerir e se poderia qualificar de radicalismo sociológico. De fato, ela propiciou a passagem de Florestan Fernandes para a investigação de situações sociais problemáticas, quando até então ele se havia ocupado sobretudo com trabalhos de reconstrução histórica por meio da análise bibliográfica, tendo limitado a pesquisa empírica quase apenas a manifestações folclóricas. A pesquisa da Unesco se fez com extraordinária mobilização dos grupos negros, que graças a ela tiveram a rara oportunidade de manifestar os seus problemas e a sua angustiosa situação. Os colaboradores de Roger Bastide e Florestan Fernandes multiplicaram-se pelo espaço físico e social da cidade, construindo um conjunto monumental de dados que formaram a plataforma do estudo final devido aos dois orientadores, e em seguida desabrocharam na tese *A integração do negro na sociedade de classes*, de Florestan Fernandes, marco das virtualidades políticas e sociais da chamada sociologia acadêmica. Nesse momento, nascida da confluência do pensamento progressista dos mestres franceses e da consciência cada vez mais política dos seus discípulos brasileiros, amadurecia a radicalidade social desta Casa, sendo sintomático que o catalisador tenha sido um dos mais graves problemas sociais e humanos do Brasil, a situação do negro. Por isso intitulei esta aula inaugural "A Faculdade no centenário da Abolição", para poder dizer que ainda devemos à sociedade uma definição mais decidida da nossa posição teórica e prática em face de tal problema. A radicalidade das nossas origens intelectuais e do nosso desenvolvimento interno nos obriga a assumir com toda a clareza uma nítida atitude a respeito da situação do negro no Brasil.

Nenhuma é mais grave e desumana, e não é possível a ninguém alegar que tem posição progressista e solidária se não tomar consciência disso. Recoberta pela suja cortina de fumaça chamada *democracia racial*, que é na verdade uma forma hábil de hipocrisia, a situação dramática do negro se evidencia a cada instante. Aceitando a duvidosa verdade das estatísticas, haveria no Brasil cerca de 50% de pessoas ditas *de cor*, isto é, que são socialmente reconhecidas como negros ou mestiços. No entanto, numa reunião como esta, qual a porcentagem delas? Onde estão na vida corrente os políticos, diplomatas, professores, profissionais liberais, empresários, altos funcionários, generais que cabem na definição dos 50% *de cor*? Os que por acaso caberiam na verdade não cabem, porque no momento em que vencem a barreira do preconceito eles são automaticamente *promovidos* a brancos, isto é, tornam-se alguns dos muitos brancos convencionais que somos tantos de nós e, portanto, se veem compelidos a renegar a sua realidade para assumir uma conceituação postiça de favor, que importa em aceitar a mutilação do ser. A consequência é que os considerados brancos assimilam estrategicamente o preconceito e o voltam contra os seus iguais, a fim de se libertarem da maldição inicial. Esse mecanismo de falsificação ontológica exprime a profundidade do drama, e é aceito pelas suas vítimas porque, do contrário, aquele que pulou o muro do preconceito arrisca ser devolvido à esfera maldita. Assim, nós escondemos incessantemente algumas das nossas raízes mais autênticas e adotamos o triste papel de carrascos de nós mesmos.

A nossa Faculdade teve função de relevo no progresso dos estudos sobre o negro, porque superou a fase de mera verificação e a fase de obsessão étnica para incorporar o caráter problemático. Esta é a distância que separa, por exemplo, os importantes estudos de Artur Ramos e os da equipe dirigida por Roger Bastide e Florestan Fernandes. Houve uma espécie de rotação, que fez passar os estudos do eixo da constatação para o eixo da participação implícita ou explícita, como ocorreu também em relação a outros grupos sociais subalternos e marginais estudados por professores e pesquisadores da Faculdade. Isso mostra que no Centenário da Abolição ela pode se orgulhar de alguns feitos positivos e reivindicar uma posição que, a partir da radicalidade sociológica inicial, abriu caminho para a radicalidade política. Esse fato impõe aos nossos estudiosos um incremento de atenção para a situação do negro, com o duplo intuito de aprofundar o conhecimento e contribuir para proscrever o preconceito. Preconceito que, se é odioso nos países cuja população é predominantemente branca, torna-se além disso grotesco no nosso caso, isto é, num país onde grande parte dos brancos tem nas veias parcelas maiores ou menores de sangue africano, que todavia esquecem, rejeitam ou ignoram, sendo que em todos esses casos acabam por comportar-se como opressores dos que são considerados *de cor*.

A falta de oportunidade econômica e social do negro é acompanhada por toda a sorte de consequências morais da maior gravidade, como o sentimento de insegurança que corrói a personalidade e é agravado pelas situações de humilhação. Ora, é impossível conceber uma sociedade democrática na qual grande parte da população é privada dos meios de viver com dignidade por causa da cor da pele, e na qual é submetida a formas degradantes de discriminação. A nossa Independência foi uma substituição de estatuto político sem alteração do estatuto econômico, e portanto nada significou como justiça social. A Abolição foi uma mudança legal na situação do escravo, quase sem alteração da sua possibilidade social e econômica. Por isso, todo esforço intelectual de desmascarar esta situação, mostrando a verdadeira natureza das relações raciais no Brasil, é uma forma de radicalidade sociológica, que prepara eventualmente o caminho para as medidas corretoras de natureza política. Nesse setor a Faculdade não apenas deu um exemplo importante, que mencionei aqui, centralizado simbolicamente pela pesquisa da Unesco, mas continua a produzir trabalhos ligados à situação angustiosa do negro submetido ao preconceito, inclusive por estudiosos presentes. Esta tem sido a nossa contribuição, e os nossos votos devem ser para que tais estudos prossigam num sentido de maior intensidade e eficácia, e também para que a Universidade estabeleça medidas que aumentem as possibilidades de recrutamento entre os nossos patrícios considerados de cor e, a este título, sujeitos às restrições de um preconceito tão tenaz quanto dissimulado.

No quadro geral da Universidade, cabe sobretudo à nossa escola contribuir para esclarecer a natureza real do problema, evitando o predomínio das posições passionais, que arriscam atrapalhar não apenas o entendimento, mas o encaminhamento adequado das soluções. Penso, por exemplo, na afirmação sem matizes de que somos um país afro-brasileiro, o que é compreensível como arma de luta e maneira de chamar a atenção para um aspecto reprimido, mas que é sem dúvida uma deformação da realidade. A consciência necessária e salutar da componente africana em nossa história e em nossa cultura não pode nem deve conduzir ao exagero deformador. Para o bem ou para o mal, felizmente ou infelizmente, somos um país colonizado por europeus e desenvolvido com predomínio cultural europeu, modificado pela contribuição decisiva e diferenciadora do índio e sobretudo do negro. Negar o sentido, digamos ocidental para simplificar, da nossa civilização, e postular um retorno sentimental às raízes africanas, é uma extrapolação baseada no exagero da verdade. Aos nossos estudiosos compete contribuir para esclarecer a natureza real do problema, a fim de que possamos definir de maneira humana e eficaz o rumo adequado à nossa cultura plural. Somos um país com regiões onde se fala alemão, seguidas por outras que conservam o polonês originário, tendo adiante conjuntos de nisseis nutridos de tradições da terra de seus pais, além das camadas profundas e extensas de italianos, espanhóis, portugueses, recobrindo a maioria das áreas. Não somos, portanto, um país afro-brasileiro nem temos de retornar à África, como não temos de retornar a Portugal apesar da nossa base luso-brasileira, nem temos de retornar ao universo ameríndio apesar da nossa forte herança indígena. O que precisamos é reconhecer a nossa parte africana, mais visível e mesmo dominante nalguns lugares, quase inexistente noutros, *mas tendo exercido em todos uma influência que foi fator decisivo em nossa diferenciação.*

Consequentemente, é preciso lembrar ao patrício negro que ele não é africano; como o patrício branco não é português, nem italiano, nem alemão; como o patrício nissei não é japonês, mas que são todos brasileiros, e ser brasileiro é ter na mente, na alma, frequentemente no sangue, muita coisa de africano, independente da cor da pele. Nenhum outro país da América tem, como o Brasil, a possibilidade de efetuar em larga escala uma síntese das componentes europeias, indígenas e africanas.

Seria portanto errado preconizar para o negro o retorno às culturas africanas. Primeiro, porque isso equivaleria a consagrar a iniquidade a que tem sido submetido tradicionalmente, isto é, negar-lhe a participação plena e efetiva na cultura predominante de tipo ocidental, que detém as chaves da ciência, da técnica, da organização política e, com elas, da dominação. Segundo, porque pressuporia que ele não é brasileiro, mas um candidato à volta impossível a raízes remotas, volta que por vezes o atrai como solução, justamente porque é excluído da sociedade a que realmente pertence.

O importante é dignificar as culturas africanas como modos de ser e viver, *abertos não apenas aos grupos chamados "de cor", mas eventualmente a todos os brasileiros*, como componentes de uma pluralidade que no futuro dará os seus frutos. É impossível prever, mas é lícito imaginar. Imaginemos que num universo livre de preconceito as tradições africanas poderiam se combinar de maneira admirável com as linhas que o colonizador implantou aqui. O resultado seria talvez a humanização da chamada civilização ocidental, a mais predatória, a mais espoliadora, a mais destruidora e ao mesmo tempo a mais eficiente e flexível que a humanidade conheceu. É inestimável o que as tradições africanas poderão trazer, não como cultura exclusiva e excludente, nem como cultura encasulada, mas como componente humanizadora de uma cultura plural. Inclusive iluminando-a com aquele "olho da piedade", a que se refere o velho pai de santo Jubiabá, no romance de Jorge Amado.

Caros colegas e estudantes: a Universidade de São Paulo em geral, a nossa Faculdade em particular, foram e são um dos acontecimentos mais importantes na história da cultura brasileira. No meio de graves dificuldades, próprias de uma época ferozmente instável, não poderia ter deixado de ocorrer nela a grave crise institucional que nos perturba e desafia, requerendo modificações que vão do sistema de poder à reformulação da convivência na sala de aula, onde se tem corroído bastante a eficácia dos mecanismos de ensino. Mas é notável que a crise institucional não tenha quebrado a capacidade produtiva dos docentes e pesquisadores, frequentemente tão injustiçados e expostos a toda a sorte de incompreensões. Tanto assim, que a produção da Universidade em geral e desta Faculdade em particular corresponde aos melhores padrões possíveis no Brasil. Isso vem da nossa boa tradição e com certeza se fortalecerá ainda mais quando houvermos encontrado as fórmulas de reajuste institucional.

Da tradição a que me referi, destaquei nesta aula inaugural a linha de radicalidade dos estudos sociais, que foi um dos princípios tutelares da Faculdade, mesmo quando era implícita, e se manifestou por traços como os que procurei indicar. A sua herança é um legado de honra, que empenha o nosso presente na luta pela integração e superação dos preconceitos, dos quais o mais odioso e socialmente mais lesivo é o que atinge a população considerada *de cor*. Só esta superação poderá conduzir a um estado de justiça social, que as radicalidades políticas haverão de trazer um dia. Aí, em vez de Abolição formal, haverá finalmente a verdadeira Abolição.

(1988)

Sérgio em Berlim e depois

I

Em junho de 1929 Sérgio Buarque de Holanda foi para a Europa a serviço d'*O Jornal* (do Rio de Janeiro), com o encargo de fazer reportagens sobre a situação em três países: Alemanha, Polônia e Rússia. Mas acabou ficando em Berlim até dezembro de 1930, com uma curta visita à Polônia. Esse ano e meio foi tão importante na sua vida intelectual que muitos pensam que ficou mais tempo.

Chegado a Berlim, foi diversas vezes à Embaixada Soviética saber quais eram as providências e formalidades para seguir viagem; mas, ou o funcionário não estava, ou o expediente tinha acabado antes da hora, ou quem estava não sabia informar. Alguém o aconselhou então a procurar o famoso deputado comunista Willi Münzenberg, que o recebeu com muita cordialidade, comentou que a burocracia soviética tinha ficado pior que a tsarista e prometeu ajuda. Dali a dois dias, com efeito, convidou-o para jantar e lhe deu o endereço em Moscou de um brasileiro chamado Américo Ledo, a quem deveria escrever para a orientação de que precisava.

Sérgio residia na zona mais agradável da cidade, numa esquina de Uhlandstrasse com a Kurfürstendamm, avenida bonita e espaçosa apelidada a *Champs Elysées berlinense*. Depois mudou para outro apartamento na mesma rua, pouco adiante, em cima do Uhlandeck, que era o que se chamava um cabaré. Virando a esquina, ia facilmente ao Consulado do Brasil, na Kurfürstendamm, não sem antes passar pelo da Guatemala e seu alegre brasão de armas, com o pássaro encarapitado na folha de papel onde havia uns dizeres sobre liberdade. Passava também pelo teatro de Erwin Piscator e o café Illibrich, cuja orquestra americanizada tocava a miúdo o one-step "Allelujah", muito regado a saxofone, além de tangos argentinos em ritmo mais enérgico do que o normal. Inclusive *Adiós muchachos, compañeros de mi vida, Farras queridas, de aquello tiempo*", que em alemão viraram "dois lábios rubros e um cálice de Tarragona, que é o que há de melhor em Barcelona":

Zwei rote Lippen und ein glässchen Tarragona,
Das ist das beste aus Barzelona.

No Consulado Sérgio recebeu em tempo hábil a resposta de Américo Ledo, mas foi ficando, inclusive com medo do terrível inverno moscovita. E do Consulado recebeu na véspera do Natal de 1929 um recado para ir lá encontrar o sr. Duarte Silva. Foi e este se identificou: era Américo Ledo. Mas na verdade se chamava Astrojildo Pereira, ou melhor, Astrojildo Pereira Duarte Silva... Sérgio convidou-o para a ceia no seu apartamento, e ali nasceu uma boa amizade para toda a vida.

Astrojildo falava da União Soviética com o maior entusiasmo, que entretanto não logrou quebrar o temor do frio, nem, sobretudo, o apego já formado por Berlim. Uma coisa que espantou Sérgio foi, a uma pergunta sua a respeito do agasalho necessário para enfrentar aquelas latitudes, Astrojildo informar que passara lá muito bem dois invernos com a capa de gabardine que trazia no momento, insuficiente até para a temperatura bem mais amena de Berlim.

Sérgio trabalhava numa publicação bilíngue destinada a tornar o Brasil mais conhecido pelos alemães, mas também noutras tarefas, como a de traduzir para português as legendas de filmes da UFA. Entre estes houve um musical representando soldados húngaros do famoso Regimento Honved, com uma canção cuja letra era assim:

Bin kein Hauptmann, bin kein grosses Tier,
Sondern einer ungarischer Honved Musketier,
Trotzdem sagt das Maedel meiner Wahl
In der Liebe bin ich mehr Wert als ein General.
Es gibt doch etwas dass ein grosser Offizier
Halb so gut weiss wie seiner letzter Musketier,
In der Liebe geht so d'rauf und d'ran!
Ha-tcha-tcha! und kommt auf and're Dinge an...

A tradução, digna das de Artur Azevedo, foi feita em metros ímpares saltitantes, com um desafogado anacoluto no verso oitavo e, no décimo, um jogo de palavras bem nacional:

Não sou capitão nem brigadeiro,
Sou um pobre-diabo
Que mal dá pra mosqueteiro;
Mas uma garota sem rival
Diz que quando eu amo
Sou bem mais que um general.
Há uma certa coisa
Que um soldado de quartel
Tem mais competência
Do que qualquer coronel;
Beijos, beijos, só para nós dois!
Ha-tcha-tcha! e o resto vem depois...

A certa altura entrevistou Thomas Mann, a quem disse haver algo de brasileiro no seu tipo físico. Isto parece não ter agradado Frau Mann, pois ela observou meio formalizada que quem tinha ar de brasileiro era o cunhado Heinrich. De um romance deste extraiu-se naquele tempo a famosa fita *Anjo azul*, dirigida por Von Sternberg, que consagrou Marlene Dietrich e cujos diálogos foram traduzidos por Sérgio.

O escritor alemão que conheceu melhor, a ponto de estabelecer camaradagem, foi Theodor Däubler, curioso andarilho e boêmio nascido na Itália, ligado ao Expressionismo, de que é considerado um dos precursores, e que se qualificava como centelha de liberdade infensa ao equilíbrio:

> *Ich selber bin ein Freiheitsfunken,*
> *Das Gleichgewicht ertrag ich nicht.*

Quando chegou a Berlim Sérgio tinha encontrado lá Mário Pedrosa, cujo destino era a União Soviética; mas adoeceu, precisou adiar a viagem e acabou não indo, porque nesse intervalo chegou ao ponto crítico a luta Stálin-Trótski, e como ficara do lado deste, seria loucura prosseguir. Mário costumava dizer que sem essa doença providencial teria certamente ido parar na Sibéria.

Sérgio era simpático à esquerda e pôde observar com mirada crítica o crescimento da maré nazista. Viu caminhões cheios de hitleristas ululantes passarem para Deus sabe que brutalidades; certo dia viu um bando deles espancar de maneira covarde um rapaz judeu, que saiu sangrando. Em 15 de setembro de 1930 testemunhou o primeiro sinal de uma possível chegada dos nazistas ao poder: o pulo eleitoral que os fez passar de doze para 107 cadeiras, sobre as 573 do Parlamento. Nesse dia, comentando o fato, Harry Kessler registrava no seu diário:

> O Nacional-Socialismo é um delírio da baixa classe média alemã. Mas o veneno desta doença pode arruinar a Alemanha e a Europa nos decênios futuros.

A esse tempo Sérgio já estava mais que mergulhado numa experiência intelectual renovadora, nutrindo-se em profundidade da cultura alemã, que até então lhe era menos familiar. A capacidade de concentração mental só se comparava nele ao poder da penetração analítica e à amplitude dos interesses. Por isso, desde muito moço aproveitou ao máximo as leituras e acumulou um saber que espantava os amigos. Sobretudo porque a sua curiosidade era dirigida igualmente ao passado e ao presente, à inovação e à tradição, com o dom contraditório de se apaixonar tanto pela minúcia quanto pelo conjunto. No mesmo momento em que lia o *Ulysses*, de James Joyce (talvez no primeiro exemplar chegado ao Brasil, com a capa azul da Shakespeare and Company, trazido por Paulo Prado); ou em que escrevia sobre versos de Eliot recém-publicados em *Criterion*, podia estar estudando Plotino e os padres da Igreja. Por isso a estadia em Berlim foi uma oportunidade para abrir ao seu conhecimento um campo novo — o "domínio alemão" (como diria Valery Larbaud), que ele incorporou sofregamente aos seus territórios. Lá seguiu sem muita regularidade alguns cursos, inclusive de Meinecke. Leu Sombart, Toennies, Alfred e Max Weber; familiarizou-se com os historiadores da arte; mergulhou na obra de Rilke, de Stefan George e dos discípulos deste, como Gundolf e Bertram; pela vida afora continuou lendo Goethe nos numerosos volumes da obra completa. E no meio disso tudo imaginou um livro de interpretação da sua terra. Tinha 28 anos e *Raízes do Brasil* começava a germinar.

2

De todos os livros de Sérgio, *Raízes do Brasil* é o único do qual se pode dizer que é meio alemão, contrastando com os estudos históricos seguintes: *Monções* (1945) e *Caminhos e fronteiras* (1957). Estes foram concebidos e executados em fase posterior ao seu magistério na Universidade do Distrito Federal (1936-1939), onde foi a princípio assistente de Henri Hauser (contratado na França) e se iniciou sob a orientação deste nas técnicas da pesquisa sistemática, transpondo para a investigação documentária o gosto que sempre teve pela erudição. Associada aos seus conhecimentos antropológicos, esta atividade levou ao interesse pela cultura material, de que brotaram aqueles livros notáveis. Nunca se tinha visto no Brasil uma corrente hermenêutica de tanta intensidade ligar o esclarecimento das relações sociais à aparente insignificância do gesto, do instrumento, do artefato. Depois, viria uma outra fase: a de *Visão do paraíso* (1959) e *Do Império à República* (1972), onde análise e síntese se combinaram para gerar as suas obras mais poderosas. Disso tudo *Raízes do Brasil* é o prelúdio, apesar do seu tom de ensaio interpretativo e a sua técnica de generalização por meio de *tipos*, ao gosto de alguns alemães que ele estudou a partir da estadia berlinense.

Esse gosto se caracteriza, antes de mais nada, por certa confiança na intuição, que permite voar além do saber acumulado e estabelecer a *empatia*, a identificação simpática e indefinível com o objeto do estudo, seja texto, personagem ou cultura. Os alemães, que criaram a moderna erudição universitária, sobretudo através da filologia, valorizaram também esses estudos arrojados, que fundem as particularidades e transfiguram as contradições do real por meio da *visão*. O entendimento que resulta é global e se pretende exemplar. Para atingi-lo, o autor, por mais minuciosamente informado e documentado que esteja, não hesita em dar saltos qualitativos quase mortais, como os de Spitzer quando extrapola a partir do traço de estilo, ou os de Simmel, quando define tipos sociais ambíguos: *o* pobre, *o* estrangeiro, *o* nobre. O conhecimento obtido assim é ao mesmo tempo afastado do dado empírico e incrivelmente revelador, porque permite ver num nível onde a *compreensão* é forma quase misteriosa de penetrar no objeto estudado. Além de outros, o defeito fundamental deste método é que só quem tem genialidade pode usá-lo bem.

Nos seus "tipos ideais" Max Weber guardou algo desta atitude mental, associando-a porém a um intuito de racionalidade e a um rigor de procedimento que lhe permitiram construir uma das obras mais sólidas e inspiradoras do seu tempo. Mas quantos outros partiram dela para chegar à fantasia mais arbitrária e, dado o contexto histórico, perigosa. Lembremos a "morfologia das culturas", a dualidade "sangue e terra", a psicologia diferencial das raças, o apelo às "forças obscuras".

Sérgio respirou nesse ambiente e conheceu alguns dos seus aspectos negativos, inclusive a duvidosa Caracteriologia de Ludwig Klages. Mas a retidão do seu espírito, a jovem cultura já sólida e os instintos políticos corretamente orientados levaram-no a algo surpreendente: desse caldo cultural que podia ir de conservador a reacionário, e de místico a apocalíptico, tirou elementos para uma fórmula pessoal de interpretação progressista do seu país, combinando de maneira exemplar a interpretação desmistificadora do passado com o senso democrático do presente. A *empatia*, o entendimento global que descarta o pormenor vivo, a "visão orgânica", a confiança em certa mística dos *tipos*, tudo isso foi despojado por ele de qualquer traço de irracionalidade, moído pela sua maneira peculiar, e desaguou numa interpretação aberta, extremamente crítica e radical.

O livro não corresponde ao que tinha imaginado na Alemanha e nunca chegou a escrever tal e qual, porque na vida é assim mesmo. Nos anos de 1930, de volta ao Rio, foi desenvolvendo as ideias, lendo, reunindo materiais, e acabou por publicar em separado alguns artigos mais tarde incorporados ao livro. Essa gênese, se prejudicou um pouco a unidade e o equilíbrio das partes, foi positiva na medida em que acentuou o cunho de ensaio e assim dissolveu o lastro erudito, dando a *Raízes do Brasil* o encanto e a acessibilidade que garantiram a sua difusão e o seu êxito. E ainda porque, num momento em que os estudos históricos e sociológicos iam entrar na sua primeira fase de sistematização universitária no Brasil, com uma tendência acentuada a partir dos anos de 1940 para a descrição, o levantamento de dados, o enfoque delimitado, num momento semelhante, o livro de Sérgio funcionou como enquadramento, moldura interpretativa bastante ligada às visões genéricas para pôr os dados no lugar e interpretar o seu significado.

O público captou imediatamente certas *globalizações* à maneira alemã que ficaram famosas: "aventura" e "rotina", "semeador" e "ladrilhador", por exemplo; e que até foram treslidas, como "cordialidade". Mas outras contribuições importantes ficaram relativamente na sombra, como as de cunho mais político do capítulo final.

Fascinados pela brilhante análise tipológica dos capítulos precedentes, os leitores nem sempre perceberam direito uma singularidade do livro: era o único "retrato do Brasil" que terminava de maneira premeditada por uma posição política radical em face do presente. De fato, o livro é ao mesmo tempo uma análise do passado (que pegou mais) e uma proposta revolucionária de transformação do presente (que pegou menos). Ora, a articulação de ambos os momentos é essencial e constitui a motivação de toda a obra; o desfecho, solidamente plantado nas proposições anteriores, tinha por isso mesmo uma validade que ainda permanece, ao contrário da maior parte dos numerosos ensaios político-sociais daquele tempo, que o vento levou. Os de direita, porque representavam um agravamento dos traços individualistas e oligárquicos do passado brasileiro, que Sérgio denunciava. Os de esquerda, porque eram uma repetição mecânica e ritualizada do marxismo oficial. (Só mais tarde Caio Prado Júnior começaria a usar com espírito aberto o método marxista para interpretar de maneira original as condições locais.)

O ponto de vista de Sérgio remava contra a maré interpretativa do momento e representava uma posição democrático-popular, como resultado claro da análise de suas ideias sob este aspecto. A importância delas só pode ser avaliada, do ponto de vista histórico, se as situarmos no contexto dos anos de 1930 e 1940; e do ponto de vista estrutural, quando pensamos que representam uma conclusão, ou, como ficou dito, um *desfecho*, com todo o peso da análise do passado valendo como justificativa e chancela.

Uma dessas ideias é a ducha fria no fascínio pela tradição luso-brasileira como pedra de toque sempre evocada, não apenas para interpretar e avaliar a história da nossa sociedade, mas para traçar a sua linha de desenvolvimento futuro. Outra ideia, em parte dependente da anterior, é a desqualificação das classes dominantes de origem rural, cujo prestígio nostálgico ainda alimentava uma ideologia confortadora no brasileiro médio, acostumado inclusive a extrair daí uma visão completamente deformada das relações de trabalho, segundo a qual o escravo, o agregado, o trabalhador livre apareciam como parceiros de um pacto de tipo familiar bastante idealizado.

Com base nessas duas retificações, uma terceira: Sérgio efetuou verdadeira redefinição das funções do historiador, ao deixar claro que o conhecimento do passado deve servir para facilitar a liquidação das sobrevivências; e não para gabá-las, nem para justificar a sua manutenção. O seu ponto de vista era o próprio avesso da historiografia nacionalista (no sentido conservador e patrioteiro de então). Mesmo sem o racismo aristocrático de Oliveira Viana (ou de outros menores, como Elísio de Carvalho), havia nos textos e na sensibilidade média certo desvanecimento com o passado, que *Raízes do Brasil* procurava desmontar de maneira penetrante e irreverente.

A esta se articulam duas outras ideias. Uma, o perigo de persistência naqueles dias do tipo de autoritarismo denunciado em nossa evolução histórica. Autoritarismo que assegurava a sobrevivência de classes dominantes em declínio, mas tenazmente agarradas ao poder e procurando transferir a sua substância para as formas novas que este assumia. A outra ideia se refere à única solução que Sérgio considerou certa: o advento das camadas populares à liderança. Esta posição era quase única entre os intelectuais, num momento em que predominava, mesmo entre os melhores, a concepção de progresso pela iniciativa de elites abertas e esclarecidas.

No conjunto, estas ideias eram uma indicação preciosa sobre o modo possível de realizar no Brasil uma reflexão democrática não convencional, baseada em afirmações concretas sobre a transferência de liderança para esse tão falado *povo*, que os estudiosos viam em geral como abstração, referência convencional ou categoria meio mística.

Lendo os ensaístas, observa-se que a descendência dos escravos de Joaquim Nabuco, do "sertanejo forte", de Euclides da Cunha, da "plebe rural" de Oliveira Viana, dos mestiços valorizados por Gilberto Freyre, do proletário-de-manifesto dos intelectuais de esquerda acabava sem função definida no processo histórico presente. Não lembro de outro, além de Sérgio, que nos anos de 1930 haja superado aquelas categorias fichadas e atribuído ao povo, concretamente assumido na sua realidade, o papel de substituir as lideranças da sociedade.

3

Quem extrai conclusões desta natureza da história de seu país é porque tem uma consciência democrática avançada, como era e sempre foi o caso de Sérgio. Embora nunca tenha sido político, ele assumiu como intelectual as boas posições políticas e nunca trepidou em arrostar as consequências das suas ideias. Em 1932, por exemplo, morando no Rio, tomou abertamente o lado da Revolução Constitucionalista contra o governo de exceção e foi preso. Durante o Estado Novo fez parte de grupos oposicionistas, participando ativamente da Associação Brasileira de Escritores (ABDE), da qual foi um dos fundadores em 1942 e presidente em 1945. Mudando para São Paulo em 1946, presidiu também a seção paulista.

Como se sabe, esta entidade foi um centro de luta contra a ditadura de então, culminada pelo I Congresso Brasileiro de Escritores realizado em São Paulo no mês de janeiro de 1945, do qual Sérgio fez parte na primeira linha, e cuja declaração de princípios foi uma das primeiras manifestações públicas contra o regime. Pouco depois integrava o grupo fundador da Esquerda Democrática, ideada por Domingos Velasco, João Mangabeira, Hermes Lima e outros. Em 1947 ela se transformou em Partido Socialista Brasileiro, nome que exprimia mais claramente o seu projeto político. Sérgio, já em São Paulo, continuou nele até a extinção, em 1965. Inclusive candidatando-se por determinação partidária a um cargo legislativo, o que ocorreu com outros intelectuais, como Sérgio Milliet, Luís Martins e eu. A finalidade era completar a chapa e carrear votos para a legenda. Nós sabíamos que não tínhamos (nem desejávamos) a menor chance de sermos eleitos, e apenas formamos disciplinadamente com os companheiros que também não o foram. Isto posto, é incorreto dizer, como um jornal de São Paulo e outro do Rio, que Sérgio foi "fragorosamente derrotado", expressão que pode dar uma imagem distorcida dos fatos, se der a ideia de alguém empenhado na luta com desejo de vencer, mas acabando frustrado no intento.

A partir do Golpe Militar de 1964 ele exprimiu de vários modos a sua oposição ao regime, como, por exemplo, pela decisão de se aposentar no ano de 1969, em solidariedade aos colegas da Universidade de São Paulo afastados arbitrariamente. O seu nome ou a sua presença estiveram sempre nas manifestações possíveis de protesto; e no tempo cruel do governo Médici aglutinou a certa altura um dos primeiros movimentos de resistência nos meios culturais. Refiro-me ao manifesto de apoio ao grande parlamentar que foi Oscar Pedroso Horta em sua desassombrada luta oposicionista no Congresso. Sérgio não apenas redigiu o documento, mas obteve as assinaturas de um ponderável grupo de intelectuais, que deste modo puderam externar publicamente a sua posição de protesto, furando a barreira de censura quase total daquela quadra.

Embora já meio tolhido por problemas de saúde, participou pela assinatura ou a presença da maioria dos movimentos e documentos que foram forçando a *abertura* a partir de 1975, além de militar no Centro Brasil Democrático, que ajudou a fundar em 1978 e do qual foi vice-presidente. Afinal, em 1980 se integrou no processo de constituição do Partido dos Trabalhadores e foi seu membro fundador. No encontro nacional preparatório, lá estava ele apoiado à bengala, recebendo com Mário Pedrosa, Apolônio de Carvalho e Manoel da Conceição uma apoteose de aplausos, devidos aos que exprimem, cada um a seu modo, a coerência, a continuidade e a diversidade dos esforços, necessários para aquele tipo de luta que começava.

Simbolicamente, era como se houvesse uma ligação profunda entre a aclamação de agora e aquele texto de 1936, segundo o qual só a transferência de poder às camadas espoliadas e oprimidas poderia quebrar o velho Brasil da iniquidade oligárquica.

(1982)

Paulo Emílio: a face política

Creio que ouvi falar de Paulo Emílio pela primeira vez ali por 1938. Alguém me contou que era amalucado, comunista e havia toureado um bode na Cidade Universitária de Paris (o que ele confirmou mais tarde). O conhecimento pessoal data do fim de 1939, quando ele voltava de uma longa estadia na França. O intermediário foi Décio de Almeida Prado, que o apresentou ao grupo de que fazíamos parte na sala de fundo da antiga Confeitaria Vienense, onde nos reuníamos. Embora tenha logo feito camaradagem com todos, ele era diferente de nós pela preocupação política e o passado militante. Nós éramos praticamente apolíticos, apesar da aversão ao Estado Novo e, nalguns, um vago sentimento socialista sem consequência. Isto o deixava irritado, e ele costumava dizer que era melhor ser de direita, mas pensar politicamente, do que ser alheado.

Aos poucos fiquei sabendo da sua vida. Ligara-se em 1934 à Juventude Comunista, mas creio que nunca lhe pertenceu de maneira formal. Em dezembro de 1935, quando estava fazendo dezenove anos, foi preso na onda de repressão que seguiu os levantes de novembro. Encarcerado no Presídio do Paraíso (com um intermezzo no Maria Zélia), fugiu em fevereiro de 1937 com vários companheiros, por um túnel que cavaram por baixo da entrada de automóvel e desembocava no quintal de uma casa da rua Vergueiro. Ficou escondido uns tempos, e depois se apresentou à polícia, que, na atmosfera mais distendida daquele momento, o dispensou. Ele foi então para a França e nela viveu até a Segunda Guerra Mundial.

Essa estadia foi dos fatos mais importantes da sua vida: ela lhe revelou o cinema e alterou fundo a sua visão política. Ao chegar lá era tacitamente stalinista, na medida em que apoiava o Partido Comunista e seguia a sua orientação. Como equipamento levava o que poderia ter aprendido no parco arsenal daquele tempo: o *Manifesto* de Marx e Engels; resumo d'*O Capital* por Gabriel Deville; *Anti-Dühring* de Engels; *Questões fundamentais do marxismo* de Plekanov; ABC *do comunismo* de Bukharin; *Dez dias que abalaram o mundo* de John Reed; livros de viagem à União Soviética. A isto somava certa informação sobre o aprismo e muito entusiasmo pela Revolução Mexicana, que estava sendo reativada nos seus propósitos iniciais pelo presidente Cárdenas.

Em Paris ligou-se a dissidentes de esquerda e fez leituras que alteraram essencialmente a sua posição. Além dos livros candentes de Trótski, denunciando a "degenerescência burocrática" e o "Termidor" da Revolução Russa, impregnou-se dos pontos de vista críticos de Victor Serge (com quem se relacionou), cujo *Destin d'une révolution* apareceu quando ele chegou lá; de Arthur Rosenberg, na *História do bolchevismo*; do *Stalin*, de Boris Souvarine. Todos eles mostravam a formação dum regime de capitalismo de Estado e desigualdade social na União Soviética, deixando claro que as suas condições nacionais haviam imposto uma alteração essencial no socialismo concebido como democracia operária. Leu impressionado *S'Il est minuit dans le siècle*, onde Victor Serge procurava entender sob a forma de romance o drama dos Processos de Moscou, sendo deste modo precursor d'*O zero e o infinito*, de Koestler, além de ser uma espécie de primeira versão do admirável *O caso Tulaiev*, do próprio Serge. Leu também as atas revoltantes do processo de Bukharin e testemunhos sobre os bastidores do regime, como o de Alexander Barmine.

Era o tempo do Front Populaire na França e da Guerra Civil Espanhola, e ele desenvolveu uma atitude bastante crítica em relação aos partidos comunistas, que atuavam segundo os estritos interesses soviéticos, não os do proletariado de seus países; e que não trepidavam em liquidar de qualquer maneira os outros grupos de esquerda. Com isso chegou a uma visão fortemente antistalinista, que não implicava todavia anticomunismo e se combinava com a defesa da União Soviética pelas conquistas feitas, apesar de tudo o que sabia sobre a repressão interna e a interferência na política operária de outros países. Sem prejuízo da admiração pela figura e os escritos de Trótski, rejeitava também o trotskismo; e passou a ver o marxismo como um corpo aberto de doutrina, passível de modificação segundo a época. A sua simpatia foi para agrupamentos inconformados e radicais, como certas dissidências de esquerda dos partidos socialistas e comunistas: o Parti Socialiste Ouvrier et Paysan (PSOP), de Marceau Pivert, que foi fundado durante a sua estadia e com o qual teve contatos; ou o POUM, Partido Obrero de Unificación Marxista, de Joaquín Maurín e Andrés Nin, na Catalunha. Curiosamente, os grupos que inspiraria no Brasil (guardadas as proporções) tiveram destino parecido ao destes: pequenos, efêmeros e de êxito limitado.

A referência a essas posições deve ser completada, num plano diferente, pelo seu interesse naquele momento em relação ao tipo de cristianismo que começava a se orientar no rumo de certos ideais de justiça social, a partir do magistério de Jacques Maritain. Ele era amigo de alguns moços que se tornaram frades, e neles admirava a vida espiritual como solução de conduta. Além disso, sentia que a Igreja católica tinha uma tal força junto ao povo brasileiro, que de certo modo o representava.

Assim era mais ou menos, ideologicamente falando, o novo companheiro apresentado por Décio de Almeida Prado, seu amigo desde o ginásio. Nós o recebemos com alvoroço e com ele passamos a conviver, sendo que, a partir de 1941, em torno da revista *Clima*, que fundamos e onde ele, encarregado da seção de cinema, inaugurou um tipo inovador de crítica. A entrada do Brasil na guerra em 1942 mudou o nosso absenteísmo e a revista pôs de lado a neutralidade, assumindo posição definida. Paulo teve então papel ativo, escrevendo dois documentos que nos puseram no vivo dos debates e prepararam a militância futura de alguns: a "Declaração" do número 11, agosto de 1942, assinada por todos os redatores e diretores; e o "Comentário" do número 12, abril de 1943 (a revista dera uma parada por falta de meios).

A "Declaração" recebeu sugestões do grupo, mas foi pensada e essencialmente redigida por Paulo Emílio, que a concentrou no ataque ao fascismo. Vendo de hoje isto pode parecer banal e óbvio; mas naquele tempo estava em plena forma a ditadura do Estado Novo, simpático ao fascismo e torcendo pela vitória do Eixo Roma-Berlim. Por isso, o que se atacava de cambulhada era o regime brasileiro, além do integralismo que ainda tinha muitos adeptos.

Este documento teve alguma repercussão e suscitou críticas ao lado de elogios. Um dos reparos foi que, sendo essencialmente contra, não tinha parte positiva. Paulo Emílio elaborou então o "Comentário", que apesar das reservas de alguns membros da revista foi publicado exatamente como ele o redigiu, salvo duas pequenas diferenças: Décio de Almeida Prado esfriou o calor de uma referência ao cristianismo, e eu introduzi uma citação de Jean-Richard Bloch, a fim de reforçar certo trecho da argumentação. O "Comentário" é um escrito político importante para o tempo, exprimindo a sua posição de socialista independente de base marxista, que alguns de nós adotariam por sua influência. Creio que se devem destacar nela três pontos.

Primeiro: a convicção de que há afinidade essencial entre as posições que podem ser qualificadas de progressistas, porque representam a corrente positiva da civilização do Ocidente a partir do cristianismo, exprimindo-se pela busca da igualdade e da liberdade sob diversas formas, que animam as variedades da democracia e do socialismo (não mencionados expressamente). Em contraposição, o fascismo equivalia à negação disto. Na Guerra Mundial em curso, as Nações Unidas representavam a corrente positiva, destacando mais a liberdade (Inglaterra, Estados Unidos) ou a igualdade (União Soviética), enquanto o Eixo (Alemanha, Itália, Japão) encarnava a corrente negativa e perversa. A grande esperança era que no pós-guerra os dois princípios pudessem harmonizar-se.

Segundo: a noção de que o internacionalismo terminara a sua função e o futuro se encaminhava para formas plurinacionais, devendo-se repensar a luta pela liberdade e a igualdade em termos de cada nação. Por isso estava encerrado o ciclo das Internacionais socialistas e comunistas, sendo preciso construir modalidades de organização política adequadas ao tempo. Elas não seriam reformistas, stalinistas nem trotskistas.

Terceiro: a afirmação de que o marxismo era componente fundamental na busca desta nova posição, mas que a sua fase ortodoxa e dogmática estava ultrapassada; daí a necessidade de adaptá-lo em sentido aberto.

Embora condensado e circunstancial o "Comentário" é rico de ideias, que seriam desenvolvidas mais tarde em pronunciamentos e escritos de Paulo Emílio ou inspirados por ele. Um dos mais significativos foi o seu depoimento no inquérito *Plataforma da nova geração*, promovido por Mário Neme dos meados de 1943 ao começo de 1944 e divulgado semanalmente em *O Estado de S. Paulo*. Aliás, a resposta de Paulo, intensamente política, não pôde ser publicada devido ao arrocho da censura, e só saiu em 1945 depois que esta acabou, no livro onde o organizador reuniu a matéria.

No depoimento ele repassa as posições dos moços daquela hora: integralismo em dissolução, catolicismo em renovação, liberalismo estagnado e as esquerdas, portadoras do futuro. Apesar de mencionar *os jovens* e falar *nós*, na maior parte é ele próprio que está em jogo, num tom que se poderia sugerir dizendo que descreve ilusões perdidas e recuperadas.

Ilusão perdida fora a antiga paixão pela Rússia soviética, vista como única via e encarnação do socialismo; mas ela se desfizera com o conhecimento do terror stalinista, dos Processos, da redução da luta operária aos interesses de Moscou. Com a guerra houvera todavia certa recuperação, na medida em que a Rússia era vista como lutadora contra o fascismo e sede de transformações fundamentais na estrutura social e econômica. Uma nova ilusão era a esperança de refazer os ideais do passado mediante a construção de um socialismo independente e renovado, que o desfecho da guerra possibilitaria, permitindo realizar as aspirações expressas no "Comentário". A rejeição do stalinismo e do trotskismo implicaria a volta às fontes do marxismo e a procura de autores que pudessem inspirá-la.

O esforço era meio patético, pois naquele momento, ao contrário de hoje, não havia praticamente tais autores. Não se conheciam os escritos que orientariam gerações futuras num enfoque mais livre do marxismo, como os de Gramsci, Korsch, Bloch; não havia Escola de Frankfurt nem *New Left Review*. Havia apenas a aspiração de alguns rapazes mal aparelhados e a atividade de grupos dissidentes sem bússola, que em geral escorregavam para o trotskismo, o reformismo ou a desistência pura e simples. Os autores que Paulo cita são ex-trotskistas de voo curto, destinados na maioria a deixar o socialismo, como Eastman, Hook, Burnham, Souvarine. Ou uns quase desconhecidos que eu descobri por acaso numa antologia americana e lhe comuniquei. Este esforço, este tateio, a convicção cálida e sincera dão ao seu escrito uma dignidade e uma beleza que o tempo não embaçou.

Inquietação e fervor; busca difícil de uma ação socialista compreensiva e eficaz, sem sectarismo mas sem transigência; antistalinismo, mas fidelidade à Revolução Russa; marxismo como base, mas receptividade às correntes filosóficas e políticas do século; como tarefa imediata, luta contra o Estado Novo e o fascismo, seu modelo. Creio que era mais ou menos este o clima intelectual e afetivo que banhava as suas ideias e que ele irradiava.

Em 1942 ou 1943, não lembro bem, Paulo Emílio aglutinou um pequeno grupo de debate e análise com vistas à luta contra a ditadura, ao qual demos por piada o nome altissonante de Grupo Radical de Ação Popular, Grap. Éramos apenas seis: de *Clima*, ele e eu; dos militantes veteranos da Faculdade de Direito, Antônio Costa Correia e seu cunhado Germinal Feijó; mais o jornalista Paulo Zingg e Eric Czaskes, litógrafo austríaco que trabalhava então numa livraria.

O grupo era bastante vivo e serviu de afiador para todos nós, na busca de uma posição de esquerda independente. Líamos, analisávamos os acontecimentos, preparávamos documentos e tomamos algumas atitudes práticas na clandestinidade. Cada um tinha o seu ângulo e trazia a sua contribuição, sendo a mais nova e articulada a de Paulo, já exposta. Eric, por exemplo, vivera e estudara na Rússia em menino, presenciando o terror policial e a torva atmosfera de sufocação. Era versado em marxismo e dava notícia de teóricos dissidentes, insistindo que a base estava na organização operária e na visão internacional. Bem diferente, Paulo Zingg (que fora integralista, e depois tomaria rumos opostos aos nossos) puxava a cada instante para a realidade específica do Brasil, em cuja tradição encontrava elementos para definir uma democracia radical, aproximando-se de certo tenentismo de esquerda. Tudo isso o levava a pôr o marxismo entre parênteses e ser avesso ao transplante de doutrinas. Costa Correia, antigo militante da Juventude Comunista, se afastara após o Pacto Germano-Russo em busca de um socialismo democrático onde o marxismo fosse a matriz, mas não norma exclusiva. Germinal Feijó era um militante sensível ao momento e líder de rara coragem na luta estudantil contra a ditadura. Eu, novato e, para ser franco, de pouca capacidade política, aprendia com todos eles e lia sem parar, fascinado no momento pelos escritos de Trótski.

Creio que o Grap nos permitiu definir um modo próprio de atuar, mas logo se fez sentir a necessidade de articulação mais ampla. Por isso, no começo de 1944 nos ligamos a um combativo grupo de estudantes e jovens graduados de direito, em luta contra o Estado Novo e já com tradição a este respeito. Eu sempre lhe dera o meu apoio quando estudante, e dele faziam parte Costa Correia e Germinal, que devem ter tido papel preponderante na aliança. Os novos companheiros eram na maioria absoluta liberais, com alguns socialistas de permeio. Nós nos demos bem com eles e colaboramos na fatura do jornalzinho clandestino *Resistência*, que chegou a quatro números.

Esta aliança foi se estruturando cada vez mais, e não sei quando passou a se chamar Frente de Resistência, formando um conjunto atuante e amplo, com certa capacidade de expressão ideológica e a participação de estudantes ou jovens formados de outras Faculdades, além da de Direito. Creio que o Grap influiu na Frente, primeiro, criando ambiente para confirmar a vocação socialista de vários jovens, que se aproximaram das nossas posições; segundo, deslocando progressivamente para a esquerda o tom dos pronunciamentos, que antes era de puro liberalismo. Partiu de nós, por exemplo, o reparo que o movimento e o jornal estavam descuidando o contato com os operários, o que se corrigiu a partir do número 2. A seguir a Frente chegou a declarar-se de esquerda, em pronunciamentos bastante avançados, como o manifesto de abril de 1945, redigido por Paulo Emílio.

No fim de 1944 ele terminara o curso de filosofia na Universidade de São Paulo e fora eleito orador de sua turma, que havia politizado e encaminhado para a luta estudantil. O corajoso discurso foi combativo e arriscado, esperando-se durante a cerimônia um possível incidente que afinal não ocorreu. Para atacar a ditadura, Paulo serviu-se de trechos dos discursos do próprio ditador em fases anteriores, montando-os habilmente como argumentos contra. Além disso, formulou reivindicações democráticas que importavam num programa de luta.

Naquele momento o Estado Novo estava declinando e começaram as articulações para formar uma vasta frente contra ele, abrangendo as esquerdas, os liberais e os conservadores de oposição. Paulo e Germinal Feijó participaram ativamente de tudo, inclusive das conversações de onde saiu a UDN, União Democrática Nacional, prevista inicialmente como algo bem mais radical do que se tornou. O próprio nome é típico das coligações abrangentes e foi sugerido por Caio Prado Júnior, comunista não cnopista, isto é, que não admitia a linha da CNOP, Comissão Nacional de Organização Provisória, favorável ao apoio a Getúlio Vargas, porque este presidia um país aliado à União Soviética. Entre parênteses: o nosso grupo manteve contatos com esses divergentes, que voltaram ao aprisco quando o PCB se rearticulou na legalidade.

No I Congresso Brasileiro de Escritores (São Paulo, janeiro de 1945) os representantes das várias correntes estavam unidos e puderam dar uma sacudidela no regime, por meio do manifesto, em cujas conversas preparatórias esteve Paulo Emílio, que fazia parte dos caçulas da delegação paulista com outros dois membros do Grap: Paulo Zingg e eu.

Mas a UDN foi deslizando para a direita, atraindo a maioria dos nossos companheiros liberais e provocando o afastamento simétrico dos esquerdistas. Para nós a consequência foi a dissolução da Frente de Resistência ali por abril ou maio de 1945. Os jovens liberais aderiram formalmente à UDN e nós, liderados por Paulo Emílio, formamos a pequena UDS, União Democrática Socialista. Viu-se então quanto o Grap havia influído, pois tínhamos entrado cinco para a Frente (Eric ficou de fora) e saímos quase vinte. (Dos vinte membros e suplentes da Comissão Executiva da Frente no começo de 1945, já na legalidade, onze eram realmente esquerdistas, evidenciando o processo que indiquei.)

Paulo Emílio foi o fator decisivo na constituição da UDS, agrupamento que tentou formular e pôr em prática o que desejávamos desde o Grap: um socialismo democrático, mas combativo, orientado pela situação brasileira, não pela política soviética; preocupado com os meios específicos de resolver os nossos problemas; partindo de premissas marxistas mas abrindo-se para as conquistas do pensamento e da experiência política do tempo.

O manifesto, divulgado em junho, foi redigido por Paulo e é uma reelaboração do que escrevera pouco antes para a Frente de Resistência, levando porém às consequências socialistas o que aparecera neste de maneira atenuada. Embora exprimisse posições de grupo, Paulo o elaborou de maneira pessoal com base nas suas ideias, englobando contribuições de Antônio Costa Correia e Paulo Zingg. O manifesto exprimia uma esquerda lúcida, realista e independente, coroando dois anos de tateio e agitação clandestina.

É apreciável para o tempo o desejo de enquadrar a militância socialista do presente nas lutas passadas do povo brasileiro, invariavelmente desviadas do curso pelas oligarquias. Neste sentido o manifesto analisa e avalia a participação das classes na vida política, mostrando que a pequena burguesia e o operariado haviam atuado pouco, e os trabalhadores do campo, nada:

> Na história do liberalismo e da pseudodemocracia do Brasil, os grandes fazendeiros, industriais, comerciantes e banqueiros já falaram muito. A classe média e o operariado disseram algumas palavras. Os trabalhadores da terra são a grande voz muda da história brasileira.

Por isso, embora acentuando o papel decisivo e radical dos trabalhadores, apontava o cunho potencialmente revolucionário da pequena burguesia e a necessidade, como tarefa imediata, das frentes amplas, cuja finalidade seria liquidar não apenas a ditadura Vargas, mas o predomínio conservador, sempre disposto a suscitar regimes fortes. Não faltavam restrições implícitas ao *sectarismo* dos comunistas, que não eram todavia mencionados expressamente em virtude da sua posição ainda perigosa devido à clandestinidade. E ao insistir na necessidade de encontrar soluções socialistas para cada país, embora o socialismo tivesse uma dimensão internacional, ficava afastada a adesão a correntes ligadas às peculiaridades da União Soviética, como o stalinismo ou o trotskismo. Sobre esta base eram apresentadas doze reivindicações imediatas e expostos os motivos pelos quais o agrupamento apoiava a candidatura de Eduardo Gomes.

As reuniões da UDS eram na casa de Paulo Emílio (rua Veiga Filho), que ficou sendo uma espécie de sede. Logo vieram juntar-se a nós muitos socialistas, ex-stalinistas, ex-trotskistas, um grupo de metalúrgicos e outro de militantes negros. Vários deles estavam saindo do Partido Socialista Brasileiro, PSB, o de 1933, que voltara a funcionar mas não conseguiu manter-se (os que permaneceram no PSB entraram alguns meses depois na Esquerda Democrática, à qual cederiam em seguida o seu nome).

Paulo Emílio foi o intermediário de algumas dessas adesões, que talvez o tenham inquietado no primeiro momento, porque representavam a inclusão de grupos numerosos onde havia veteranos experientes, que poderiam descaracterizar a fórmula doutrinária amadurecida com tanto esforço. Mas na verdade as adesões obedeciam a grandes afinidades: os novos companheiros vieram porque encontraram expressos na UDS os princípios e posições a que aspiravam. Eles trouxeram reflexões e métodos que se ajustaram aos nossos e os reforçaram, permitindo dar mais corpo ao nosso esforço. Militantes como Arnaldo Pedroso d'Horta, Azis Simão, Febus Gikovate, Fúlvio Abramo e outros formaram conosco o núcleo ativo de lutas e agrupamentos futuros.

É possível que a UDS tenha representado o ponto mais alto nas tentativas de Paulo Emílio para definir posições de socialismo independente, sem alianças táticas com agrupamentos liberais ou vagamente reformistas. Mas ela foi um sonho curto, porque a nossa situação interna ficou insustentável pela dificuldade de arregimentar e coordenar as tarefas para a luta eleitoral que se anunciava. Foi quando surgiu no Rio a Esquerda Democrática, ED, de cujos trabalhos iniciais Paulo Emílio participou como nosso delegado, assinando o manifesto inaugural.

Ao contrário do que corre hoje por equívoco entre jornalistas e estudiosos, a ED nunca foi *ala esquerda da UDN*. Ela se formou como entidade própria a partir de liberais socializantes que não se ajeitaram na UDN, cristãos progressistas, alguns simpatizantes comunistas de periferia e socialistas independentes. O que houve foi o seguinte: não tendo no momento condições para constituir legalmente um partido, a ED, pelo menos no Rio e em São Paulo, fez um acordo mediante o qual a UDN aceitou na sua chapa representantes dela, como os aceitou também, em São Paulo, do Partido Republicano, PR. Os nossos deputados eleitos figuravam na chapa comum, mas uma vez no Congresso declararam imediatamente a sua identidade e formaram bancada, embora só em 1946 haja sido possível o registro partidário.

O que nos ligava então à UDN era a tradição comum de luta contra o Estado Novo, que nos parecia essencial e servia de ponto de encontro, do mesmo modo que o apoio a uma candidatura antigetulista, a de Eduardo Gomes.

Faço este esclarecimento, não por ouvir dizer, mas porque participei do estabelecimento da ED em São Paulo desde a primeira reunião no escritório do médico Moreira Porto na rua Xavier de Toledo, com a presença de Domingos Velasco, um dos três líderes nacionais da agremiação, sendo os outros dois João Mangabeira e Hermes Lima. Assim como Paulo Emílio assinou o manifesto pela UDS como membro da Comissão Nacional Organizadora da ED, Germinal Feijó, Paulo Zingg e eu fizemos o mesmo como membros da Comissão Organizadora Estadual.

A nossa adesão não passou sem tensões e resistências, que precederam à dissolução final da UDS, em setembro se não me engano. Perdemos muitos militantes bons, entre eles os operários, desgostosos porque a ED era eclética e menos radical. Mas ganhamos outros, inclusive companheiros da revista *Clima* que até então não haviam participado das nossas atividades políticas, como Décio de Almeida Prado e Lourival Gomes Machado.

A atividade de Paulo Emílio na ED foi curta e ele não chegou a ver sua transformação em Partido Socialista Brasileiro, PSB, nos meados de 1947. Este era o desejo do nosso grupo, menos o de Paulo Zingg, que por isso deixou a organização e se afastou politicamente de nós para todo o sempre.

Paulo Emílio costumava dizer que voltaria para a França logo que fosse possível. Acho que ninguém dava muito crédito, mas o fato é que embarcou para lá depois da guerra, não me lembro se em 1946 ou começo de 1947. Nunca mais teria qualquer vínculo partidário e nós só o veríamos de novo sete anos depois, em 1954, quando veio de vez. Mas aí, inteiramente absorvido por atividades ligadas ao cinema. Acabara o militante de partido, embora nunca houvesse acabado o homem visceralmente político que sempre foi, capaz de politizar qualquer atividade.

É interessante verificar que em toda a vida Paulo Emílio só pertenceu a grupos políticos, legais ou ilegais, durante uns três ou quatro anos. E também que desde logo traçou uma fronteira clara entre o socialismo e a atividade de crítico de cinema, obedecendo neste campo apenas à coerência do objeto, sem se preocupar em reduzi-lo a qualquer outra esfera, isto é, sem querer fazer crítica política ou social, a não ser quando este fosse o ângulo adequado. Mas a sua natureza participante abrangia muito mais coisa do que a definição partidária; e ele nunca deixou de manifestá-la como uma espécie de livre militante, não apenas nos escritos, mas enfrentando a conjuntura e inspirando os outros por meio de atitudes individuais. Mesmo quando estava articulado a certa atividade grupal, podia ser um ator singular, agindo por impulso próprio e enfeixando no seu ato as ideias e convicções que alimentavam também a ação grupal. Alguns exemplos:

Em 1943 ele decidiu alistar-se na chamada Batalha da Borracha, coordenada por João Alberto para incrementar a produção desta matéria-prima com vistas ao esforço de guerra. Largou tudo e se meteu na Amazônia, trabalhando no setor de encaminhamento dos trabalhadores nordestinos recrutados. Foram meses duros nos quais participou de lances dramáticos num meio hostil e inóspito, enfrentando dificuldades e perigos de todo o tipo. Por quê? Porque sendo o antifascismo tópico central no seu ideário, ele entendia que era preciso lutar, não apenas falar contra as Potências do Eixo.

Terminada a tarefa veio por terra, numa viagem imensa e difícil, naquele tempo sem estradas nem confortos, fazendo percursos em lombo de jerico, dormindo ao léu, comendo o que Deus dava e conhecendo o que nenhum de nós conhecia: o sertão do Brasil. A experiência deve ter sido decisiva, pois acrescentou a intimidade com a terra à precoce formação cosmopolita que devera ao exílio e retomaria a partir de 1946 ou 1947.

Outro caso: em 1945, com a volta da liberdade política, houve tentativa de rearticulação integralista camuflada em certa organização cujo nome não lembro, que promoveu uma sessão no Teatro Municipal, com um general na mesa. Paulo decidiu ir lá por conta própria, a fim de denunciar o conteúdo real do ato e alertar eventuais incautos. Foi com alguns companheiros da UDS decididos a partilharem o risco, entre os quais Edgard Carone e Renato Sampaio Coelho. Lá pediu a palavra, que lhe foi negada; ele bradou então a denúncia, e seria certamente agredido com os companheiros se um integralista destemido e generoso, o poeta Lima Neto, não lhes tivesse garantido a saída, impedindo a reação física dos correligionários assanhadíssimos. Em seguida Paulo publicou no *Diário de S. Paulo* uma carta aberta ao tal general, desmascarando o movimento, que aliás morreu nas pedras, quem sabe devido em parte ao barulho causado pela sua intervenção.

Ainda um caso, bem posterior: em 1969, com a cassação dos professores da USP, um grande número de colegas se reuniu no Salão Nobre da Faculdade de Filosofia para estudar a renúncia como protesto e solidariedade. A tendência dominante parecia esta, mas Paulo Emílio a combateu com veemência, mostrando que estava em jogo uma questão política muito grave: a resistência à ditadura militar sob todas as formas possíveis; e o ato proposto equivalia a entregar posições ao inimigo. No mesmo sentido não trepidou em interferir nas deliberações de um departamento que não era o seu, para impedir a renúncia geral já decidida.

Por último: no fim de 1974 as autoridades de segurança que funcionavam à socapa na USP vetaram a renovação do seu contrato na Escola de Comunicação e Artes. A Reitoria o aconselhou a conformar-se para não piorar as coisas e esperar outra oportunidade, que na certa viria etc. etc. Diferente de alguns colegas em circunstância semelhante, Paulo declarou tranquilamente ao reitor que pretendia, ao contrário, fazer o maior barulho possível e criar um caso. Houve o que era viável naquele tempo de arrocho total: uma grande homenagem a ele no Clube dos Artistas e Amigos da Arte (Clubinho), comissão de professores pressionando a Reitoria, abaixo-assinado internacional etc. Resultado: o contrato se renovou e o papão ficou meio desmoralizado.

Esses poucos exemplos ilustram o que quero dizer quando falo dos atos políticos estritamente individuais, forma corajosa que expõe o militante e ele praticou até o fim. Na mesma chave se enquadram os incontáveis pronunciamentos em aulas, palestras, congressos — ocasiões que aproveitava para falar e influir. Em 1974, numa mesa-redonda no Instituto de Estudos Brasileiros sobre o decênio de 1930, expôs com tranquilidade feroz o que considerava, na craveira do humor negro, *contribuição* deste: a substituição da tortura artesanal das pancadas de *borracha*, socos e pontapés, pela tortura *científica* que Filinto Müller estabeleceu no Rio, com métodos e aparelhos que seriam aperfeiçoados e generalizados pela ditadura militar de 1964. A fita gravada foi pedida pela Reitoria e deve ter sido um dos elementos centrais na tentativa frustrada de podá-lo, alguns meses depois.

Na maturidade Paulo Emílio e eu estivemos juntos mais de uma vez em tarefas de cunho político, como a luta universitária de 1968 e, em 1973, a tentativa de oposição através da revista *Argumento*, abafada pela repressão militar. Mas, por estranho que pareça, ao longo de uma convivência íntima de toda a vida, nunca mais falamos da nossa militância naquele momento relativamente fugaz de 1943 a 1946, quando ele marcou a paisagem humana de São Paulo com a sua inquietude política, à busca de soluções que então eram novas. O que pensaria a respeito?

Por uma entrevista que deu no fim da vida a Maria Victoria Benevides, percebe-se que estava desencantado retrospectivamente com um aspecto daquela atividade, pois se arrependia de haver colaborado com os liberais. Talvez porque, como nos dizia nessa fase final, sentia-se "cada vez mais comunista" (palavras dele, que entretanto não implicavam simpatia pelos partidos comunistas). Parece que não perdoava o apoio a Eduardo Gomes nem a aliança com a UDN, que declara na entrevista ser a pior expressão da política brasileira. Mas, como vimos, ambas as coisas se justificavam no contexto da redemocratização de 1945.

Este sentimento se prende a uma espécie de fatalidade dos agrupamentos políticos de base ideológica, e também a um traço da sua personalidade: a constante oscilação entre a utopia e o senso do real imediato. Resulta uma pulsação que faz alternar momentos de radicalidade e *pureza* com momentos de tolerância e compromisso. Na história miúda que contei, é fácil perceber este ritmo na sucessão dos agrupamentos a que pertencemos: Grap (radicalidade) → FR (compromisso) → UDS (radicalidade) → ED (compromisso). Talvez Paulo Emílio se sentisse mais à vontade nos momentos radicais, cujo teor foi em grande parte inspirado por ele. Isso não o impedia de preconizar o aumento da nossa possibilidade de atuação mediante a aliança com grupos maiores, mais fluidos ideologicamente. Mas uma vez feita a aliança (e sobretudo quando evocada mais tarde), ela podia lhe parecer perda da coerência em benefício da eficiência. Daí talvez o desencanto, que todavia não diminui a importância e a pertinência das linhas que sugeriu, naquele momento de desilusão com o stalinismo e de reunião das forças para lutar contra uma ditadura, subordinados ao desejo de redefinir as posições socialistas.

Ele tinha uma imaginação prodigiosa, uma prodigiosa generosidade e uma simpatia insinuante; daí a preeminência natural e a possibilidade de aliciar para as soluções com que afrontava a rotina. Mas como era caracterizado em política pelo que se poderia chamar de constância inconstante, não foi um líder sistemático e a sua atividade se limitou a um âmbito restrito em tempo breve. A função que lhe coube foi dar corpo à aspiração confusa de setores da nossa geração, sugerindo rumos que pautaram o comportamento de muita gente. Pessoalmente, digo que as preocupações políticas que me transmitiu na mocidade talvez continuem ainda hoje no centro das minhas reflexões.

Paulo Emílio foi portanto um companheiro que estimulava cada um a procurar em si a coerência entre o modo de ser e a militância, sem a camisa de força das soluções dogmáticas. Mas a sua importância política nunca se comparou à que teve na cultura brasileira através da revolução que promoveu no modo de encarar o cinema, preservar os seus produtos, mostrar a sua dignidade e analisá-lo como crítico. Isto, aliás, nega de certo modo o que dizia no fim da resposta ao inquérito de Mário Neme, a saber, que por mais importantes que fossem outras tarefas, a política era a fundamental em nossa geração.

A contribuição que trouxe para definir uma posição socialista independente e radical tem vários aspectos. Para terminar eu destacaria um dos mais fecundos, que ele começou a cultivar provavelmente na primeira estadia europeia e ficou para sempre como um dos nervos da sua conduta: o respeito ao semelhante, pelo qual era capaz de se interessar a fundo e ao qual podia dedicar-se com a mais desprendida solidariedade.

Esta atitude, tão violada na vida política, inclusive de esquerda, deve ter sido um dos motivos pelos quais rejeitou o stalinismo e tentou caminhos que a levassem em conta. Isto se traduz no esforço para suscitar em cada um o senso da liberdade individual e coletiva, como direito, como dever e sobretudo como expressão máxima da dignidade, que se conquista no pensamento e no ato.

Embora sem instrumentos teóricos suficientes, lutou para definir posições e reunir grupos visando a comportamentos livremente adquiridos, com base no senso de responsabilidade em relação ao outro. Nesse homem solar, irreverente e sarcástico, sempre pronto ao humor e à percepção do ridículo, capaz de gozações incríveis, a disposição de respeitar o próximo e preservar a sua liberdade era quase religiosa. Ele a construiu com um esforço por vezes dramático, que lembra a atitude agônica do cristão de Pascal; e se não foi um líder constante, nem mesmo um político propriamente dito, foi uma fonte de inspiração da conduta política.

(1986)

Antonio Candido de Mello e Souza nasceu no Rio de Janeiro, em 1918. Crítico literário, sociólogo, professor, mas sobretudo um intérprete do Brasil, foi um dos mais importantes intelectuais brasileiros. Candido partilhava com Gilberto Freyre, Caio Prado Jr., Celso Furtado e Sérgio Buarque de Holanda uma largueza de escopo que o pensamento social do país jamais voltaria a igualar, aliando anseio por justiça social, densidade teórica e qualidade estética. Com eles também tinha em comum o gosto pela forma do ensaio, incorporando o legado modernista numa escrita a um só tempo refinada e cristalina. É autor de clássicos como *Formação da literatura brasileira* (1959), *Literatura e sociedade* (1965) e *O discurso e a cidade* (1993), entre diversos outros livros. Morreu em 2017, em São Paulo.

© Ana Luisa Escorel, 2023

Todos os direitos desta edição reservados à Todavia.

Grafia atualizada segundo o Acordo Ortográfico da Língua Portuguesa de 1990, que entrou em vigor no Brasil em 2009.

Este volume tomou como base a sexta edição de *Vários escritos* (Rio de Janeiro: Ouro sobre Azul, 2017), elaborada a partir da última versão revista por Antonio Candido. Em casos específicos, e a pedido dos representantes do autor, a Todavia também seguiu os critérios de estilo da referida edição. O texto de orelha, redigido originalmente pelo próprio Antonio Candido, foi mantido.

capa
Oga Mendonça
composição
Maria Lúcia Braga e Fernando Braga,
sob a supervisão da Ouro sobre Azul
preparação e revisão
Huendel Viana
Jane Pessoa

Dados Internacionais de Catalogação na Publicação (CIP)

Candido, Antonio (1918-2017)
 Vários escritos / Antonio Candido. — 1. ed. — São Paulo : Todavia, 2023.

 Ano da primeira edição: 1970
 ISBN 978-65-5692-485-4

 1. Literatura brasileira. 2. Ensaio. I. Título.

CDD B869.4

Índice para catálogo sistemático:
1. Literatura brasileira : Ensaio B869.4

Bruna Heller — Bibliotecária — CRB 10/2348

todavia
Rua Luís Anhaia, 44
05433.020 São Paulo SP
T. 55 11. 3094 0500
www.todavialivros.com.br

Acesse e leia textos encomendados especialmente
para a Coleção Antonio Candido na Todavia.
www.todavialivros.com.br/antoniocandido

fonte Register*
papel Pólen natural 80 g/m²
impressão Geográfica